D1985950

Andreas Parrer

Finanzen managen in österreichischen Gemeinden

Handbuch für Politik und Verwaltung

© September 2022 Andreas Parrer
Auflage 3

Autor, Herausgeber und Illustration: Andreas Parrer
https://gemeindefinanzen.net
Umschlaggestaltung: Buchschmiede

Druck und Vertrieb im Auftrag des Autors: Buchschmiede von Dataform Media GmbH, Wien
https://buchschmiede.at

ISBN:
978-3-99129-994-3 (Hardcover)
978-3-99129-995-0 (E-Book)

PRINTED IN AUSTRIA

Das Werk, einschließlich seiner Teile, ist urheberrechtlich geschützt. Jede Verwertung ist ohne Zustimmung des Verlages und der Autorin/des Autors unzulässig. Dies gilt insbesondere für die elektronische oder sonstige Vervielfältigung, Übersetzung, Verbreitung und öffentliche Zugänglichmachung.

Es muss nicht komplizierter sein als es ist.

Inhalt

Vorwort

Das Gebiet der Republik Österreich umfasst zu Mitte des Jahres 2022 exakt 2093[1] Gemeinden. Genauso viele BürgermeisterInnen müssen also zusammen mit rd. 30.000 GemeinderätInnen ein Finanzvolumen von über 20 Milliarden Euro im Griff haben. In Zeiten wie diesen nicht immer eine leichte Aufgabe.

Ob es je „bessere Zeiten“ gegeben hat, sei dahingestellt. Eines allerdings ist unbestritten: Die Gemeinden haben - die letzten 50 Jahre betrachtet - ein gesetzlich vorgegebenes und in der Erwartung der Bevölkerung immer umfangreicher werdendes Aufgabenpaket mit ständig steigenden Kosten zu bewältigen. Von den Gemeinden nicht steuerbare Kosten für Umlagen der Länder und ein definitiv nicht wirkungsorientierter Finanzausgleich erschweren zusätzlich ergebnisorientiertes Wirtschaften.

Dieses Fachbuch zeigt allerdings nicht auf externe Problemquellen - dafür sind andere wie der Städtebund oder der Gemeindebund da. Hier geht es um Hilfe zur Selbsthilfe und dem wichtigsten Schritt dazu: Durchblick beim Finanzmanagement. Und zwar praxisnah auf einer Ebene, wie sie „Du und Ich“, also die zumeist ehrenamtlichen GemeinderätInnen verstehen können, ohne vorher ein Theoriestudium der Betriebswirtschaft zu absolvieren.

Zwei Dinge sind immer auseinander zu halten: Analyse und Wertung. Analyse im Sinne dieses Fachbuches bedeutet, zu wissen welche Zahlen benötigt werden, um die Konsequenzen des eigenen Handelns zu verstehen und möglichst genau vorhersehen zu können. Daher der Begriff Finanzmanagement: es geht um Bestandsaufnahme, Berechnung, Erstellung eines möglichst genauen Abbildes vergangener, gegenwärtiger und zukünftiger Realität. Das ist viel mehr, und auch viel spannender als bloß Haushaltszahlen zu lesen.

Die Frage, ob etwas „gut“ oder „schlecht“ ist, gehört dagegen in den Bereich der Wertung, ist politischer Diskurs im Gemeinderat, anderen Gremien oder im Bereich der öffentlichen Kommunikation und nicht Bestandteil dieses Buches.

Finanzmanagement ist ein umfassendes und dynamisches Thema. Es berührt zahlreiche

[1] Abfrage unter http://statistik.at vom 12.6.2022

andere Fachbereiche wie beispielsweise das Organisationsmanagement - die Qualität des einen hängt wesentlich mit der Qualität des anderen zusammen. Funktioniert die Organisation nicht, hebt auch der Haushalt nicht zu Höhenflügen ab.

Die neue VRV 2015 war auch für diese Publikation der Anlass zur vollständigen Runderneuerung. Ich freue mich, dass dieses Buch in grundlegend überarbeiteter Form in seine nunmehr dritte Auflage geht. QR-Codes im Verlauf des Buches zeigen auf weiterführendes Material zum Gratis-Download. Es bleibt noch Dank zu sagen an den Leiter der Finanzabteilung der Stadtgemeinde Baden, Dr. Ferdinand Schütz, dessen fachliche Inputs mich seit vielen Jahren begleiten, und die für mein eigenes, nie zu Ende gehendes Lernen unerlässlich sind.

Ich wünsche Ihnen viel Freude und Erfolg in Ihrer Gemeinde!

1 Die Haushaltsführung

Welchen Nutzen haben Budgets und Rechnungsabschlüsse? Im ersten Kapitel stellen wir uns vor, zu welchen Fragen wir Antworten suchen und wie sie ein strukturierter Haushalt beantworten kann. Nicht nur in der Gemeinde, sondern überhaupt. In Vereinen, Firmen, Privathaushalten, wo immer.

1.1 Modellhaushalt

Fast jeder Mensch muss sich zumindest mit seinen persönlichen Finanzen beschäftigen und tut dies mehr oder weniger intuitiv geleitet vom Gefühl „was ich brauche und mir leisten kann". Dadurch fallen selbst in einfachen, kleinen Haushalten Entscheidungen im Grunde auf die gleiche Weise, wie es in großen Organisationseinheiten wie Firmen oder der öffentlichen Hand auch geschieht.

Der wesentliche Unterschied besteht in der Tiefe der Analyse und Betrachtung sowie in der Gründlichkeit der Dokumentation. Unternehmen und Gemeinden ermitteln Zahlen und Fakten in mehrstufigen Recherchen und dokumentieren mit aufwändigen Aufzeichnungen. Im Familienhaushalt oder in Kleinorganisationen werden die Fakten oft intuitiv beurteilt, wenig bis gar nicht schriftlich dokumentiert und nicht selten trifft man Entscheidungen, ohne sich dessen überhaupt bewusst zu sein.

Dieser Unterschied ist keineswegs Selbstzweck: je komplexer eine Organisation wird, desto schwieriger wird es, alle Einflussfaktoren im Überblick zu behalten. Einfache Prinzipien wie „Sparsamkeit, Wirtschaftlichkeit, Zweckmäßigkeit" sind zwar klar in ihrer Grundbedeutung, nicht aber geeignet, eindeutige Handlungsanweisungen für jedes Detail herzugeben.

Die wichtigste Frage für das Finanzmanagement in Gemeinden ist daher nicht so sehr „wie lese ich ein Budget?", sondern „welche Information brauche ich für meine Aufgabe?" Im Gemeinderat, im Gemeindevorstand, im Prüfungsausschuss, wo auch immer. Gleich zu Beginn muss daher klargestellt werden, dass es nicht ursächliche Aufgabe eines Haushaltes (des Finanzreportings der Gemeinde) ist, die tatsächliche Wirkung des Geschehens darzustellen oder gar zu beurteilen. Mit einem Haushalt werden Werte in

Form von Tabellen und spezielle Sachverhalte in Form von Kennzahlen verarbeitet. Wir wissen also auch bei fundiertester Analyse nur den Bestand von Werten, dessen Entwicklung und allfällige Konsequenzen auf die allgemeine Handlungsfähigkeit. Ein Haushalt sagt nichts darüber aus, ob gewünschte Sachziele überhaupt oder in ordentlicher Qualität erreicht wurden.

In Unternehmen wird dieser Tatsache durch zwei unabhängige Berichterstattungen Rechnung getragen. Neben dem Finanzbericht gibt es immer auch einen technischen Bericht. In diesem wird aufbereitet, was mit den im Finanzbericht dargestellten Mitteln tatsächlich geschehen ist. Im öffentlich-rechtlichen Sektor existiert als Äquivalent dazu der Begriff der „wirkungsorientieren Haushaltsführung". Da es keinerlei Vorschriften dafür gibt, existiert in Österreich auf Gemeindeebene keine objektive Dokumentation dazu.

Im ersten Schritt erarbeiten wir daher im Rahmen dieses Buches zunächst die wichtigsten finanzmathematischen Fragen, die sich überall auf die gleiche Art stellen. Danach beantworten wir sie mit dem Idealmodells eines Haushaltes. Ab dem Kapitel 2 wird dann der Frage nachgegangen, wo welche der Idealantworten in den Gemeindehaushalten auch in der Realität zu finden sind und welche Antworten ein realer Gemeindehaushalt trotz höchst umfangreicher Ausgestaltung immer noch offenlässt.

1.1.1 Teile eines idealen Haushaltes

Die Grundlage, das Credo für den professionellen Finanzmanager jeder Organisation ist ein klares Unterscheidungsvermögen zwischen dem, was

1. im Jahresintervall wiederkehrend, also laufend erlöst und verbraucht wird,
2. im Jahresintervall an alterungs- oder verbrauchsbedingten Verlusten verloren geht (Abnützung und Wareneinsatz),
3. im Jahresintervall an dauerhaften Werten angeschafft oder verkauft wird (Anschaffung, Instandsetzung),
4. zu einem bestimmten Zeitpunkt an Werthaltigem vorhanden ist.

Dass es genau diese vier Fragen gibt und ein perfekter Haushalt genau dazu präzise Auskunft gibt, ist kein Zufall, sondern ergibt sich aus der Lebenslogik jeder Organisation: sie soll den Zweck erfüllen, für den sie geschaffen wurde. Dafür muss sie tätig werden, und (fast) jede Tätigkeit kostet als solche etwas und benötigt darüber hinaus Betriebsmittel

(Gebäude, Maschinen, Werkzeuge, Büroeinrichtung ...), die zuvor angeschafft werden müssen. Damit nicht genug, müssen alterungsbedingte Wertverluste der Betriebsmittel durch Instandsetzungen wieder aufgeholt werden, weil das angeschaffte Betriebsmittel sonst seine Funktionsfähigkeit verliert und irgendwann dadurch die Tätigkeit der Organisation so sehr beeinträchtigt wird, dass Aufgaben nicht mehr erledigt und Ziele nicht mehr erreicht werden.

Abbildung 1: Die Landkarte des Finanzmanagements

In einem aussagekräftigen Haushalt muss zu jeder der vier Fragen ein entsprechendes Haushaltselement vorhanden sein. Es sind dies:

1. der laufende Haushalt zur Darstellung der nicht über das Jahr hinaus werthaltigen Erlöse und Aufwände (der Tätigkeit),

2. der Substanzverbrauch zur Darstellung des Wertverlustes von Betriebsmitteln und Vorräten,
3. die Vermögensgebarung zur Darstellung der Investitions- und Finanzierungstätigkeit (z.B. Anschaffungen, Veräußerungen) und
4. der Vermögenshaushalt, welcher eine Bestandserhebung zu einem bestimmten Zeitpunkt ist.

Damit die Rolle jedes dieser Haushaltselemente und deren Wechselwirkung zueinander erkennbar wird, werden daraus zwei finanzmathematische Hauptsätze gebildet:

<u>Hauptsatz Eins:</u>

1. Tätigkeit zum Zweck der Zielerreichung (laufender Haushalt),
2. benötigt (Vermögensgebarung),
3. Betriebsmittel (Vermögenshaushalt).

Laufender Haushalt und Vermögensgebarung zusammengerechnet ergeben den Finanzierungshaushalt. Tätigkeit benötigt Betriebsmittel ist der Investitionssatz.

> Erster Hauptsatz, der Investitionssatz:
> <u>Tätigkeit benötigt Betriebsmittel</u>

<u>Hauptsatz Zwei:</u>

1. Tätigkeit zum Zweck der Zielerreichung (laufender Haushalt),
2. verbraucht (Betriebsmittelverbrauch),
3. Betriebsmittel (Vermögenshaushalt).

Laufender Haushalt und Betriebsmittelverbrauch zusammengerechnet ergeben den Ergebnishaushalt. Tätigkeit verbraucht Betriebsmittel ist der Erfolgssatz.

> Zweiter Hauptsatz, der Erfolgssatz:
> <u>Tätigkeit verbraucht Betriebsmittel</u>

Ein Vermögenshaushalt inklusive der darin aufgeführten Betriebsmittel beschreibt keine Veränderung innerhalb eines Zeitintervalls, sondern gibt Auskunft über die Höhe des Gesamtvermögens zu einem exakt bestimmten Zeitpunkt. Er ist statisch. Der Vermögenshaushalt steht für innehalten, den Überblick darüber verschaffen, was vorliegt. Nicht umsonst entstand im allgemeinen Sprachgebrauch der Begriff „Bilanz ziehen". Die am meisten gebräuchliche Form des Vermögenshaushaltes ist die Bilanz.

Die dynamischen Elemente laufender Haushalt, Vermögensgebarung und Substanzverbrauch stellen die Veränderungen an unterschiedlichen Stellen des Gesamtvermögens innerhalb eines bestimmten Zeitraumes dar. Im zeitlichen Ablauf des Finanzmanagements steht somit immer zu Beginn ein Vermögenshaushalt, welcher im darauffolgenden Zeitintervall durch einen Ergebnis- und Finanzierungshaushalt verändert wird und am Ende in einen neu berechneten Vermögenshaushalt mündet. Dieser ist gleichzeitig Ausgangspunkt des nächsten Zeitintervalls, innerhalb dessen wieder im Ergebnis- und Finanzierungshaushalt dargestellte Veränderungen stattfinden. Dies wird erneut mit einem Vermögenshaushalt abgeschlossen und der Fortlauf beginnt aufs Neue.

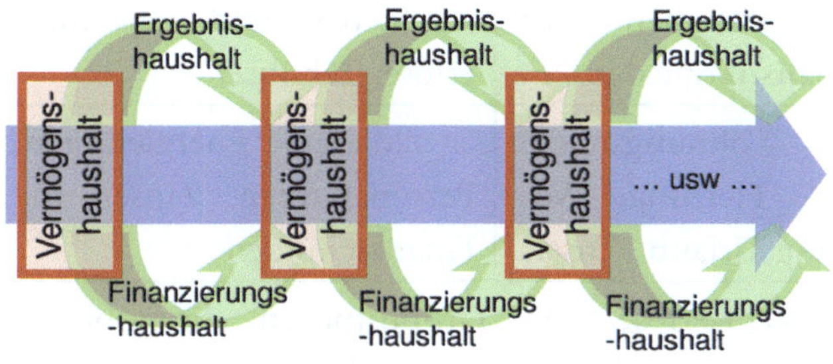

Abbildung 2: Haushaltselemente, zeitliches Zusammenspiel

Sollte dieser Einstieg für Ungeübte ein wenig schnell sein: keine Bange. Weshalb dies alles so ist, worin die wesentlichen Unterschiede zwischen den Haushaltselementen bestehen, sowie die genauere Bedeutung all dieser Begriffe, wird im Rahmen dieses Buches noch Schritt für Schritt erarbeitet. Zu Beginn genügt ein erster Blick auf die Landkarte: Die gesamte Haushaltslogik leitet sich aus den in Abbildung 1 dargestellten Begriffen und Zusammenhängen ab.

Die Landkarte ist also gar nicht so groß und es soll an dieser Stelle zunächst beruhigen, dass für ein erfolgreiches Finanzmanagement nicht mehr Begriffe verstanden werden müssen, wie Finger an zwei Händen sind. Es genügt, dies konsequent anzuwenden, und manchmal vielleicht ein wenig über eigenes Unbehagen hinwegzusehen, wenn Neues zu ungewohnt oder gar paradox klingt. Also, los geht's!

Die nachfolgende Tabelle zeigt ein paar praktische Beispiele, welche Art von Zugängen und Abgängen zu den genannten Haushaltselementen gehört. Um den Charakter zu veranschaulichen sind vergleichend Einnahmen und Ausgabenarten für einen typischen Privathaushalt dargestellt. Die Landkarte des Finanzmanagements gilt schließlich überall, in jedem Unternehmen, Verein, jeder Organisation oder Familie.

Beispiel zu …	**Im Privathaushalt gehören dazu …**	**Im Gemeindehaushalt gehören dazu ...**
… laufendem Haushalt, Einnahmen in €	… Einkommen der Haushaltsmitglieder.	… Steuer- und Leistungserlöse, Gebühren.
… laufendem Haushalt, Ausgaben in €	… Wohnungsmiete, Strom, Heizung, Verpflegung, Urlaub, Zinsen.	… Mieten, Energiekosten, Personalkosten, Zinsen für Finanzschulden.
… Vermögensgebarung, Einzahlungen in €	… Verkaufserlöse von Grundstücken, Immobilien, Maschinen. Erhalt von Förderungen und Kreditaufnahmen.	
… Vermögensgebarung, Auszahlungen in €	… Ankaufspreis von Grundstücken, Immobilien, Maschinen sowie deren Instandsetzung. Kredittilgungen.	
… Vermögenshaushalt, Werte in €	… Eigenheim, Fahrzeug, Sparbücher oder sonstige Geldanlagen.	… Grundstücke, Maschinen, kommunale Einrichtungen (Kanalnetz, Straßen ...), Beteiligungen, Finanzveranlagungen.
… Substanzwertverbrauch, Ausgaben in €	… wird in Privathaushalten selten angewandt; sonst wie Gemeinde.	… Abschreibung für Abnützung (Afa), Verbrauch von Vorräten.

1.1.2 Die Tätigkeit (laufender Haushalt)

Der laufende Haushalt stellt alles dar, was zwischen 1.1. und 31.12. des Jahres passiert und sofort, also unmittelbar nach Erhalt, wieder verbraucht wird. Er umfasst Erträge genauso wie Aufwände, die für die Erfüllung des Zwecks der betrachteten Organisationseinheit erforderlich sind. Sofort verbraucht heißt nicht, dass es sich um verlorene Erträge oder sinnlose Aufwände handelt. Es bedeutet allerdings schon, dass die aus diesen laufenden

Vorgängen entstandenen Werte im nächsten Wirtschaftsjahr so nicht mehr vorhanden sind. Sie wurden nicht in einen Gegenstand von dauerhaftem Wert (Vermögen) manifestiert, welcher im nächsten Jahr so noch existiert. Gut funktioniert der Vergleich: „laufender Haushalt ist, was man erhält und zum Leben (ver)braucht".

Der laufende Haushalt bildet die materiellen Konsequenzen des eigenen, unmittelbaren Handelns ab. Erträge aus allem, was getan wird, und unmittelbare Aufwände, die dafür nötig sind. Eine Beschreibung dafür ist der „wertschöpfende Prozess", der im laufenden Haushalt abgebildet ist. Leider können wir generell bei Zahlen das „warum" - den Zweck selbst oder die Wirkung des Geschehenen - nicht dokumentieren. Im Rechnungswesen finden wir immer nur das „wann" und „wieviel".

Später wird auch der Begriff des „operativen Haushaltes" erscheinen. Dieser beinhaltet allerdings zusätzlich den Substanzverbrauch schon bestehender Vermögenswerte und stellt damit zumindest im Ergebnishaushalt zusammengefasst etwas dar, was wir an dieser Stelle noch als „Tätigkeit verbraucht ..." und somit als Summe zweier verschiedener Dinge beschreiben. Mit dem Begriff „laufender Haushalt" wird klargestellt, dass der Substanzwertverbrauch nicht mit enthalten ist.

1.1.3 Die Betriebsmittel (Vermögenshaushalt)

Zu den Betriebsmitteln zählen im engeren Sinn sämtliche Gegenstände, Mittel und Werte, die der Organisation gehören und für deren Tätigkeit erforderlich sind. Sie sind über ein Wirtschaftsjahr hinaus oder sogar dauerhaft in ihrem Wert beständig. Das können neben den schon erwähnten Immobilien, Maschinen, Fahrzeugen und Warenvorräten auch Geldvermögen und Wertpapiere sein, sogenanntes materielles Vermögen. Genauso zu den Betriebsmitteln gehört immaterielles Vermögen: Marken, Patente oder Software.[2] Betriebsmittel sind der wichtigste (und in Gemeinden mit Abstand größte) Teil des Vermögens, darüber hinaus können auch nicht betriebsnotwendige Gegenstände (z.B. Wertanlagen) Teil des Gesamtvermögens sein.

In einem nachhaltigen Finanzmanagement ist es entscheidend, den Wert des Gesamtvermögens zu kennen, da dieser nichts anderes als die Substanz der Organisation

---

[2] (Grünberger, 2018), Seite 6 ff

ist. Sämtliches Vermögen, unbenommen ob es betriebsnotwendig ist oder nicht, wird dabei untergliedert in Anlagevermögen, Umlaufvermögen und Geldvermögen. Schon ein erster Blick auf einen typischen Vermögenshaushalt einer Gemeinde zeigt, wie wenig vom Gesamten zu erkennen ist, wenn so wie früher, nur die Geldbestände der Gemeinde betrachtet werden. Die übrigen Substanzwerte umfassen gut und gerne auch schon den 40- bis 50-fachen Wert und schnell wird klar, wie wenig Information ein rein finanzstromorientierter Haushalt liefert.

1.1.3.1 Anlagevermögen

Verbleibt ein physischer Gegenstand mit dauerhaftem Wert auch zur dauerhaften Nutzung in der Organisation, spricht man von Anlagevermögen. Wie viel Anlagevermögen benötigt eine Organisation? Diese Frage lässt sich, wie viele andere, fürs Erste mit Hausverstand beantworten. Ein normaler Familienhaushalt wird ein Wohnhaus und Gerätschaften für die Mobilität als notwendiges Vermögen definieren um den Zweck „würdiges Leben“ zu erfüllen. Ein zweites Wohnhaus wird für diesen Zweck nicht unbedingt notwendig sein. Ein Zweithaus ist sicher nett, aber für „würdiges Leben nicht betriebsnotwendig“.

Natürlich ist das in Gemeinden nicht so einfach. Eine klare Zweckbezogenheit des Vermögens liegt im Wesentlichen dann vor, wenn es zur Umsetzung jener Tätigkeiten, die im laufenden Haushalt abgebildet sind, zwingend erforderlich ist. Das Vermögen muss diese Tätigkeiten unterstützen, oder überhaupt erst ermöglichen.

In einem Unternehmen wird niemand ein Sudhaus bauen, wenn nicht Ziel und Zweck des Betriebes darin besteht, Bier zu brauen. Genauso gilt dies für den Zweck „Betrieb einer Volksschule“, welcher zweifelsfrei ein Schulgebäude benötigt. Ob das Schulgebäude dazu noch ein eigenes Hallenbad benötigt, wird schon nicht mehr so einfach zu beantworten sein und in vielen Fällen aufgrund der hohen Kosten verneint werden. Das eigene Hallenbad für die Volksschule wird in so einem Fall als nicht betriebsnotwendig bewertet.

Wer wissen will, welches Anlagevermögen für die Gemeinde betriebsnotwendig ist, muss wissen, wie der Betrieb aussehen soll. Dies definiert allgemein der gesetzlich vorgegebene „Wirkungskreis“. Er beschreibt Tätigkeitsfelder, die die Gemeinde erledigen muss, aber auch solche wo die Gemeinde tätig werden kann.

Dort, wo die Gemeinde freien Gestaltungsspielraum hat, muss sie ihre strategischen Ziele konkret formulieren (Schwerpunkt Tourismus, Kleingewerbe usw.), damit klar nachvollziehbar bleibt, welche Anschaffungen dazu gehören könnten. Allgemeinplätze wie „allen soll's besser gehen" oder „die Anschaffung ist ohnehin wirtschaftlich wegen der Umwegrentabilität"[3] sind für ein professionelles Finanzmanagement definitiv zu wenig und nicht selten objektiv rundum falsch.

1.1.3.1.1 Bestandswert des Vermögens

Bei erstmaliger Erstellung des Vermögenshaushaltes oder wenn ein neuer Gegenstand angeschafft oder errichtet wird, müssen diese Gegenstände im Vermögenshaushalt einen aktuell gültigen Wert zugeordnet bekommen. Sie müssen auch in der Buchhaltung sozusagen „errichtet" werden.

Am einfachsten ist es bei neu gekauften Grundstücken oder Maschinen. Diese Form des Vermögenszuganges wird „Anschaffung" genannt. Der anfängliche Startwert im Vermögenshaushalt sind die tatsächlich bezahlten Anschaffungskosten. Bei neu errichteten Häusern ist es ähnlich einfach, hier wird nur leicht abweichend von „Herstellung" gesprochen, die Herstellungskosten sind der Startwert im Vermögenshaushalt.

Schwieriger wird es bei jenen Vermögenswerten, deren Anschaffungs- oder Herstellungskosten nicht bekannt sind. Vor allem bei seit langer Zeit bestehenden Besitztümern ist in der Regel ein konkreter Wert nicht bekannt, oder es ist nicht mehr möglich, diesen in heutige Werte umzurechnen.

Es ist Gesetz, dennoch realistische Werte zu ermitteln, beispielsweise durch qualifizierte Schätzungen. Eigens dafür befugte Sachverständige können mit der Erstellung von Schätz- und Nutzwertgutachten beauftragt werden. In vielen Fällen ist es aber erlaubt, nachvollziehbar qualifiziert selbst zu schätzen. Die so ermittelten Werte werden als Anschaffungswert im Vermögenshaushalt eingetragen.

---

[3] Siehe Kapitel „Kosten- und Erlöswahrheit, Kosteneffizienz", Seite 175

1.1.3.1.2 Mechanismen der Bestandsveränderung

Ist das erledigt, wirken ab diesem Zeitpunkt zwei Mechanismen wert verändernd:

1. Es nagt der Zahn der Zeit an allen physischen Gegenständen. Diese werden also auf Grund von Alterung und Abnützung ganz von selbst weniger wert. Diesen Mechanismus nennt man Abschreibung für Abnützung (AfA).
2. Den Bestandswert erhöhende und vermindernde Veränderungen durch beabsichtigte oder unbeabsichtigte Vorgänge. Beabsichtigte Veränderungen sind Zu- und Verkäufe, Erweiterungen, Instandsetzungen, unbeabsichtigte Veränderungen sind Zerstörung oder Verfall vor der Zeit (Qualitätsmängel).

1.1.3.1.3 Geringwertige Wirtschaftsgüter

Vermögensgegenstände, die nur einen geringfügigen Gesamtwert haben, werden als „Geringwertige Wirtschaftsgüter (GWG)“ bezeichnet. Diese Abgrenzung ist nicht unwichtig, da ja sonst jeder Bleistift als „physischer Gegenstand zur dauerhaften Nutzung im Unternehmen verbleibend“ im Vermögenshaushalt mit jährlicher Abschreibung anzuführen wäre. Ausufernde Bürokratie wäre die Folge. GWG können im Gegensatz zu den wertvolleren Vermögensgegenständen als laufender Aufwand betrachtet werden. Dies bedeutet:

- Abschreibung sofort in voller Höhe im Jahr der Anschaffung, oder
- überhaupt keine Erfassung im Vermögenshaushalt.

Dies reduziert den buchhalterischen Aufwand erheblich und erhöht die Übersichtlichkeit des Vermögenshaushaltes. Wo die Grenze zwischen geringwertig und nicht geringwertig liegt, hängt von der Anforderung des Benutzers ab. Ist Buchführung für eine steuerliche Veranlagung notwendig, sind die Grenzen zwingend vom Gesetzgeber vorgegeben. Im Jahr 2022 liegt diese in Österreich allgemein bei 800€, ab 2023 bei 1000€.

Für nicht steuerrelevante Buchführungen ist die Höhe der Grenze frei bestimmbar und letztendlich eine Frage des Zwecks. Spezielle elektronische Gegenstände, die zur persönlichen Nutzung angeschafft werden (Mobiltelefone, Kleincomputer), empfehlen sich auch bei einem geringeren Wert in den Vermögenshaushalt aufgenommen zu werden, wenn beispielsweise der Zeitaufwand rund um eine Anschaffung durch schwierige Lieferbedingungen erheblich ist. Umgekehrt darf die Zweckmäßigkeit und Lesbarkeit der

Anlagenbuchführung nicht leiden. Schirmständer, Mistkübel und ähnliche unbedeutende Gegenstände haben in einer Anlagenbuchführung nichts verloren.

1.1.3.2 Umlaufvermögen

Verbleibt ein Vermögensgegenstand nur zur vorübergehenden Nutzung in der Organisation, spricht man von Umlaufvermögen. Dieses wird in drei wesentliche, nachfolgend beschriebene Arten unterteilt.

1.1.3.2.1 Vorräte

Vorräte sind vor allem in Handels- und Produktionsunternehmen von erheblicher Relevanz. Das gesamte Warenlager eines Supermarkts ist im Wert beständiges Umlaufvermögen. Wird es nicht sofort verkauft und verdirbt die Ware auch sonst nicht durch zeitlichen Verfall, existiert sie auch noch ein Jahr später oder darüber hinaus.

In Gemeinden spielen Vorräte normalerweise keine wesentliche Rolle. Ein praktisches Beispiel wäre eventuell der Inhalt eines Streugutsilos, der einmalig befüllt, Vorrat über mehr als ein Jahr bietet.

1.1.3.2.2 Forderungen

Forderungen stellen künftiges Geld dar, auf das ein rechtsverbindlicher Anspruch besteht. Dieses Geld ist noch nicht geflossen, weil beispielsweise eine Zahlungsfrist noch läuft. Es könnte aber auch Zahlungsverzug des Zahlungspflichtigen vorliegen, das unterscheidet dieser Begriff nicht.

Forderungen dürfen nur so lange in einem Haushalt als Vermögen geführt werden, wie sie werthaltig sind. Eine Forderung ist werthaltig, so lange es realistisch ist, den entsprechenden Geldbetrag tatsächlich zu erhalten. Eine uneinbringliche Forderung, also die Bezahlung eines Betrages, welche Sicht der Gemeinde nicht mehr erfolgen wird, ist nicht mehr werthaltig. Sie muss als Verlust ausgebucht werden. Sollte eine allfällige gerichtliche Exekution doch noch erfolgreich sein, stellt der Betrag eine neue Einnahme dar.

Ganz allgemein wird unterschieden zwischen kurzfristigen und langfristigen Forderungen. Erstere beispielsweise entstehen der Gemeinde vom Zeitpunkt der Erstellung eines Abgabenbescheides, bis zu jenem Tag, an welchem das Geld tatsächlich einlangt. Vergibt die Gemeinde dagegen einen Kredit, ist der aushaftende Betrag eine langfristige Forderung.

1.1.3.2.3 Geldvermögen

Der mit Haushaltsführung am meisten, oder sogar ausschließlich in Verbindung gebrachte Vermögenswert ist Geld. Dabei ist Geld eigentlich nur ein Unterbegriff des Umlaufvermögens, etwas, was ursprünglich eigentlich ein anderer Wertgegenstand war. Geld ist ein Wertäquivalent. Geld kann in materieller oder immaterieller Form existieren. Geldmünzen und Banknoten stellen materielle Formen von Geld dar, während Bankguthaben und ähnliche virtuelle Geldbestände auf Kreditkarten- oder Onlinekundenkonten zu den immateriellen Geldformen gehören. Das Wort „Geld“ stammt vermutlich vom indogermanischen ghel=Gold oder auch aus dem Althochdeutschen „gelt“ für „Vergeltung, Vergütung, Einkommen“ oder „Wert“. Die in einem Staat üblicherweise verwendete Geldsorte bezeichnet man als Währung.

1.1.3.3 Arten des Geldes

1.1.3.3.1 Zahlungsmittelbestand (ZMB)

Der Zahlungsmittelbestand (ZMB) ist die Summe aller Kassa- und Kontostände, die gesamte Menge realen Geldes, welche der Gemeinde zur Verfügung steht. In der öffentlich-rechtlichen Sprache wird der Begriff „liquide Mittel“ dafür verwendet.[4] Der ZMB ist für das tägliche Cashflow-Management der Verwaltung von zentraler Bedeutung: er sichert die tägliche Zahlungsfähigkeit bei Forderungen aller Art, von Zahlung der Gehälter bis hin zu sämtlichen Rechnungen.

1.1.3.3.2 Zahlungsmittelreserven (ZMR)

Zahlungsmittelreserven sind Teilbeträge der liquiden Mittel, welche für einen bestimmten Zweck reserviert werden.[5] Sehr wichtig zu wissen ist, dass wir bei Zahlungsmittelreserven nicht mehr von Rücklagen sprechen. Seit den neuen Bestimmungen zur öffentlichen

---

[4] (VRV 2015, 2021), §20: Liquide Mittel umfassen Kassen- und Bankguthaben sowie kurzfristige Termineinlagen; diese sind zum Nominalwert zu bewerten.

[5] (VRV 2015, 2021), §20: Als Zahlungsmittelreserven vorgesehene liquide Mittel sind gesondert auszuweisen.“

Haushaltsführung gibt es die Rücklage als reserviertes Geld nicht mehr. Verwirrend bleibt dabei, dass es Rücklagen ja nach wie vor gibt. Allerdings mit einer finanzmathematisch völlig anderen Bedeutung.

Sinn der Zahlungsmittelreserve ist es, vorhandene Zahlungsmittel für künftig notwendige Investitionen oder sonstige Tätigkeiten bereit zu halten. Vorhandenes Geld wird mit einer konkreten Zweckbindung versehen, um für die Investition einen Eigenmittelanteil anzusparen. Damit ist dieses Geld für andere Zwecke gesperrt. Zahlungsmittelreserven engen die Verfügbarkeit der Zahlungsmittelbestände für das tägliche Cash-Management ein. Sind unaufschiebbare Zahlungen zu leisten und reichen die freien ZMB dafür nicht, muss mit hohen Kosten das Konto überzogen werden, während auf einem Sparkonto eigenes Geld ungenützt und weitgehend ohne Ertrag gebunden ist.

1.1.3.3.3 Schulden (Kredite)

Kaum etwas wird im Zusammenhang mit öffentlichen Haushalten so leidenschaftlich diskutiert wie der Schuldenstand. Vermutlich unstrittig ist, dass Schulden ein klares Maß und Ziel brauchen, um für die Existenz der Organisation nicht gefährlich zu werden. Sie sind aber kein Bestandteil dieser Art Vermögen, wie wir es hier betrachten. Wenn überhaupt sind Schulden, rein auf den Begriff des Geldvermögens beschränkt, „negative Zahlungsmittelbestände".

Das heißt nicht, dass Schulden in einem Vermögenshaushalt nicht existieren oder gar unberücksichtigt bleiben. Sie sind aber von gänzlich anderer Natur, nicht Bestandteil dieser Form von Substanz wie hier zunächst betrachtet wird. Auf diesen Unterschied wird später ausführlich eingegangen.[6]

1.1.4 Substanzverbrauch

Die im laufenden Haushalt angeführten Erlöse und Aufwände stellen die Tätigkeit der Organisation dar. Diese Tätigkeit benötigt Betriebsmittel (Investitionssatz): wie beispielsweise die Tätigkeit Schulunterricht das Betriebsmittel Schulgebäude benötigt.

Gäbe es Betriebsmittel, die ewig halten würden, könnten wir uns dieses Kapitel sparen. So

[6] Siehe „Substanzwerte und ihre Finanzierung", Seite 41

ist es aber nun mal nicht, auch Betriebsmittel unterliegen einem Verschleiß – wenngleich einem deutlich langsameren, über das Wirtschaftsjahr hinausgehenden. Gut gebaute, langfristige Betriebsmittel halten jahrzehntelang, sind aber auch überproportional aufwändig in der Anschaffung, weshalb der auf das einzelne Jahr zurückrechenbare aliquote Anteil keinesfalls zu unterschätzen oder zu vernachlässigen ist. Diesen auf das Jahr zurechenbaren Wert nennt man Substanzwertverbrauch, und er ist für die Berechnung von Nachhaltigkeit genauso wichtig wie der laufende Haushalt. Tätigkeit benötigt nicht nur Betriebsmittel, Tätigkeit verbraucht auch Betriebsmittel (Erfolgssatz).

1.1.4.1 Abschreibungen für Abnützung (AfA)

Die Abschreibung für Abnützung liefert in Zahlen die unweigerliche Tendenz des Anlagevermögens, mit der Zeit an Wert zu verlieren. Zwar ist die AfA eine buchmäßige Größe, es fließt durch sie kein Geld, und sie stellt auch nicht unbedingt den exakten zeitlichen (Markt-) Wertverlust dar. Dennoch bildet sie etwas sehr Reales ab. Unmittelbar nach Anschaffung existiert das Anlagevermögen weiterhin. Die Anschaffungskosten selbst sind zu Beginn kein Wertverlust für die Organisation. Passiert jedoch danach über viele Jahre nichts mehr, verfällt das Anlagevermögen bis hin zur völligen Unbrauchbarkeit. Der angeschaffte Wert verbraucht sich langsam tatsächlich, geht als Substanzwert verloren. Genau diesen zeitlichen Wertverlust durch Abnützung stellt die Afa dar.

Die Afa zeigt damit aber auch in die Zukunft, in welcher jeder Vermögensgegenstand seine Funktion und Brauchbarkeit nur erhalten kann, wenn er grundsätzlich seinen ursprünglichen Wert behält. Es muss stets aufs Neue in das Anlagevermögen zurück investiert werden. Die Afa repräsentiert mit ziemlicher Genauigkeit den Sollwert, die künftige Anforderung des Instandsetzungsvolumens für bestehende Anlageteile: das Mindest-Investitions-Soll. Wird dieser Bedarf über kurz oder lang nicht erfüllt (Investitions-Ist), kann das Anlagevermögen eines Tages nicht mehr benützt werden. Diesen Zeitpunkt zu errechnen und rechtzeitig gegenzusteuern, ist in einem nachhaltigen Finanzmanagement von zentraler Bedeutung.

Gerechnet wird die AfA wie folgt: Für jeden Gegenstand ist eine Lebensdauer anzunehmen, innerhalb welcher der Gegenstand 100% seines Wertes bzw. seiner Nutzbarkeit abbaut. Diese „betriebsgewöhnliche Nutzungsdauer“ muss selbst geschätzt, die Schätzung real begründet und bei einer Prüfung mit überzeugenden Argumenten unterlegt sein. Darüber hinaus gibt es Vorgaben und Richtlinien, in einigen Fällen ist die Zeitdauer auch steuerrechtlich vorgegeben.

Der Anschaffungswert wird durch die betriebsgewöhnliche Nutzungsdauer dividiert und man erhält den jährlichen Wertverlust, die „Abschreibung". Ausnahmen gibt es auch: Grundstücke haben keine begrenzte Lebensdauer, daher auch keine Abschreibung.

Die betriebsgewöhnliche Nutzungsdauer und somit die Afa, in vielen Fällen auch die Herstellungskosten, sind Schätzwerte. Es muss bei der zu Grunde liegenden Schätzung immer der Sinn und die Aussagekraft des Ergebnisses im Auge behalten werden.

Bei Gebäuden legen aus steuerlichen Gründen Finanzbehörden und Wirtschaftsprüfer bei der Afa die Trennung zwischen „nutzwerterhöhend = abschreibbar" und „nicht nutzwerterhöhend" meist sehr streng aus. So werden beispielsweise komplette Dachsanierungen – so diese keine echten Zubauten sind - als „nicht nutzwerterhöhend" qualifiziert, obwohl derartige Maßnahmen in aller Regel 30 Jahre oder mehr Bestand haben. Will man dagegen die Afa als Nachhaltigkeitskennzahl („zukünftiger Reinvestitionsbedarf") im Finanzmanagement verwenden, werden derartige Aufwendungen sehr wohl im Wege der Abschreibung und nicht als laufender Aufwand zu deklarieren sein und darüber hinaus – so die betriebsgewöhnliche Nutzungsdauer größer als 30 Jahre ist, auch noch um einen Inflationszuschlag erhöht zu bewerten sein. Schließlich wollen wir ja wissen, welche Reserven in Zukunft benötigt werden, um die Qualität der Substanz zu erhalten. Die steuerliche oder nicht inflationsbereinigte Afa wird daher völlig anders ausfallen (i.d.R. deutlich niedriger) als die Afa des Finanzmanagements (bzw. der Kostenrechnung).

Mit bewerteten (d.h. prognostizierten und somit geschätzten) Größen gut und realistisch umzugehen und sich nicht ausschließlich auf reale Geldflüsse in Konten und Kassen zu beschränken, ist der wichtigste Lernschritt hin zu erfolgreichem Finanzmanagement.

Die praktisch immer vorhandene, aber nicht (direkt) feststellbare Differenz zwischen gerechneter Bewertungsgröße und Realität (tatsächlicher Restwert) wird stille Reserve genannt. Arbeitet das Finanzmanagement der Gemeinde z.B. mit Instrumenten wie der Stadtbilanz oder der Kostenrechnung immer dem kaufmännischen Vorsichtsprinzip folgend, sind stille Reserven immer positiv und daher unschädlich. Bei Missachtung dieses

Prinzips werden diese dagegen negativ, sodass man nicht mehr von stillen Reserven reden kann, sondern von „stillen Lasten“ oder „stillen Schulden“. Eine weit verbreitete Form stiller Schulden ist der Investitionsstau.[7]

Jedenfalls gehört es zum Wesen der stillen Reserven/Schulden, zunächst gar nicht, oder der genauen Größe nach nicht bekannt („still“) zu sein. Sie werden in Gemeindehaushalten an keiner Stelle erfasst. Damit sind sie natürlich nicht verschwunden: zu einem späteren Zeitpunkt offenbaren sie sich in „wahrer Größe“. Dies lässt sich nicht vermeiden. Die Qualität des Finanzmanagements bestimmt jedoch, ob man mit stillen Reserven auf der sicheren Seite bleibt, oder mit stillen Schulden auf die gefährliche Seite des Unbekannten gerät.

1.1.4.2 Wareneinsatz

Auch Waren und Vorräte sind dem Grunde nach beständige Substanzwerte. Handelt es sich nicht gerade um verderbliche Lebensmittel, haben derartige Güter auch in den nächsten und nachfolgenden Jahren noch einen (Wiederverkaufs-) Wert. Die haushaltstechnische Wirkung von Waren und Vorräten ist daher dieselbe wie die eines Anlagevermögens: nicht der Ankauf ist der Wertverlust, sondern der Verbrauch. Praktisches Beispiel: eine Gemeinde kauft 10 Tonnen Streusplit für 1.000€, benötigt aber aufgrund milden Winters nur 1 Tonne, die restlichen 9 Tonnen werden gut gelagert und sind in künftigen Jahren einsetzbar. Die Gemeinde hat also nach einem Jahr nur 10% des Vorrates verbraucht, verfügt also noch über 90% des Vorrates und damit auch über dessen Warenwert. Der Wertverlust, in diesem Fall nicht Abschreibung, sondern Wareneinsatz genannt, beträgt 10% der Anschaffung, also 100€; die restlichen 900€ bleiben im Vorratsverzeichnis als Wert bestehen.

Der Wareneinsatz ist im Gegensatz zur Abschreibung für Abnützung nicht zeit-, sondern verbrauchsabhängig. Um ihn zu ermitteln, benötigt es entweder laufende Aufzeichnungen über den Verbrauch oder spätestens zu jedem Jahreswechsel eine Inventur.

1.1.5 Vermögensgebarung

Die Vermögensgebarung ist die Schnittstelle des Gesamthaushaltes zum Anlage- und

[7] Siehe Kapitel „Erfüllungsgrad (Investitionsstau und Schuldendruck)“, Seite 202

Finanzvermögen. Sie stellt sämtliche vorhin beschriebenen bewussten, absichtlichen und somit nicht zeitlich bedingten Veränderungen am Vermögen dar. Sie kann auch als „Nachweis der Vermögenspflege" bezeichnet werden.

Bewusste und absichtliche Veränderungen sind beispielsweise Ankauf, Verkauf, Instandsetzung und Erneuerung von Vermögenswerten (Investitionen), oder die Aufnahme beziehungsweise Rückzahlung von Finanzschulden (Finanzierung). Die Vermögensgebarung besteht folglich aus zwei Teilhaushalten:

- Investiver Haushalt,
- Finanzierungstätigkeit.

Der investive Haushalt zeigt jene Auszahlungen, welche den Wert des Anlagevermögens verstärken („Investitionen"). Wird ein Vermögensgegenstand angeschafft, wird der Kaufpreis aus der Vermögensgebarung beglichen. Es entsteht dort folglich ein negativer Wert. Einzahlungen im investiven Haushalt sind dagegen Geldflüsse aus Verkäufen des Anlagevermögens. Wird ein Vermögensgegenstand verkauft, wird die Einzahlung des Verkaufspreises in der Vermögensgebarung gutgeschrieben, er ist dort ein positiver Wert.

Sinngemäß gleich funktioniert dies auch bei Zuführungen und Entnahmen zu den Finanzschulden. In der Finanzierungstätigkeit wird die „Gegenseite" der Schuldenliste dargestellt. Werden Schulden aufgenommen, wird die Kreditzuteilung der Bank, also die reale Geldüberweisung, als Einzahlung in der Finanzierungstätigkeit dargestellt. Dementsprechend sind Auszahlungen in diesem Haushaltsteil Schuldentilgungen.

Sobald größere Ausbesserungen oder ganze Teile einer Anlage neu gebaut werden, erhöht sich der aktuelle Wert der Anlage. Insbesondere im Bereich der Immobilienwirtschaft wird die Palette der möglichen Maßnahmen in Herstellungsaufwand und Erhaltungsaufwand unterteilt. Der Erhaltungsaufwand gliedert sich zusätzlich in Instandsetzung und Instandhaltung. Zur Vermögensgebarung gehören nur der Herstellungs- und Instandsetzungsaufwand.

1.1.5.1 Herstellungsaufwand

Dieser liegt vor, wenn die Maßnahme die Wesensart der Anlage verändert oder den Nutzwert erhöht. Eine Erhöhung des Nutzwertes bei Gebäuden liegt beispielsweise vor, wenn höhere Mieten oder weniger Leerstand möglich werden. Bei bestehenden Gebäuden gehören zur Herstellung:

- Aufstockungen, Wohnungszusammenlegungen,
- Aufzugeinbau,
- Kategorie Anhebungen (WC oder Bad neu eingebaut)
- Zubauten mit neuen Nutzflächen.

1.1.5.2 Instandsetzung

Die Reparatur oder der Austausch von Gebäudeteilen wird Instandsetzung genannt, sobald diese zu einer erheblichen Erhöhung der Nutzungsdauer führt. Von erheblicher Erhöhung der Nutzungsdauer wird gesprochen, wenn durch die Instandsetzung die Restnutzungsdauer um mehr als 25% verlängert wird.

Im Bereich der Immobilien zählen zu den Instandsetzungsaufwänden anerkannter Weise:

- Austausch von Dach oder Dachstuhl,
- Austausch von Zwischendecken, Zwischenwänden, Unterböden und Stiegen,
- Austausch von Fenstern und Türen,
- Austausch von Aufzugsanlagen,
- Austausch von Elektro-, Gas-, Wasser-, Sanitär- und Heizungsinstallationen bzw. Heizungsanlagen,
- Umfangreiche Erneuerung des Außenverputzes und der Wärmedämmung,
- Trockenlegung von Mauern.

1.1.5.3 Instandhaltung

Bei Reparaturen, aber auch Austausch von Gebäudeteilen, welche nicht zu einer wesentlichen Erhöhung des Nutzwertes führen, wird von Instandhaltung gesprochen. Großreparaturen, welche nicht jährlich anfallen, gehören ebenfalls dazu.

Instandhaltungen sind, wieder beispielhaft, in der Immobilienwirtschaft:

- Reparaturen, auch wenn diese nicht jährlich anfallen,
- Ausmalen des Stiegenhauses und der Räume,
- Anfärben der Fassade, Ausbessern des Verputzes,
- Erneuerung von Anlageteilen infolge höherer Gewalt (Unwetterschäden).

Instandhaltungen sind aus Sicht des Finanzmanagements keine werterhöhenden Bestandsveränderungen, sondern laufender Aufwand. Letztendlich ist die Grenze fließend. Aus steuerlichen Gründen kann bei größeren und nachvollziehbar nicht jährlich stattfindenden Reparaturen eine Abschreibung auf max. 10 Jahre beantragt werden.

1.1.6 Das Haushaltsergebnis

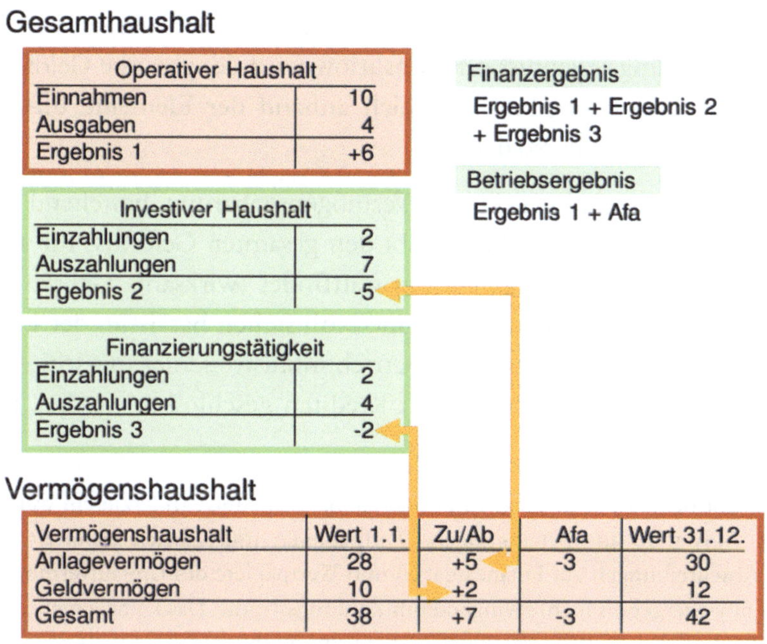

Abbildung 3: Die Elemente des Haushaltes

In jenem „perfekten Haushalt“, den wir uns gerade vorstellen, liegen nun alle benötigten Zahlen vor. Ganz praktisch, je eine Liste für jedes Element des Modellhaushaltes. Wo steht nun das Ergebnis?

Um dies zu beantworten, muss eine weitere Frage gestellt werden: „Was wollen wir eigentlich wissen?“ Wir tauchen in die Welt der Kennzahlenrechnung ein – und hier nützt es wenig, viele Antworten zu haben, wenn keine Klarheit oder Einigkeit über die Frage besteht, die es zu beantworten gilt. Kennzahlen errechnen sich aus vorhandenen Basiszahlen und geben einen numerischen Wert für einen bestimmten Sachverhalt wieder. Die Betonung liegt auf: Einen (→ Sachverhalt), nicht alle denkbar möglichen, gleichzeitig. Kennzahlen haben unterschiedliche Qualität. Manche drücken Wesentliches aus, manche unwichtige Nebensächlichkeiten, aber keine einzige kann die Gesamtsituation vollumfänglich beschreiben. Jede Kennzahl legt den Fokus auf etwas Bestimmtes.

Um zu wissen, welche Antwort von der Ergebniszahl eines Haushaltes erwartet wird, kommt es wesentlich darauf an, welchen Zweck diese erfüllen soll.

In der Praxis haben sich hinsichtlich des Gesamtergebnisses eines Haushaltes die folgenden zwei Sichtweisen durchgesetzt: das Finanzierungs- und das Betriebsergebnis.

1.1.6.1 Finanzierungsergebnis (Cashflow)

Die in der allgemeinen Vorstellung beliebteste und einfachste Form von Haushaltsergebnis ist die Frage nach dem „wurde mehr oder weniger Geld ausgegeben als eingenommen". Beim Finanzierungsergebnis[8] oder Cashflow wird der gesamte Geldfluss der Organisation betrachtet. Dieses Ergebnis lässt sich anhand der Elemente unseres Modellhaushaltes schon recht einfach herstellen:

Der Saldo[9] von laufender Gebarung plus gesamter Vermögensgebarung, bestehend aus investivem Haushalt und Finanzierungstätigkeit ergibt den gesamten Geldfluss für alles was im Namen und auf Rechnung der Organisation stattfindet (wirksame Gebarung). Eine Organisation, die hier im Ergebnis zumindest eine Null stehen hat, ist in der Lage, zumindest mit Kreditaufnahmen, den dargestellten Betrieb inklusive seiner Investitionen zu finanzieren. Eventuelle Finanzlücken können mit Krediten geschlossen werden. Die

---

[8]Das „Finanzierungsergebnis" ist nicht zu verwechseln mit dem „Finanzergebnis". In letzterem werden ausschließlich Erträge und Aufwände aus Beteiligungen, Wertpapieren und Zinsen ermittelt. Als Aufwand kommen weiters Abschreibungen auf Finanzanlagen und Wertpapiere des Umlaufvermögens hinzu. Es handelt sich beim Finanzergebnis nicht zwingend um Zahlungsströme. Das Finanzergebnis ist nach dem Ergebnis der gewöhnlichen Geschäftstätigkeit der zweite Teilbetrag des Ergebnisses der Gewinn- und Verlustrechnung. Ein Finanzergebnis wird in Gemeindehaushalten nicht gebildet, die entsprechenden Erträge und Aufwände sind im Nettoergebnis mit enthalten.

[9]Der Begriff „Saldo" (vom italienischen Adjektiv saldo, salda, „fest") wird hier ausschließlich als vorzeichenrichtige Zusammenfassung von Einzelsummen verstanden. Das Ergebnis (der Saldo) kann daher auch negativ sein. Rein mathematisch können auch Summen negative Ergebnisse haben und wäre diese Unterscheidung nicht nötig. In der Buchhaltungspraxis entsteht aber oft Verwirrung: so ergibt beispielsweise eine Liste mit reinen Ausgaben immer eine positive Summe. Sobald diese mit einer Liste von Einnahmen kombiniert wird mit dem Ziel Überschuss oder Abgang festzustellen, sind sämtliche Ausgaben negativ den Einnahmen gegenüberzustellen. Die Unterscheidung Summe – Saldo stellt klar, dass bei einer Saldierung eine sinngemäß richtige (und somit oftmalig vorzeichengedrehte) Summierung vorzunehmen ist.

Organisation ist also über den Betrachtungszeitraum gesehen liquide und nicht insolvenzbedroht.

Da früher der gesamte Haushalt der Gemeinde nur aus den Finanzströmen des laufenden Haushaltes und der Vermögensgebarung bestand, wird es noch über viele Jahre gelebte Praxis sein, das Finanzierungsergebnis (den Cashflow) als „Haushaltsdefizit" oder „Haushaltsüberschuss" zu bezeichnen oder bei Erreichen eines Cashflows von Null von einem „ausgeglichenen Haushalt" zu sprechen. Dies ist, wie wir noch sehen werden, höchst unpräzise und entspricht im Wesentlichen auch nicht mehr dem Gesetz.[10]

1.1.6.2 Betriebsergebnis (Erfolg)

Geld ist nur ein sehr kleiner Bestandteil des Gesamtvermögens. Eine rein monetäre Momentaufnahme sagt wenig bis gar nichts über die mittelfristige Gesundheit des Systems aus – wie wir später mathematisch noch beweisen werden.

Es zeigt sich immer deutlicher: Ob eine Organisation erfolgreich ist, hängt nur teilweise davon ab, wie viel Geld gerade wohin fließt, sich am Konto befindet oder bei der Bank als Kredit angeschrieben ist. Wer mit Maß und Ziel zur rechten Zeit sein Konto überzieht, kann sehr erfolgreich sein, während es ohne weiteres möglich ist, eine Organisation auch schuldenfrei in Schwierigkeiten zu treiben. Wir müssen uns bei der Definition des Betriebsergebnisses also vom Diktat des Geldes lösen. Geld ist nicht „Wert" oder „Erfolg" an sich: es ist ein relativ unbedeutender Teil des Ganzen.

Der Blick auf das Ganze ist nur möglich, wenn der gesamte Verbrauch von Substanz oder Ressourcen[11] im Haushaltsergebnis dargestellt wird. Das Betriebsergebnis ermittelt, ob am Ende des Betrachtungszeitraumes mehr oder weniger an eigener Substanz vorhanden ist

[10] Siehe Tabelle im Anhang „gesetzliche Definitionen ‚ausgeglichen' und ‚nachhaltig'", Seite 234

[11] Das Wort „Ressource" stammt aus dem Französischen: ‚Mittel', ‚Quelle'. In der Betriebswirtschaftslehre ist eine R. ein Mittel, um eine Handlung zu tätigen oder einen Vorgang ablaufen zu lassen. Sie kann materielle oder immaterielle Güter beinhalten, also Betriebsmittel, Geldmittel, Boden, Rohstoffe, Energie, aber auch Personen (deren Arbeitszeit und somit Leistungskraft). In der Psychologie sind R. auch Fähigkeiten, Charaktereigenschaften oder eine geistige Haltung, in der Soziologie auch Bildung, Gesundheit und Prestige. [Wikipedia 2022]

als zuvor - also von jenem Anteil am Gesamtvermögen, der nicht fremdfinanziert ist.[12] Substanz ist, wie im vorigen Kapitel schon dargestellt wurde, wesentlich mehr als Geld allein: die Vermögenssubstanz einer Organisation ist alles, was sich zumindest theoretisch „zu Geld machen ließe".

Hier hilft vielleicht ein Bild aus der Physik: Wasser kann in drei Aggregatzuständen vorkommen: gasförmig als Dampf, flüssig, oder festgefroren als Eis. Egal in welchem Zustand: es ist immer Wasser. Genauso ist es mit dem Vermögen oder der Substanz einer Organisation: diese hat sinnbildlich ebenso unterschiedliche Aggregatzustände: Sachanlagen, Umlaufvermögen und Bargeld.[13]

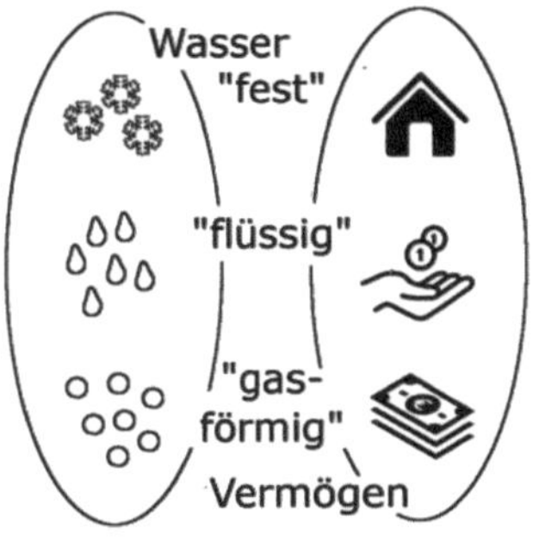

Abbildung 4: „Aggregatzustände" der Substanz

Aus der Substanzwertbetrachtung heraus ist es also egal, ob Geld am Konto liegt oder stattdessen ein Grundstück im Eigentum der Organisation steht oder die Rechnung eines Kunden von diesem noch nicht bezahlt ist. Grundstück wie Forderung aus einer Rechnung sind ebenfalls Substanz, „Substanz in einem anderen Aggregatzustand als Geld". Eine Instandsetzung, Erneuerung oder Neuerrichtung eines Gebäudes ist daher aus Sicht der Substanzwertbetrachtung neutral. Sie ist kein Abfluss (daher auch keine Ausgabe), während natürlich der entsprechende Zahlungsstrom in der Vermögensgebarung sehr wohl eine Auszahlung ist.[14] Eine Investition selbst verändert nicht die Höhe der Gesamtsubstanz, das Geld ändert nur seinen Zustand von „Bargeld" in „neues Haus". Der Substanz-Gesamtwert als solches bleibt derselbe.

Ganz anders dagegen verhält sich die Abschreibung. Ein Gebäude, welches mit der Zeit weniger wert wird, vermindert tatsächlich die Gesamtsubstanz. Ein in die Jahre gekommenes Anlagevermögen benötigt tatsächlich „frische, neue Substanz", damit der

---

[12] Siehe Kapitel „Substanzwerte und ihre Finanzierung", Seite 41

[13] An dieser Stelle sind die offiziellen Gliederungen des privaten und öffentlich-rechtlichen Haushaltsrechtes noch nicht berücksichtigt. Diese treffen tlw. abweichende Gliederungen, welche aber die Bedeutung dieses Vorstellungsbildes nicht verändern.

[14] Siehe Kapitel „Begriffe der Substanzwertveränderung", Seite 46

ursprüngliche Wert, und damit die volle Funktionsfähigkeit wieder hergestellt werden kann. Und das immer und immer wieder. Die Abschreibung ist tatsächlich ein Abfluss an Substanzwert, und ein Haushalt, der diesen Abgang nicht wieder auffüllen kann, ist in der Zukunftssicht nicht erfolgreich.

Das Betriebsergebnis wird somit als Saldo des laufenden Haushaltes minus zeitlichen Substanzverlust (AfA) gerechnet. Auch beim Umlaufvermögen (Warenvorräte) werden nach einer Inventur nur die tatsächlichen Warenentnahmen (der Verbrauch) als Aufwand berechnet und nicht jene Beträge, mit denen Waren eingekauft und auf Lager gelegt wurden. Der Rest des Lagers gehört schließlich dem Unternehmen weiterhin, ist betrieblich gesehen nicht verbraucht.

Wir sehen mit dem Betriebserfolg die Gesamtwirtschaftlichkeit der Tätigkeit des Unternehmens oder der Organisation. Das Betriebsergebnis ist die Nachhaltigkeitskennzahl schlechthin. Ist diese Kennzahl negativ, ist Nachhaltigkeit unmöglich.

Klar ist nun auch, dass es kein Haushaltselement geben kann, in dem beides: die Anschaffung (Investitionszahlung) und die Abschreibung, gleichzeitig dargestellt werden kann. Der Substanzwert der Anschaffung wäre dann zweimal als Abgang verbucht. Es hängt also davon ab, was wir im Moment gerade wissen wollen, ob wir uns Finanzierungsergebnis oder Betriebsergebnis ansehen. Beide Kennzahlen haben eine spezifische Aussage, die je nach gerade anstehender Aufgabe eine Antwort liefern.

1.1.7 Nachhaltigkeit und ausgeglichener Haushalt

Der direkte Vergleich von „Finanzierungsergebnis“ und „Betriebsergebnis“ zeigt, dass die beiden Kennzahlen sich im Umgang mit Vermögenswerten unterscheiden. Beim Cashflow wird die Investition (die momentane finanzielle Wirkung) als Abgang gerechnet und die Sichtweise generell auf den Teilsubstanzwert „Geld“ reduziert. Beim Betriebsergebnis dagegen wird der tatsächlich verbrauchte Gesamtsubstanzwert berücksichtigt und somit ein Blick auf die künftige Wirkung als Ganzes ermöglicht. Dies soll nachfolgend mathematisch bewiesen werden.

Die Abbildung zeigt eine Beispielrechnung: zunächst wird ein für beide Kennzahlen identer laufender Haushalt mit einem Überschuss von +830€ angenommen. Damit

Ertrags- und Finanzkraft gleich hoch sein können, muss noch vorausgesetzt werden, dass im laufenden Haushalt keine Forderungen oder Verbindlichkeiten aufgelaufen sind.

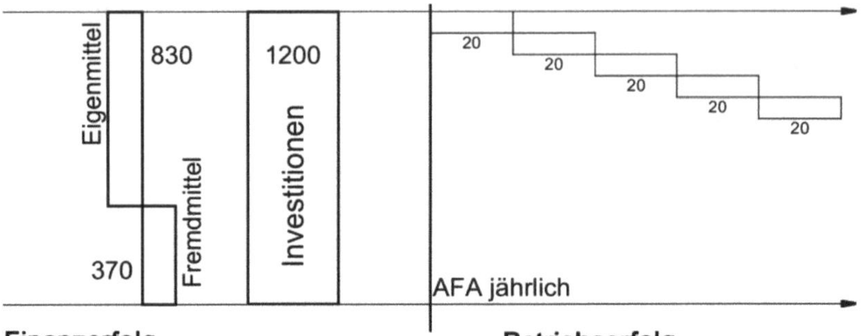

Finanzerfolg		**Betriebserfolg**	
laufender Haushalt		laufender Haushalt	
Einzahlungen	5320,00	Einnahmen	5320,00
Auszahlungen	4490,00	Ausgaben	4490,00
Finanzkraft	+830,00	Ertragskraft	+830,00
Vermögensgebarung			
Einzahlungen	0,00		
Auszahlungen	1200,00	AFA	-20,00
Erfolg	-370,00	Erfolg	+810,00

Abbildung 5: Finanz- und Betriebsergebnis

Nun wird eine Investition von 1.200€ getätigt, welche im Cashflow in der Vermögensgebarung sofort eine Auszahlung darstellt. Der Cashflow ist folglich -370€ in diesem Beispiel, also negativ. Der somit negative Finanzerfolg muss nun durch Aufbringung von Zahlungsmittel an anderer Stelle, der sogenannten Finanzierungstätigkeit bedeckt werden. Nur so können die Auszahlungen der Vermögensgebarung von 1.200€ real geleistet werden. Sofern nicht andere Vermögensgegenstände verkauft wurden, kann dieses Geldfluss-Minus in Folge nur noch durch Finanzschulden oder bestehende Zahlungsmittelreserven ausgeglichen werden.

Dieser Finanzerfolg wird Eigenfinanzierung genannt. Im Jahr darauf scheint diese Investition beim Finanzerfolg nicht mehr auf, da es ja keine Geldflüsse mehr diesbezüglich gibt. Bei im Übrigen gleichbleibendem laufenden Haushalt entsteht in künftigen Haushalten ein Finanzerfolg von +830€. Der Cashflow ist daher vergangenheitsorientiert: dargestellt wird eine Auszahlung nur dann, wenn der Geldfluss stattfindet.

Beim Betriebserfolg fließt die Erstanschaffung (Investition) nicht in das Ergebnis ein. Denn eine Investition ist kein Substanzwertverlust! Die Gemeinde ist nach einer Investition genauso „reich“ wie vorher. Es hat bei einer Investition lediglich eine Transformation stattgefunden. Der Geldwert („gasförmig“) hat seinen Aggregatzustand in „Sachwert“ („fest“) verwandelt. In der Fachsprache heißt dies: eine Investition ist kein Aufwand, da der Substanzwert gleichbleibt. Sie ist lediglich eine Auszahlung, da der Zahlungsmittelbestand natürlich schon abnimmt.

In die Erfolgskennzahl fließt an Stelle der Erstanschaffung nur der aktuelle Substanz-Wertverlust ein, welcher sinnbildlich den künftigen Erhaltungsbedarf wie ein Bote ankündigt. Dieser „Bote“ wird dargestellt durch die Abschreibung (AfA). Im Jahr der Anschaffung wird also in der Erfolgsrechnung nach dem laufenden Haushalt nur der aliquote Wertverlust (auch „Substanzverzehr“ genannt) berücksichtigt und ein Ergebnis von +810€ ausgewiesen.

Natürlich verschwindet der Rest nicht: der Wertverlust bis hinab auf null wird in sämtlichen Jahren danach, einer der realen Nutzungsdauer möglichst entsprechenden Gesamtzeit, Jahr für Jahr abgetragen. Im Beispiel der vorangegangenen Abbildung mit jeweils 20€, über volle 60 Jahre lang (60 * 20 = 1.200€). In den 59 Folgejahren ist das Betriebsergebnis, bezogen auf die im Beispiel dargestellte Investition, immer um 20€ schlechter als der Finanzerfolg. Sofern diese Differenz nicht für Anderes ausgegeben wird, spart sich dadurch automatisch eine Instandsetzungsreserve in Form von Zahlungsmittelbeständen an. Mit ausgeglichenem Betriebserfolg ist immer sichergestellt, dass für entsprechende künftige Instandsetzungen Eigenmittel in voller Höhe zur Verfügung stehen.

Daraus ergibt sich zwingend logisch: Nur bei langfristig ausgeglichenem Betriebsergebnis kann das angeschaffte Vermögen künftig erhalten werden und verfällt nicht. Das Betriebsergebnis ist jene Kenngröße, die für Begriffe wie „Defizit“, „Überschuss“ oder „ausgeglichener Haushalt“ heranzuziehen ist. Dies ist seit dem Jahr 2015 nicht nur auf der Bundesebene, sondern in den meisten Bundesländern nochmals zusätzlich im Verordnungsweg so formuliert.[15] „Im Zusammenhang mit der Nachhaltigkeit oder

---

[15] Siehe im Anhang Tabelle „gesetzliche Definitionen ‚ausgeglichen‘ und ‚nachhaltig‘“, Seite 234

intergenerativen Gerechtigkeit ist ein ausgeglichener Ergebnishaushalt der wichtigste Indikator."[16]

1.2 Plan und Wirklichkeit

Jede Zahlenaufstellung, jeder Haushalt gibt immer die punktuelle Sicht zum Zeitpunkt der Erstellung wieder. Es genügt nicht, einen Haushalt einmal aufzulegen und dann jahrelang unverändert zu lassen. Um ein Bild der gelebten Realität zu bekommen, sind laufende Aktualisierungen unerlässlich. Zwei wesentliche Anlässe, eine wirtschaftliche Gesamtaufstellung anzufertigen, sind denkbar: die Planvorschau und die gelebte Wirklichkeit (=Rückschau).

1.2.1 Planvorschau

Die Planvorschau im Finanzmanagement heißt Budget, Voranschlag oder Wirtschaftsplan. Hier dokumentiert die Organisationsführung, wie sie die Zukunft gestalten möchte.

Anhand des Planes (Budget) ist erkennbar:

- Ziele und Ambitionen in der Zukunft,
- Steuerungswille und Kreativität.

Das Budget ist eine Absichtserklärung bestimmte Dinge so tun zu wollen wie dargestellt. Aber auch eine Verpflichtungserklärung gegenüber anderen, z.B. einem Gremium. Ein Budget ist keine Bestandsaufnahme. Die tatsächliche Wirtschaftskraft und insbesondere die bisherige Nachhaltigkeit kann aus einem Budget nicht abgelesen werden! So ist es beispielsweise legitim, kausale Budgetposten aufzustellen: wenn das eine (z.B. eine Finanzierung) funktioniert, dann kommt das andere (z.B. eine Investition oder ein Projekt). Fällt das eine, fällt auch das andere. Die dem Budget folgende Wirklichkeit sieht daher immer ein wenig anders aus.

1.2.2 Gelebte Wirklichkeit

Die gelebte Wirklichkeit heißt Rechnungsabschluss (RA) oder Jahresabschluss. Hier wird

[16] (Meszarits, 01/2017), Seite 30

zusammengefasst dokumentiert, was tatsächlich stattgefunden hat - somit auch, was die Organisationsführung zustande gebracht hat. Nicht umsonst heißt der Rechnungsabschluss in manchen Organisationen auch Rechenschaftsbericht oder Ist-Standsbericht.

Anhand der Realität Rechnungsabschluss ist erkennbar:

- Planungsfähigkeit (wenn Budget und RA nicht zu weit voneinander abweichen),
- Umsetzungsfähigkeit,
- Wirtschaftskraft.

Budget und Rechnungsabschluss blicken in gegensätzliche zeitliche Richtung: das Budget ist ein Plan für die Zukunft, ein Rechnungsabschluss eine Dokumentation tatsächlich statt gefundener Tätigkeiten der Vergangenheit. Nur beide zusammen können eine verlässliche Gesamtsicht der Finanzlage ergeben.

Im realen politischen Leben ist es dennoch üblich, vor allem dem Budget volle Aufmerksamkeit zu geben und dem Rechnungsabschluss als verwaltungstechnisches Zahlenwerk wenig Beachtung zu schenken. Tatsächlich ist der Rechnungsabschluss ein wesentliches Analyseinstrument, da er als einziger Fakten wiedergibt. Hier lässt sich an erster Stelle eine saubere funktionale Trennlinie ziehen: während die politische Wertung („was soll gut oder schlecht sein") anhand eines Budgets vorzunehmen wäre, erfolgt die Analyse („wie ist die Lage") ausschließlich anhand von Rechnungsabschlüssen.

Der Rechnungsabschluss beinhaltet darüber hinaus eine Aussage zur Umsetzungsfähigkeit der Organisationsführung.

1.2.3 Das SOLL und das IST

Zeit verrinnt, das ist eine unvermeidbare Tatsache. Und nichts ist sofort fertig: vom Beginn eines Vorhabens bis zu dessen Ende vergeht Zeit, unterschiedliche Realisierungsgrade innerhalb des Vorhabens sind die Folge. Das gilt auch für jeden kaufmännischen Vertrag. Zwischen Bestellung, Lieferung und Bezahlung liegt Zeit. Das können zwei Minuten beim Kauf einer Jause beim Greissler sein, oder mehrere Jahre bei komplexen Bauprojekten. Immer aber ist es Zeit, die den Vorgang „Einkauf/Verkauf" in mehrere, zeitlich nicht idente Unterpunkte (Meilensteine) aufteilt.

Die Abbildung zeigt, welche Meilensteine jeder Geschäftsvorgang durchläuft. Im Ausgangszustand besitzt der Lieferant eine Leistung und der Kunde das Geld. Um ein Geschäft ins Rollen zu bringen, muss ein Vertrag entstehen. Im juristischen Sinn tatsächlich immer. Auch der Kauf eines Stückes Torte im Kaffeehaus ist juristisch gesehen ein Vertrag wie hier beschrieben.

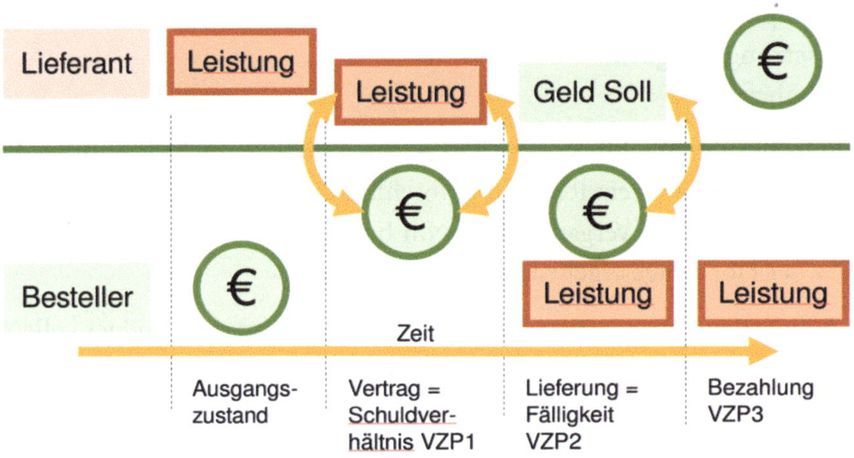

Abbildung 6: Das SOLL und das IST

Ein Vertrag ist eine wechselseitige Verpflichtung. Damit ein Vertrag zustande kommt, muss beiderseitiges Einvernehmen vorliegen. Dass der Lieferant seine Leistung überhaupt hergeben will, wird mit dem Angebot ausgedrückt. Der Kundenwille, die Leistung zu erhalten und dafür zu zahlen, wird mit der Bestellung verbindlich. Ab diesem Zeitpunkt ist ein Vertrag zu Stande gekommen und es wird von einem Schuldverhältnis gesprochen. Beide Seiten haben eine Schuld, sie schulden einerseits eine bestimmte Leistung bzw. andererseits Geld. Beide Seiten sind aber auch Gläubiger, sie können jeweils von ihrem Gegenüber: Geld bzw. Leistung erwarten („glauben" daran, das Erwartete zu bekommen).

Im nächsten Schritt kommt es zur Lieferung und erstmalig zu einer realen, vorerst einseitigen Verschiebung. Der Lieferant hat seine Schuld beglichen: die Lieferung ist beim Kunden, er hat geleistet. Der Kunde hat seine Schuld noch nicht beglichen, das Geld ist nach wie vor in seinem Besitz – aber er ist jetzt am Ball. Er muss jetzt seinen Teil der Leistung erbringen, juristisch tritt die sogenannte „Fälligkeit" ein. In seiner Urbedeutung heißt Fälligkeit: die unwiderrufliche Pflicht zu zahlen. Das trifft beispielsweise schon auf jene Situation zu, wo der Kellner dem Gast die Bestellung serviert hat.

Die Fälligkeit hat also grundsätzlich nichts mit „30 Tage Zahlungsziel“ oder ähnlichen Nebenvereinbarungen zu tun, sie steht für die unveränderliche Pflicht die erhaltene Leistung auch zu bezahlen. Eines muss der Lieferant allerdings noch erledigen, damit die Zahlungsfrist tatsächlich zu laufen beginnt: die Erfüllung der Belegpflicht. Das bedeutet: er muss eine Rechnung legen.

Danach erfolgt der letzte Schritt des Geschäftsablaufes. Der Kunde leistet seinen Beitrag in Form von Bezahlung, wodurch der Vertrag erfüllt und abgeschlossen ist. Und jetzt kommt die Frage aller Fragen: an welchem der in der Abbildung dargestellten Vertragszeitpunkte wird der Vertragswert (Leistungswert) in die Buchführung beider Seiten eingetragen? Bei Bestellung, Lieferung oder Bezahlung?

Zu welchem Zeitpunkt ein Vertragswert in die Buchführung eingetragen wird, hängt vom Wissensdurst der Beteiligten ab. Wer nur seine Konto- und Kassenstände im Blick behalten möchte, wird nur zum Zeitpunkt des Geldflusses einen Eintrag in ein Konto- oder Kassabuch genannte Liste machen. Dies ist auch das gesetzliche Mindesterfordernis, andernfalls darf nicht von Buchführung[17] gesprochen werden.

Wer darüber hinaus noch wissen will, welche Rechnungen bereits gelegt oder noch zu zahlen sind, zu welchem Zeitpunkt ein Substanzwertzuwachs und somit der betriebliche Erfolg stattgefunden hat, wird zusätzlich noch ein Rechnungsbuch führen. Zur weiteren Erfassung des Auftragsstandes (bzw. den Wert getätigter Aufträge) ist ein weiteres Buch: das Auftragsbuch erforderlich.

Mit den gewünschten Daten und Informationen steigt natürlich der Buchführungsaufwand. Schließlich handelt sich immer um ein und denselben Vorgang bzw. Wert, welcher bei gewünschter Gründlichkeit bis zu drei Mal erfasst werden muss – jeweils zu dem gemäß Grafik ausgewiesenem „Vertragszeitpunkt VZP“. Zum besseren

[17] Der Begriff „Buchführung“ stammt aus der traditionellen Rechnungsführung, die mittels händischer Eintragung der Werte in gebundenen Büchern erfolgte. Er wird auch heute noch für die elektronischen Protokolle der Buchführungsdaten verwendet, z.B. das Grundbuch (Journal) und das Hauptbuch.

Verständnis werden diese in zeitlich umgekehrter Reihenfolge beschrieben.

1.2.3.1 Vertragszeitpunkt 3 „tatsächliche Bezahlung“ (VZP3)

Sämtliche Geldbewegungen aller Konten und Kassen (Zahlungsmittelbestände ZMB) werden mit einer Liste laufend erfasst. Die Zahlen eines Konto- oder Kassabuches werden Einzahlungen und Auszahlungen genannt.

Sie werden benötigt für die Kassaprüfung und das Liquiditätsmanagement.

1.2.3.2 Vertragszeitpunkt 2 „Lieferung/Leistung“ (VZP2)

Mit einem zusätzlichen Buchführungseintrag zum VZP2 lässt sich der wirtschaftliche Erfolg ermitteln (Ausgangs- bzw. Eingangsrechnungsbuch). Auf dieser Basis erfolgt bei Unternehmen die Gewinnermittlung, die Steuerbemessung und überhaupt alles, was das Unternehmensumfeld so interessiert. Je nach Vertragsform erfolgt an dieser Stelle auch die Rechnungslegung. Dieser Zeitpunkt wird gewählt, weil es ab hier gesetzlich abgesichert, absolut fix ist, dass Geld fließen wird. Die allfällige Zeitverschiebung dahin - weil noch z.B. ein Zahlungsziel eingeräumt wird - interessieren nicht mehr, auch nicht das Risiko des Zahlungsausfalles. In der Summe spricht man auf dieser Ebene von Einnahmen und Ausgaben.

Natürlich fragt der Hausverstand spätestens an dieser Stelle, weshalb überhaupt Beträge in der Buchhaltung aufscheinen sollen zu einem Zeitpunkt, wo noch keine Geldbewegung stattgefunden hat. Die Antwort ist aber eigentlich einfach: weil der physische Erhalt von Geld die Leistung eines anderen, nämlich des Geldschuldners, ist.

Die aktive betriebliche Leistung oder der aktive Aufwand dagegen ist bereits beim VZP2 geschehen, und diese aktive Leistung soll in der Buchhaltung ersichtlich sein. Zahlen andere später, ist das manchmal vereinbart, oft nicht und daher lästig, wie auch immer: es soll nicht die eigenen Erfolgszahlen verzerren.

Natürlich dürfen wir so entstehende Außenstände nicht vergessen. Der zeitliche Unterschied zwischen vertraglichem Anspruch und tatsächlicher Bezahlung wird als Kredit mitgedacht, wobei Beträge, die in Geld noch fließen müssen, Forderungen genannt werden. Beträge, die noch zu zahlen sind, werden als Verbindlichkeiten in die Buchhaltung aufgenommen.

Der VZP 2 wird benötigt für die wirtschaftliche Erfolgsmessung, die Strategiefindung sowie für jede Form der Kostenrechnung.

> Einzahlungen (VZP3) + Forderungen = Einnahmen (VZP2)
> Einnahmen (VZP2) + Einnahmen-Obligo = Einnahmenansprüche (VZP1)
>
> Auszahlungen (VZP3) + Verbindlichkeiten = Ausgaben (VZP2)
> Ausgaben (VZP2) + Ausgaben-Obligo = Ausgabenansprüche (VZP1)

1.2.3.3 Vertragszeitpunkt 1 „Vertragsabschluss" (VZP1)

Für die laufende Steuerung von Projekten oder Budgets aller Art ist es von entscheidender Wichtigkeit, auch über Listen der Vertragsabschlüsse zu verfügen. Es nützt nichts, in einem Budget nur jene Ausgaben zu sehen, über die der Lieferant schon Rechnung gelegt hat. Um Bescheid über noch verfügbare Budgets zu erhalten, müssen auch die an die Lieferanten vergebenen Bestellwerte in einem Auftragsbuch erfasst werden. Nur so lassen sich künftige, aufgrund gültiger Verträge noch entstehende Aufwände bzw. Erträge prognostizieren. Die vertraglichen Verpflichtungen, die zu den tatsächlichen Einnahmen und Ausgaben noch hinzukommen werden, werden auch Obligo genannt.

Der VZP 1 wird benötigt für Produktkalkulation, Projektbudgets und generell für jede Art der Haushaltsüberwachung („wie viel Budget haben wir noch").

1.3 Wirtschaftliche Gesamtverantwortung

Die entscheidende Frage bei der Betrachtung von Haushaltszahlen ist immer: was sehe ich gerade? Ist das tatsächlich alles? Oder ist das vermeintlich Groß erscheinende doch nur ein Ausschnitt eines viel größeren Ganzen, und Wesentliches noch gar nicht erkennbar?

1.3.1 Substanzwert

Betriebsmittel in Form von Sachanlagen sind wesentliche, nicht jedoch die einzig möglichen Vermögenswerte. Zum Gesamtvermögen jeder Organisation können auch noch andere Dinge gehören: Beteiligungswerte, Vorräte, Forderungen. Und zu guter Letzt natürlich: die liquiden Mittel in Form von Bankkonten und Bargeld. Um der Bedeutung des Wertes auch immaterieller Dinge jenseits von Geld und Immobilien Gewicht zu verleihen, wird an Stelle von Vermögen auch der Begriff Substanzwert verwendet.

1.3.1.1 Das Zufluss-/ Abflussprinzip

Der Wert aller im Gesamtvermögen enthaltenen Substanzwerte ist ständigen, unterschiedlichen Veränderungen unterworfen. Dies lässt sich durch das sogenannte Zufluss- und Abflussprinzip bildlich darstellen.

Der Wert der Gesamtsubstanz der Gemeinde ist als Flüssigkeitspegel in einem Gefäß vorstellbar. Im Laufe jedes Jahres fließen dabei neue Werte zu, aber auch Werte ab und der Pegel ist gewissen Schwankungen unterworfen. Ohne gesonderten Beweis wird an dieser Stelle Einigkeit darin bestehen, dass die Organisation nur dann gesund ist, wenn der Gesamtpegel dem Grunde nach stabil bleibt oder zumindest eine klar festlegbare Schwelle niemals unterschreitet. Außerdem beginnen wir an dieser Stelle zu unterscheiden, welcher Anteil am Gesamtpegel im Gefäß uns selbst gehört, und welcher nicht – weil er durch Schulden finanziert wurde. Wir suchen jene Messgrößen, welche die Gesamtsubstanz verändern. Diese bilden per Definition das Betriebsergebnis (in Folge gemäß Sprachregelung der Gemeindehaushalte, das Nettoergebnis).

Zuflüsse sind zunächst allgemein:

- laufende Einnahmen,
- Fremdmittelaufnahmen,
- realisierte Wertsteigerungen.

Abflüsse in der Gesamtsubstanz sind:

- laufende Ausgaben,
- Zeitliche Wertverluste (Afa),
- Fremdmitteltilgungen,
- vermutete Wertverluste.

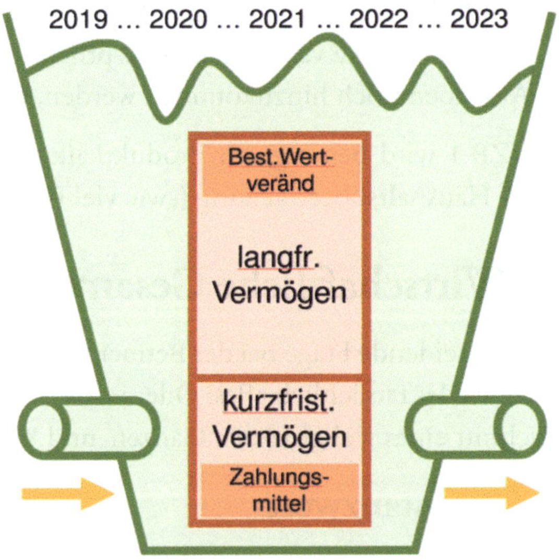

Abbildung 7: Das Zufluss-/ Abflussprinzip

Mathematisch stimmt es, dass Kreditaufnahmen ein Zufluss sind. Durch die Bereitstellung von Zahlungsmitteln durch Dritte steigt der Gesamtstand im Gefäß, über den die Organisation verfügt. Der geliehene Anteil gehört uns zwar nicht endgültig, ist aber „im Topf". Kreditaufnahmen nehmen genauso wie Kredittilgungen Einfluss auf den in der Organisation befindlichen Gesamtsubstanzwert.

Investitionen dagegen sind, wie schon beschrieben, unauffällige Vorgänge im Zufluss- und Abflussprinzip. Sie sind Transformationen von einem Aggregatzustand in den anderen, im Gegensatz zu Schuldaufnahmen oder Tilgungen verändern sie nicht den Gesamtpegel im Gefäß. Innerhalb des geschlossenen Gesamtgefäßes ist es egal, ob es Eiswürfel, Flüssigwasser oder Dampf beinhaltet – es sind immer gleich viele Wassermoleküle. Wie schon im vorigen Kapitel zeigt auch diese Grafik: Zum Zeitpunkt der Investition verschwindet der Wert des dafür verbrauchten Geldes nicht, er transformiert sich nur in einen anderen Zustand. Es findet insgesamt keine Substanzveränderung statt, weshalb aus Sicht der Erfolgsrechnung auch kein Aufwand gegeben ist.

1.3.1.2 Substanzwerte und ihre Finanzierung

Das Gesamtvermögen besteht, wie schon angeführt, im Wesentlichen aus: Sachanlagen, Beteiligungswerten, Vorräten, Forderungen und Bargeld. Es wird das aktive Vermögen genannt, oder kurz die „Aktiva".

Es gibt noch eine andere Möglichkeit, das Gesamtvermögen darzustellen - dahin gehend unterscheidend „wem es gehört" oder „wer es finanziert hat". Egal wohin man blickt, so gut wie nie sind alle Vermögenswerte einer Organisation aus eigener Kraft angeschafft worden. Praktisch immer wird für einen Teil davon die Hilfe Dritter in Anspruch genommen. Von nicht an der Organisation beteiligten Personen oder Organisationen, die Geld zur Verfügung gestellt, aber nicht verschenken. Das mit solchen Mitteln angeschaffte aktive Vermögen gehört der Organisation eigentumsrechtlich genau wie jedes andere, das seinerzeit dafür notwendige Investitionskapital aber nicht. Und genau diese Unterscheidung wird nun in einer zweiten, den Aktiva gegenüberstehenden Aufstellung

> Aktivseite der Bilanz = „Was habe ich"
> Passivseite der Bilanz = „Wem gehört es"

abgebildet. Diese Liste wird das passive Vermögen oder „Passiva“ genannt. Sie besteht im Wesentlichen aus zwei Teilen: dem geborgten Kapital (Fremdkapital), und dem nicht geborgten, endgültig der Organisation gehörendem Kapital (Eigenkapital).

Beide Listen zusammen ergeben schlussendlich den Vermögenshaushalt (die Vermögensrechnung) oder Bilanz. Da es sich um ein und dasselbe Gesamtvermögen handelt, welches nur auf zwei unterschiedliche Arten betrachtet wird, ergibt sich, dass beide Listen exakt die gleiche Gesamtsumme liefern müssen. Sie stehen sich gegenüber, sind aber untrennbar verbunden, da sie in der Realität dasselbe abbilden.

Deswegen spricht man in der Praxis nicht von zwei Listen, sondern von den beiden Seiten der Bilanz, der Aktivseite linksstehend und der Passivseite rechtsstehend.[18] „Die Passivseite veranschaulicht mit welchen Mitteln - ob mit Nettovermögen, Investitionszuschüssen oder Fremdmitteln - das auf der Aktivseite dargestellte Vermögen finanziert wurde.“[19]

1.3.1.2.1 Fremdkapital

Tatsächlich gibt es in einer Bilanz keine Schulden, sondern eben „nur“ Fremdkapital. „Auch die Schulden vermehren das Vermögen, Schulden sind betriebswirtschaftlich nichts ‚Schlechtes‘, sondern eine legitime und vernünftige Finanzierungsform.“[20]

Diese Aussage mag überraschen, ist aber keineswegs naive Polit-Ideologie, sondern anerkannte Betriebswirtschaftslehre. Natürlich ist es nicht egal, wie hoch der Schuldenstand ist, aber in einem gesunden Verhältnis zum Rest spricht nichts dagegen, einen Teil seines Gesamtvermögens auch dauerhaft durch Dritte zu finanzieren. Genau das zu bewerten ist Aufgabe der Passivseite der Bilanz.

Fremdkapital sind jegliche Art von Verbindlichkeiten: kurzfristige wie langfristige. Technisch wird nicht unterschieden zwischen „klassischen Schulden“, wie einem 20-jährigen Ratenkredit bei der Bank, oder einer nicht bezahlten Lieferantenrechnung. Beides sind Verbindlichkeiten und somit Fremdkapital.

---

[18] In Gemeindehaushalten stehen Aktiva und Passiva untereinander. Dem Gedankenbild der „Waage“ entspricht optisch mehr die sonst übliche Schreibweise nebeneinander.

[19] (Pfau & Matzinger, 04/2018), Seite 71

[20] (Grünberger, 2018), Seite 7

Verbindlichkeiten müssen jedenfalls so lange als solche ausgewiesen werden, solange sie schlagend werden können. Eine strittige Forderung anderer, also die Bezahlung eines Betrages, welche aus Sicht der Gemeinde zu Unrecht von jemand Drittem gefordert wird, bleibt so lange eine Verbindlichkeit, bis geklärt ist, ob sie tatsächlich zu leisten ist. Dies kann im Fall eines Rechtsstreites durchaus einige Jahre dauern.

Eine weitere Spezialform von Fremdkapital sind Rückstellungen. Dies wird an späterer Stelle noch behandelt.

1.3.1.2.2 Eigenkapital

Alles, was nicht ursprünglich von anderen finanziert wurde, gehört der Organisation endgültig selbst und wird folgerichtig Eigenkapital genannt. Mathematisch gilt daher: „Eigenkapital ist der Saldo aus Vermögen und Schulden. Statt Eigenkapital kann man auch Netto- oder Reinvermögen sagen."[21]

Entscheidend wichtig ist hier die gedankliche Trennung zwischen „Eigenkapital" und „Geld". Eigenkapital hat nichts mit Geld zu tun. Auch ein Bankguthaben kann Fremdkapital sein, weil es beispielsweise aus der Auszahlung eines Kredites stammt. Folglich haben Zahlungsmittelreserven, die ja oft auch Eigenmittel genannt werden, grundsätzlich nichts mit Eigenkapital zu tun. Geld am Konto hat kein Mascherl, es gehört zur Organisation und steht deswegen auf der Aktivseite. Ob jemand Dritter die „Hand draufhält" oder dieses Geld tatsächlich der Organisation gehört, sagt uns der Kontostand nicht, und auch nicht die Finanzierungsrechnung.

Das Eigenkapital gibt uns als einzige Größe im Verhältnis zum Fremdkapital Auskunft darüber, ob die aktuell bestehende Verschuldung kritisch oder unproblematisch ist. So lange ausreichend Eigenkapital vorhanden ist, steht dem Fremdkapital genug Sicherheit gegenüber. Hier hilft die Vorstellung darüber, man löst die Organisation auf und verkauft alles, was auf der Aktivseite steht. Erhält man tatsächlich den Buchwert der darin aufgezählten Gegenstände als Verkaufserlös (und das wäre bei ordentlicher Buchführung und tatsächlich sorgfältiger Instandhaltung auch einigermaßen der Fall), wäre nach Rückzahlung aller Schulden immer noch Geld übrig. Wird das Eigenkapital dagegen

[21] (Eichhorn, Mehr Management im öffentlichen Dienst, 2016), Seite 84

negativ, funktioniert das keinesfalls mehr. Die Schulden sind höher als alles, was die Organisation besitzt. Spätestens dann ist Insolvenz gegeben.

Bemerkenswert ist, dass sowohl in der Fachliteratur als auch bei den als Handlungsvorbild agierenden Gemeindeabteilungen der Landesregierungen nach wie vor stetes Bemühen herrscht, die Bedeutung des Eigenkapitals herunterzuspielen. Die Hauptargumente dafür, dies gegenüber „privatwirtschaftlichen Unternehmen“ als weniger bedeutsam abzuwerten, sind im Wesentlichen: die Gemeinde habe keine Eigentümer, es fehlt ihr an der Freiheit der marktwirtschaftlichen Gestaltung, fehlender Insolvenzfähigkeit der Gemeinde sowie nicht das gesamte Aktivvermögen sei selbst erwirtschaftet (aktiv erworben).[22]

All diese Argumente haben, abgehoben in der bloßen Betriebswirtschaftstheorie eine gewisse Berechtigung. Über das praktische Ganze betrachtet und bezogen auf das Alltagsleben in unserer Gemeinde, sowie in einigen konkreten juristischen Details (z.B. der behaupteten Nicht-Konkursfähigkeit) stimmen sie nicht. Vor allem sind sie in ihrer Gewichtung falsch, weil die Gemeinsamkeiten mit sämtlichen Organisationen bezüglich der Bedeutung des Eigenkapitals unterschlagen werden. Das beginnt schon damit, dass es selbstverständlich zumindest ideelle Eigentümer einer Gemeinde gibt: wir alle, SteuerzahlerInnen und GemeindebürgerInnen. Wir alle haben, wenn schon nicht streng de jure Eigentümer der Gemeinde, so doch ganz klar entscheidende, wesentliche und gesetzlich verbriefte Interessen, welche ebenso Unternehmenseigentümer an ihren Unternehmen haben: die Substanz und damit die Handlungsfähigkeit der Organisation soll nachhaltig erhalten bleiben und wir wollen solide Information darüber erhalten. Sämtliche Gemeindeordnungen in Österreich formulieren ihren Generalauftrag an die Gemeindeführungen genau so, insbesondere wenn es um den Erhalt des Gemeindevermögens geht. Das Eigenkapital (Nettovermögen) hat für uns BürgerInnen somit die gleiche, entscheidende Grundbedeutung wie für einen Kapitaleigner eines Unternehmens und muss es daher auch für die Verantwortlichen der Gemeinde haben.

---

[22] Beispielhaft aus: (Meszarits, 01/2017), Seite 19 – steht im Widerspruch zu der in derselben Publikation gemachten und eigentlich zu unterstützenden Aussage, der gemäß ein positiver Ergebnishaushalt für Nachhaltigkeit zwingend notwendig ist – womit nichts anderes ausgesagt ist als: Eigenkapitalerhalt und Nachhaltigkeit sind untrennbar miteinander verbunden und damit von höchstem Interesse in der Gemeinde.

1.3.1.3 Eigenkapitalveränderung ist Nettoergebnis

Es verbleiben also tatsächlich genau drei Größen, welche darüber bestimmen, ob der uns selbst gehörende Anteil am Substanzwert-Pegel im Gesamtgefäß nach oben oder nach unten geht: laufende Einnahmen minus laufende Ausgaben minus Abschreibungen, denn auch diese sind ein Verlust an eigener Substanz. Niemand anderer wird dafür geradestehen: kein Fremdmittelgeber wird es erlauben, die Höhe der Schulden zu reduzieren, nur weil das damit angeschaffte Anlagegut weniger wert geworden ist. In dieser Veranschaulichung zeigt sich am deutlichsten, dass die Afa keinesfalls nur „reine Buchgröße ohne Bedeutung" ist. Es ist mathematisch ohne Alternative, dass die Abschreibungen Bestandteil des Nettoergebnisses sein müssen.

> Betriebsergebnis
> =
> laufende Einnahmen
> (minus)
> laufende Ausgaben
> (minus)
> Afa

Kreditaufnahmen und -tilgungen verändern das Eigenkapital nicht. Sie erhöhen oder vermindern das Fremdkapital. Sie werden daher folgerichtig im Nettoergebnis nicht berücksichtigt.

In jeder professionellen Organisation wird das Nettoergebnis auf diese Weise gerechnet. Kein Zufall wie sich zeigt, im Gegenteil: das macht echt Sinn! Aus dem Zufluss- und Abflussprinzip lässt sich der allerwichtigste, dritte finanzmathematische Hauptsatz (Managementsatz) wie folgt ableiten:

> Dritter Hauptsatz:
> Die Erstinvestition kann,
> laufende Folgekosten + zeitlicher Substanzverbrauch der Investition
> dürfen nie fremdfinanziert werden.

Es ist finanzmathematisch und damit auch für die Nachhaltigkeit ohne wesentliche Bedeutung, ob eine Erstanschaffung eigen- oder fremdfinanziert wird. Eine Erstinvestition kann ohne weiteres auch vollständig mit Kredit finanziert werden.[23] Das gilt aber ausnahmslos nur dann, wenn der angeschaffte Gegenstand inklusive aller seiner neu entstandenen operativen Folgekosten zuzüglich seiner gesamten künftigen Wertabschreibung aus Eigenmitteln finanzierbar ist. Künftiger Betrieb und Substanzerhalt können niemals, auch nicht teilweise, mit Krediten finanziert werden, da sie zu einem unweigerlichen Abfluss eigener, der Organisation gehörender Substanz bis hin zu null führt. Und damit zur Insolvenz. Der Blick auf das Nettoergebnis zeigt genau das an.

1.3.1.4 Begriffe der Substanzwertveränderung

In der Praxis werden die Begriffe der Substanzwertveränderung: Ertrag, Einnahme oder Einzahlung, meist wie ein und dasselbe verwendet und nicht unterschieden. Tatsächlich bedeuten diese drei Begriffe, genauso wie ihre Gegenstücke Aufwand, Ausgabe oder Auszahlung durchaus erheblich unterschiedliches.[24]

Am einfachsten zu verstehen ist jenes Begriffspaar, welches eine reale Geldbewegung ausdrückt: Ein- und Auszahlung. Dennoch ist bereits hier Achtung auf Genauigkeit gefordert: es ist allgemeiner Sprachgebrauch, ein Kassabuch als Einnahmen- / Ausgabenrechnung zu bezeichnen. Das stimmt definitiv nicht. Ein Kassabuch ist eine Einzahlungs- / Auszahlungsrechnung. Diese beinhaltet die Veränderung von Zahlungsmitteln (den VZP3).

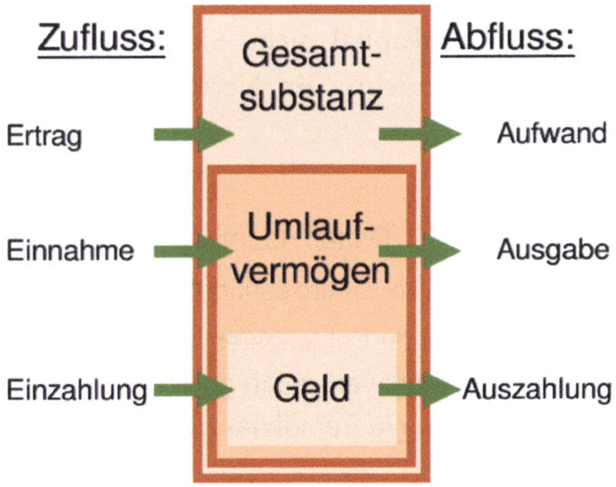

Abbildung 8: Begriffe der Substanzwertveränderung

Aus der Grafik ist die bilanzielle Gliederung der betrachteten Begriffe ersichtlich: Einzahlungen oder Auszahlungen sind Teil des Umlaufvermögens, dieses wiederum Teil der Gesamtsubstanz. Das

---

[23] Eine gesunde Eigenkapitalquote vorausgesetzt. Dies ist aber bei der weitaus überwiegenden Zahl österreichischer Gemeinden gegeben.

[24] (Eichhorn & Merk, Das Prinzip der Wirtschaftlichkeit, 2016), Seite 287 ff

führt zur Erklärung des nächsten Begriffes: Jede Form der Substanzwertveränderung wird Ertrag oder Aufwand genannt. Und wir wissen bereits, dass nicht jede Veränderung des Substanzwertes einen Geldfluss erfordert, genau wie umgekehrt nicht jeder Geldfluss eine Substanzwertveränderung darstellen muss.

Einnahmen und Ausgabe verbinden nun diese beiden Welten: sie sind jene Form des Ertrages/Aufwandes, zu der immer auch eine Einzahlung/Auszahlung gehört, zumindest zu einem späteren Zeitpunkt. Einnahmen sind finanzierungswirksame Erträge, Ausgaben finanzierungswirksame Aufwände. Auf der Passivseite sind Einnahmen oder Ausgaben immer Eigenkapitalveränderungen und entstehen, sobald der Rechtsanspruch auf eine Zahlung entstanden ist. In der Regel tritt dies zu jenem Zeitpunkt ein, wo eine Leistung erbracht oder konsumiert worden ist (Vertragszeitpunkt VZP2).

	Ertrag	**Einnahme**	**Einzahlung**		**Aufwand**	**Ausgabe**	**Auszahlung**
Laufender HH	X	X	X	Laufender HH	X	X	X
Laufender HH noch unbezahlt	X	X		Laufender HH noch unbezahlt:	X	X	
Kreditaufnahme			X	Kredittilgung			X
Beteiligungsverkauf[25]			X	Investition			X
Beteiligungsgewinn	X			Abschreibung, Wareneinsatz	X		

Ist die Zahlung noch nicht erfolgt, besteht somit die (passive) Einnahme/Ausgabe aus

[25] Der Verkauf einer Beteiligung oder einer Finanzanlage zum Buchwert ist – ähnlich einer Investition – wertneutral. Kein Ertrag (Gesamtwertsteigerung) an sich, sondern eine Transformation, von Finanzvermögen zu Bargeld. Ein Substanzwertzuwachs entsteht dadurch nicht. Im Gegenteil: muss die Beteiligung unter Buchwert verkauft werden, entsteht ein Verlust in Höhe zur Differenz des Buchwertes.

einer (aktiven) Forderung/Verbindlichkeit, welche erst später zu einer (aktiven) Einzahlung/Auszahlung wird.

Sämtliche Zugänge im laufenden Haushalt von Steuereinnahmen bis hin zu Leistungserlösen sind somit: ein Ertrag (Substanzwertzuwachs), eine Einnahme (Substanzwertzuwachs, welcher in Geld mündet). Und mit der tatsächlichen Bezahlung wird schlussendlich auch noch eine Einzahlung daraus. Ähnlich verläuft dies mit Vorgängen, die zunächst Aufwand/Ausgabe sind, welchen eine Auszahlung folgt.

Erträge / Aufwände können auch in einer Gestalt auftreten, in der sie keine Einnahme / Ausgabe sind. Dies ist dann der Fall, wenn der Wertzuwachs/-abgang niemals einen Geldfluss beinhaltet, wie z.B. bei Wertsteigerungen von Beteiligungen oder Zu- und Abschreibungen. Bei solchen Wertveränderungen wird von nicht finanzierungswirksamen Erträgen oder Aufwänden gesprochen. Einzahlungen oder Auszahlungen des investiven Haushaltes verändern die Gesamtsubstanz dagegen nicht, sie stellen daher keinen Ertrag/Aufwand dar und sind folglich auch keine Einnahme/Ausgabe.

Eine Abschreibung für Abnützung ist so ein Substanzwertverlust, dem niemals eine Auszahlung folgt. Daher kann sie auch keine Ausgabe sein, nur Aufwand. Gleiches gilt sinngemäß für Vorräte: der Aufwand entsteht nicht im Zeitpunkt der Anschaffung, sondern erst wenn eine Vorratsmenge verbraucht wird, die Organisation also physisch verlässt. Dieser Aufwand wird Wareneinsatzes genannt.

1.3.2 Nachhaltige Haushaltsführung

1.3.2.1 Geschichte

Nachhaltigkeit (englisch: sustainability) ist seit vielen Jahren eines der am häufigsten gebrauchten Schlagworte zur Beschreibung politischen, wirtschaftlichen und ökologischen Handelns. Seit jeher wurden zahlreiche Definitionsversuche unternommen, die im Kern oft sehr ähnlich sind, aber eben doch nicht gleich. Eine geradezu inflationäre Verwendung des Begriffes Nachhaltigkeit ist die Folge.

Eine fast 200 Jahre alte Erwähnung findet sich in der „Kameralistischen Encyclopädie", wo im Kapitel der Forstwirtschaft zum besten Zeitpunkt der Holzernte ausgeführt wird, dass „[...] der Hieb von den Regeln einer nachhaltigen Wirthschaft geboten wird, folglich wenn die größte Holzmenge erzielt werden kann, der größte Erlös zu erwarten ist, und wenn die Reproduction dadurch nicht vernichtet wird [...].“[26]

Knapp 180 Jahre später ist über Nachhaltigkeit zu lesen „[...] nicht Gewinne zu erwirtschaften, die dann in Umwelt- und Sozialprojekte fließen, sondern Gewinne bereits umwelt- und sozialverträglich zu erwirtschaften."[27]

Einig sind sich diese und praktisch alle übrigen Definitionen darüber, dass Nachhaltigkeit jene Voraussetzungen beschreibt, die ein Gesamtsystem dauerhaft, also ohne Subvention (z.B. Geldzuschuss) oder Intervention (z.B. Reparatur von Umweltschäden, Bankenrettung) auf Kosten Dritter überleben lässt.

Nachhaltigkeit ist für Gemeinden darüber hinaus ein Gesetzesauftrag, der im Detail allerdings unbestimmt bleibt: „Gemäß Art 13 Abs 2 B-VG haben Bund, Länder und Gemeinden bei ihrer Haushaltsführung die Sicherstellung des gesamtwirtschaftlichen Gleichgewichtes und nachhaltig geordnete Haushalte anzustreben. [...] Für die einzelne Kommune ist das Ziel eines nachhaltig geordneten Haushalts direkt und individuell anwendbar. Die Nachhaltigkeit kann damit als oberstes, verfassungsrechtlich verankertes Ziel für die finanzielle Gebarung einer einzelnen österreichischen Gemeinde festgehalten werden. Damit ist aber noch nicht definiert, wie eine Aussage über die Einhaltung oder Erreichung der Nachhaltigkeit getroffen werden kann.“[28]

Eine nachhaltige Haushaltsführung muss also nicht mehr diskutiert werden. Sie ist für die Gemeinde allerhöchster gesetzlicher Auftrag und daher umzusetzen. Weitgehend unklar bleibt bloß, anhand welcher Zahlen zu messen ist, ob zu wenig der geforderten Strebsamkeit und damit Verfassungsbruch vorliegt. Dies erschwert die objektive Prüfung erheblich und lässt sachlich nicht fundierter Rhetorik weiterhin hohen Spielraum.

1.3.2.2 Sachliche, vorsorgende und zeitliche Kriterien

Im Kapitel „Modellhaushalt“ wurde der für die Bedürfnisse des Finanzmanagements

---

[26] (Baumstark, 1835), Seite 285

[27] (Pufé, 2014), Seite 16

[28] (Meszarits, 01/2017), Seite 6

ideale Haushalt beschrieben. Aus dieser Darstellung leiten wir sachliche Kriterien für Nachhaltigkeit wie folgt ab:

1. der laufende Haushalt (die „Tätigkeit“) erwirtschaftet einen Überschuss in jener Höhe, welche benötigt wird, um die Substanz („Betriebsmittel“) zu erhalten,
2. der Substanzerhalt findet auch tatsächlich statt,
3. die Verschuldung ist gesund und statisch.

Viele Organisationen geben sich mit einem diesbezüglichen Überblick über die nächsten 12 Monate zufrieden, und bezeichnen ihre Finanzen schon als „nachhaltig“, wenn sie den nächsten Jahresabschluss überleben. Die Erwartungshaltung, oft und gerade in der Politik so ausgesprochen, ist dagegen sinngemäß: „unsere nachhaltige Haushaltsführung hinterlässt künftigen Generationen eine gleich gute (oder bessere) Welt“. Diesem Anspruch können Finanzpläne, die weit vor den rhetorisch umrahmten Zeiträumen enden, objektiv nicht gerecht werden.

Um das Prinzip der Nachhaltigkeit zu vervollständigen, müssen die Idealkriterien unbefristet, dauerhaft wirksam sein. Nachhaltigkeit ist auch im Finanzmanagement etwas prinzipiell „Ewiges“. Dazu gehört es, nicht nur wie bisher betrachtet, im Haushalt ein möglichst korrektes Bild der sichtbaren, konkreten Vorgänge abzubilden, sondern auch Vorsorge für vorhersehbar und unvorhersehbar Künftiges zu treffen. Die Elemente der Vorsorge sind Rückstellung und Zahlungsmittelreserve. Diese sind die vorsorgenden Kriterien der Nachhaltigkeit.

Jetzt ist zwar nichts „ewig“ in unserer Welt, und es ist in der Praxis auch kaum sinnvoll, einen detaillierten Finanz- oder Erfolgsplan für die nächsten 100 Jahre aufzustellen. Sehr wohl aber ist es möglich, sich an jenen Haushaltskennzahlen zu orientieren, mit denen eine prinzipiell „ewige Fortsetzung“ der aktuellen Haushaltsführung möglich wäre. Dies ist das zeitliche Kriterium der Nachhaltigkeit, welches später noch genauer mittels mathematischer Formeln zu den angeführten sachlichen Kriterien berechnet wird.

Jedes Jahr, in dem ein Rechnungsabschluss dann diesen Kriterien tatsächlich entspricht, ist ein konkreter zeitlicher Beitrag zu einer grundsätzlich soliden Nachhaltigkeit.

1.3.2.3 Der wahre Gesamthaushalt

In zahlreichen Gemeinden genügt es nicht, sich die Haushaltszahlen der Gemeinde allein anzusehen. Das Gesamtfeld der Finanzverantwortung inkludiert auch jene rechtlich unabhängigen Einheiten, für die die Gemeinde wirtschaftlich voll verantwortlich ist.

Besitzt die Gemeinde ausgegliederte, juristisch unabhängige Gesellschaften, (GmbHs, KGs usw.), ist voller Durchblick bei den Finanzen nur mit einer konsolidierten Aufstellung, ähnlich einer Konzernbilanz, erreichbar. Die Abbildung zeigt die reale Wirksamkeit der Ausgliederung: alles, was die Gesellschaften der Gemeinde tun, trifft die Gemeinde so, als ob sie selbst handeln würde. In allen Auswirkungen: also Ergebnis, Risiko und Haftung. Die reale Risikogrenze läuft immer außen um das System herum.

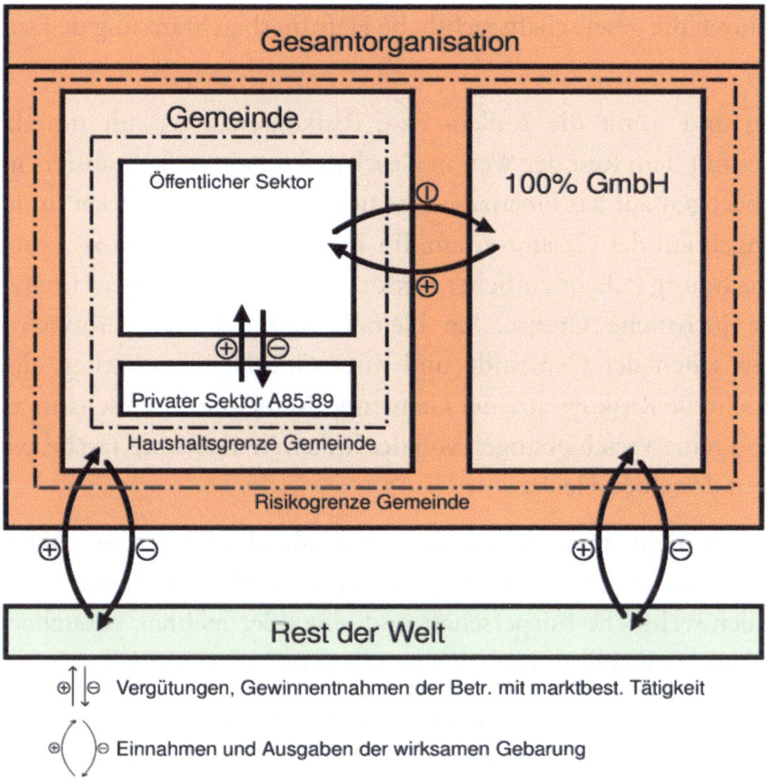

Abbildung 9: Gesamtfeld der Finanzverantwortung

Gerne wird angeführt, dass doch genau diese juristische Grenze gezogen wurde, um der hier dargestellten Gesamthaftung zu entgehen.

Dieses Argument ist leider Fiktion! Eine Risikotrennung ist nur möglich, wenn die neu gegründete ausgegliederte Einheit eine sogenannte „Fortbestandsprognose" hat. Sie muss aufgrund ihres eigenen geschäftlichen Agierens überlebensfähig sein. Das ist bei Gemeindeausgliederungen so gut wie nie der Fall. Alle derartigen Gesellschaften sind von regelmäßigen Verlustabdeckungen oder zumindest entsprechenden Garantien abhängig, und diese müssen juristisch abgesichert werden, um die Gesellschaft nicht schon im Moment der Gründung in Konkurs zu schicken.

Dies geschieht mit sogenannten Verlustabdeckungsverträgen oder Patronatserklärungen. Diese sind zeitlich und betragsmäßig unlimitierte Bürgschaften der Gemeinde gegenüber ihren Gesellschaften, wodurch die gesellschaftsrechtliche Haftungsbeschränkung de facto aufgehoben wird.

Die reale Verantwortung und somit die Außen- bzw. Risikogrenze verläuft um das Gesamtsystems, dort wo es mit dem Rest der Welt in Geschäftskontakt steht. Transfers im Innenverhältnis werden bezogen auf das Finanzmanagement irrelevant, sie haben in der Realität keine Auswirkungen auf das Gesamtsystem. Im Fall der Vergütungen zwischen Einheiten der Haushaltsrechnung (z.B. öffentlicher Sektor, privater Sektor) überschreiten diese nicht einmal eine juristische Grenze. Sie bleiben innerhalb des Subsystems „Gemeinde“. Geschäfte zwischen der Gemeinde und ihrer GmbH überschreiten eine juristische Grenze, aber nicht die Risikogrenze der Gemeinde. Keines dieser Geschäfte hat ein (Außen-) Risiko, es sind reine Verschiebungen von der linken in die rechte Tasche, wie zwischen zwei Abteilungen desselben Hauses.

Professionelles Finanzmanagement muss am Papier so tun, als ob es nur eine einzige „Unternehmenseinheit Gemeinde“ gäbe. Die de jure stattgefundene Aufteilung der Gemeinde in eine öffentlich-rechtliche Körperschaft und eine oder mehrere zusätzliche privatrechtliche Körperschaften muss dazu rein rechnerisch aufgehoben werden.

Das gesamte wirtschaftliche Geschehen ausschließlich an der realen Grenze der Wirksamkeit zu betrachten, wird in Folge Stadtbilanz / Gemeindebilanz genannt. Diese ist in ihrer Grundintention gleich einer Konzernbilanz, auch wenn es Abweichungen dazu geben muss. Ein nach dem System Stadtbilanz erstellter Haushalt betrachtet nur jene Erträge und Aufwände (Einnahmen und Ausgaben), die die Risikogrenze der Gemeinde überschreiten – also für das Gesamtsystem eine Auswirkung haben.

1.3.2.4 *Stadtbilanz / Gemeindebilanz erstellen*

Mit der neuen VRV 2015 ist die Erstellung einer Stadtbilanz / Gemeindebilanz erheblich einfacher geworden. Mit Vermögensrechnung und Ergebnishaushalt verfügt die Gemeinde über direkt vergleichbare Aufstellungen wie die Tochtergesellschaften mit der Bilanz und der Gewinn-/Verlustrechnung. Um die Gesamtsummen nicht irreführend aufzublähen, müssen lediglich die Quertransfers herausgerechnet werden.

Der erste Schritt zur Erstellung einer Stadtbilanz / Gemeindebilanz trifft eine Festlegung, welche Unternehmen mit eigener Rechtsperson als Beteiligungen in einen Gesamthaushalt mit einbezogen werden. Die VRV gibt im §23(3) mittlerweile eine sehr weitgehende Definition vor, nach der in der Praxis alle Körperschaften zu erfassen sind, wo die Gemeinde relevanten Einfluss, und damit auch ein relevantes Risiko trägt.[29]

Die Empfehlung lautet, alle Rechtsträger mit einzubeziehen, die gemäß VRV als mittelbare und unmittelbare Beteiligungen gelten sowie die verwalteten Einrichtungen. Alle übrigen Rechtsträger sind juristisch weit genug von der Gemeinde entfernt, stellen damit ein geringes Risiko dar. Sie müssen nicht mehr als in Union mit der Gemeinde stehend betrachtet zu werden.

Zahlt die Gemeinde eine Verlustabdeckung an die Tochtergesellschaft, ist dies bei der Gemeinde ein Aufwand und bei der Gesellschaft ein Ertrag. In einer konsolidierten Zusammenstellung stört dieser Betrag aber, da er die Gesamtsumme der Stadtbilanz/ Gemeindebilanz irreführend erhöht. Für Entscheidungen des Finanzmanagements interessiert es nicht, was im eigenen Haus von der linken Tasche in die rechte Tasche transferiert wird. Alles, was innerhalb des nun virtuell gedachten Gesamtverbundes gegenseitig querverrechnet wird, muss heraus gerechnet werden.

Diese Arbeit kann einigen Aufwand bedeuten. Schwierigkeiten ergeben sich aufgrund der Brutto-Verrechnung der Gemeinde gegenüber der Netto-Veranschlagung der Privatgesellschaften, sowie in der zeitlichen Verschiebung der Quertransfers. Es ist also völlig korrekt, wenn die Summe aller Quertransfer-Erträge auf der einen Seite nicht ident ist mit den Quertransfer-Aufwänden auf der anderen. So ließe sich immerhin auch ein

---

[29] Details siehe Kapitel „Beteiligungen und ausgelagerte Gesellschaften“, Seite 72

Blick darauf werfen, was aus allfälligen bzw. angeblichen Umsatzsteuervorteilen geworden ist. Zu guter Letzt müssen in einer Stadtbilanz / Gemeindebilanz auch noch die Neubewertungsrücklagen der Gemeinde weggerechnet werden, da diese ja die auf neue Rechnung vorgetragenen Gewinne der Gesellschaften darstellen und somit ebenfalls in den Gesamtzahlen doppelt enthalten wären.

Auch eine nochmals geraffte Darstellung als MHP über 5 Jahre ist auf diese Weise möglich. Selbst in weiter Zukunft liegende mögliche Finanzprobleme werden so rechtzeitig aufgedeckt. Wird eine Stadtbilanz / Gemeindebilanz jedes Jahr aktualisiert und Budget und Rechnungsabschluss beigelegt, kann sich die Gemeinde mit Fug und Recht als wahrer Finanzprofi bezeichnen und gleichzeitig in der Öffentlichkeit eine vorbildliche, sinnvolle und weit über die gesetzlichen Erfordernisse hinausgehende Transparenz leben.

2 Die Gemeinde

Selbst betriebswirtschaftlich geschulte und erfahrene Menschen erleben beim ersten Blick auf einen Gemeindehaushalt: die öffentliche Verwaltung und deren Haushalte „ticken“ tatsächlich etwas anders, als es der „Rest der Welt“ gewohnt ist. Dennoch steckt auch hier ein System dahinter, dass bei näherem Hinsehen viel Sinn macht und immer eine historische Logik hat.

2.1 Grundgesetze der Gemeinde

2.1.1 Bundesverfassung, Finanzverfassung

Österreich ist eine demokratische Republik – ihr Recht geht vom Volk aus. Dies ist der Artikel 1 der Bundesverfassung, und der meint nicht weniger, als dass ausschließlich das (wahlberechtigte) Volk darüber befindet, was wie in diesem Land geschieht.

Damit dieses Recht möglichst umfassend und dennoch geordnet wirksam wird, erfolgt die Wahl von Volksvertretungen auf unterschiedlichen Ebenen: Bundesstaat (Parlament), Bundesländern (Landtag) und Gemeinden (Gemeinderat). Damit die Vertretungsebenen nicht in ewigen Kompetenzstreitereien versinken, pflegt der Gesetzgeber ein Regelsystem, welches möglichst alle denkbaren Rollen und Aufgabenfelder den einzelnen Ebenen zuteilt. Dieses System trägt den Oberbegriff Föderalismus.

Eine Gemeinde ist eine Körperschaft öffentlichen Rechts. Dies bedeutet, dass diese sich, im Gegensatz zu einer Körperschaft privaten Rechts, als solche nicht frei formieren kann. Eine GmbH ist durch einen Notariatsakt herstellbar, während für die Existenz einer öffentlich-rechtlichen Körperschaft ein Gesetz beschlossen werden muss. Die Existenz der Gemeinden als solches ist im Artikel 116, Absatz 1 der Bundesverfassung begründet: „Jedes Land gliedert sich in Gemeinden. Die Gemeinde ist Gebietskörperschaft mit dem Recht auf Selbstverwaltung und zugleich Verwaltungssprengel. Jedes Grundstück muß zu einer Gemeinde gehören“. Damit ist festgelegt:

Die Gemeinde hat Rechtsperson in Form einer Gebietskörperschaft und ihr Territorium kann nur in einem einzigen Bundesland liegen. Es gibt in Österreich (anders als in

Deutschland und der Schweiz) keine gemeindefreien Gebiete. Selbst die entlegensten Gebirgsflächen der Alpen sind immer auch Gemeindegebiet. Die flächenmäßig größte Gemeinde ist daher nicht Wien, sondern Sölden in Tirol (468 km^2, Bevölkerungszahl rund 3000).

Historisch betrachtet gibt es Gemeinden als geregelten Teil des Staatswesens noch gar nicht so lange. Erst Mitte des 19. Jahrhunderts entstanden sie. „Die ‚autonome Gemeinde' ist eine Errungenschaft der bürgerlichen Revolution von 1848: Die Forderung der Bürgerschaft nach politischer Mitbestimmung schlug sich in der oktroyierten Reichsverfassung vom 4. März 1849 nieder, und auf dieser Grundlage wurde am 17. März 1849 das Provisorische Gemeindegesetz erlassen, das in Artikel I verlautbarte: ‚Grundfeste des freien Staates ist die freie Gemeinde.'"[30]

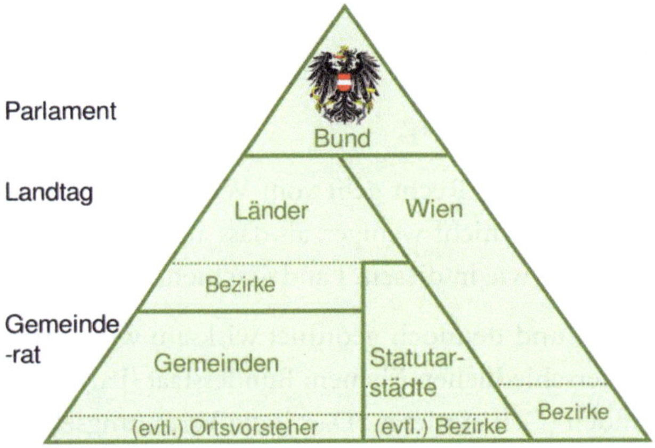

Abbildung 10: Föderale Gliederungsebenen

In den Jahrzehnten danach verloren die Gemeinden wesentliche Selbstbestimmungsrechte wieder. Erst im Jahr 1962 wurde die Stellung der Gemeinden in der Österreichischen Bundesverfassung neu geregelt. Diese „Gemeindeverfassungsnovelle 1962" enthält die heute wesentlichen Grundsätze der sogenannten Gemeindeselbstverwaltung. Sowohl Verfassungs- als auch einfache Gesetze gehen dabei von einer „Einheitsgemeinde" aus. Dies bedeutet, dass in rechtlicher Sicht große Städte genau wie kleinste Landgemeinden vollkommen gleichgestellt sind. Sie haben alle die gleichen Rechte und Pflichten. Man muss jetzt kein Experte sein, um sich vorzustellen, dass eine Gemeinde wie Gramais in Tirol mit weniger als 50 Einwohnern an bestimmten Stellen sinnvollerweise andere Regeln bräuchte als eine Stadt wie Graz mit über 280.000 Einwohnern. Experten sprechen bei diesem Grundsatz daher gerne von der

[30] (Fallend, Mühlböck, & Wolfgruber, 2001), Seite 46

„Rechtsfiktion der Einheitsgemeinde".

Im internationalen Vergleich richtig komplizierte, praktisch immer historische Besonderheiten aus anderen Ländern wie z.B. die Katastralgemeinde Tägermoos der deutschen Stadt Konstanz, die in der Schweiz liegt, folglich ihre Verwaltungsagenden horizontal zwischen zwei Staaten aufteilen muss – gibt es in Österreich nicht. Die Rechtsgrundlagen sind, alles in allem doch recht „aufgeräumt".

Österreich baut sich als föderaler Bundesstaat auf folgenden Ebenen auf:

- Bundesstaat (Legislativ, eigener Wirkungskreis)
- 9 Bundesländer, 1 davon auch Stadt (Legislativ, eigener Wirkungskreis)
- 95 Bezirke (Verordnungsweg der Landesregierung, kein eigener Wirkungskreis)
- 2093 Gemeinden, Wien als eine Gemeinde gezählt (Verordnungsweg, eigener Wirkungskreis)

Jahr	Gemeinden
1965	3931
1970	3183
1971	2656
1975	2656
1980	2300
1990	2317
1998	2358
2014	2354
2015	2100
2022	2093

Anzahl der Gemeinden in Österreich

Nicht jeder Ebene dieser Hierarchie ist eine gesetzgebende Kompetenz zugeteilt. Die Gesetzgebung (Legislative) ist in Österreich auf Bund und Länder beschränkt. Bezirke und Gemeinden sind reine Verwaltungsebenen, sie können keine Gesetze erlassen. Sehr wohl jedoch Durchführungsbestimmungen zu Gesetzen, sogenannte Verordnungen. Dementsprechend heißt die Zeit zwischen zwei Wahlen für die legislativen Körperschaften Bund und Länder „Legislaturperiode", während in einer Gemeinde von „Funktionsperiode" zu sprechen ist. Verordnungen, welche die Gemeinde erlässt, sind deswegen aber nicht „minderwertiger" oder „weniger verbindlich". Sie sind integraler Bestandteil der Gesamtgesetzgebung. Der Unterschied besteht im erheblich geringeren Gestaltungsspielraum.

Die Bezirke sind Verwaltungsorgane der Landesregierungen, sie haben keinen eigenen Wirkungskreis. Das ist der Grund, warum es auf Bezirksebene keine Wahlen gibt.

Außerdem dürfen die Verwaltungsbezirke der Länder nicht mit den Stadtbezirken in Wien oder Graz verwechselt werden. Diese haben die (gehobenere) Stellung der Ortsteile, sind also der Gemeinde untergeordnete Verwaltungseinheiten. Sofern die Stadtbezirke von Statutarstädten, im Gegensatz zu den Ortsteilen der Gemeindeordnungen, über einen kleinen, eigenen Wirkungskreis verfügen, gibt es in diesen Städten auch gesonderte Bezirksvertretungswahlen.

Um ihre Aufgaben umsetzen zu können, erhalten die Gemeinden Geld aus Steuermitteln. Da die weitaus meisten Steuereinnahmen beim Bund landen, regeln umfangreiche Gesetzeswerke deren Verteilung: allen voran die Finanzverfassung und der Finanzausgleich.

2.1.2 Gemeindeordnung

Die Bundesverfassung regelt bezüglich Gemeinden nur sehr allgemeine Dinge. Nachfolgend notwendige Ausführungsgesetze fallen in die Kompetenz der Länder. So auch alles, was zur Finanzgebarung einer Gemeinde gehört. Der Bund hat verfassungsrechtlich wenig Möglichkeit, diesbezüglich gesetzgeberisch durchzuzugreifen. Die Bundesverfassung erteilt nur einen expliziten Auftrag an die Länder, ein bestimmtes Landesgesetz zu erlassen: die Gemeindeordnung.

Die Gemeindeordnung (in Vorarlberg das Gemeindegesetz, in Wien die Stadtverfassung - StadtV/GemO), regelt den organisatorischen und verwaltungsrechtlichen Aufbau der Gemeinde, inklusive zahlreicher verfahrensrechtlicher Fragen zum Haushalt. Dazu gehören u.a. Auflagefristen, Beschlusszeiträume, das Notverordnungsrecht und vieles mehr.

Die GemO gilt für alle Gemeinden des jeweiligen Bundeslandes. Ausgenommen davon sind lediglich 14 Städte mit sogenanntem „eigenem Statut“: St. Pölten, Eisenstadt, Linz, Graz, Salzburg, Innsbruck, Klagenfurt, Villach, Wels, Steyr, Waidhofen an der Ybbs, Krems, Wiener Neustadt und Rust.

Diese Städte haben zu ihrer Organisation ein eigenes Landesgesetz, sozusagen eine „persönliche Gemeindeordnung“: das sogenannte Stadt-Statut. Die 4 Statutarstädte Niederösterreichs sind in einem einzigen Sondergesetz zusammengefasst: dem NÖ Stadtrechtsorganisationsgesetz. Die 15. Statutarstadt ist Wien, welche darüber hinaus noch eigenes Bundesland ist und somit alles in der Wiener Stadtverfassung quasi selbst regelt. Diese bildet Landesverfassung und Gemeindeordnung in einem ab.

In der Praxis sind die Gemeindeordnungen, wie es so schön heißt: umfassend. Es genügt, die darin geregelten Sachverhalte einzuhalten. Die Bundesverfassung enthält nichts Zusätzliches, was in der Gemeindeordnung nicht auch schon dargelegt ist.

2.1.3 Voranschlags- und Rechnungsabschlussverordnung VRV

Die VRV ist für das Finanzmanagement und die Finanzverwaltung der Gemeinde die wichtigste Vorschrift. Sie regelt Aussehen und Inhalt der Voranschläge und Rechnungsabschlüsse. Sie ist eine Verordnung des Finanzministeriums, welche unter Berufung auf den §16 der Finanzverfassung für Länder und Gemeinden verbindlich ist. Das reicht allerdings nicht. Gemeindeangelegenheiten sind, wie schon erwähnt, Sache der Länder, und die Finanzverfassung ist sozusagen „nicht stark“ genug, um von der Bundesebene ausgehend, alles durchzusetzen, was die VRV enthält.

Die VRV ist daher zusätzlich eine spezielle Form von Landesgesetz: in der Expertensprache „§15a-Vereinbarung“ genannt. Der §15a der Bundesverfassung regelt: „Bund und Länder können untereinander Vereinbarungen über Angelegenheiten ihres jeweiligen Wirkungsbereiches schließen“. Die Bundesländer können also untereinander und ohne Genehmigung der Bundesorgane „Unter-Staatsverträge“ schließen. Deren Inhalt darf lediglich ihren Wirkungskreis nicht überschreiten. Haushaltsrechtliche Angelegenheiten der Gemeinden sind prinzipiell Landessache (=deren Wirkungskreis). Eine österreichweit einheitliche Gestaltung kann daher, von den in der Finanzverfassung geregelten Ausnahmen abgesehen, nur über Einigkeit mit allen Bundesländern erreicht werden. Die VRV entsteht daher über ein Konsultationsgremium. In diesem wird sie verhandelt und nach Abschluss in sämtlichen 9 Landtagen wortgleich beschlossen. Danach wird das Ganze als Verordnung des Bundesministeriums für Finanzen nochmals verlautbart. Die VRV existiert also zehnmal, genauso oft ist sie im österreichischen Rechtsinformationssystem zu finden.

Im Jahr 1949 wurden als Vorläufer zur heutigen VRV erstmals Richtlinien für die Erstellung der Voranschläge und Rechnungsabschlüsse der Länder, Gemeindeverbände und Gemeinden erlassen. Mit der sogenannten Heiligenbluter Vereinbarung, in der sich

Bund, Länder und Gemeinden einigten, Form und Gliederung der Voranschläge und Rechnungsabschlüsse detailliert bis hin zu Ansatz- und Postenlisten zu normieren, beginnt danach im Jahr 1974 die Geschichte der eigentlichen VRV. In den Jahren 1983, sowie 1997 als Folge des EU-Beitrittes, gab es 2 größere Reformen sowie dazwischen etliche kleinere Ergänzungen. Im Jahr 2015 wurde die VRV schließlich vollständig neu verfasst und ist, nach mehrjähriger Übergangsfrist seit 1.1.2020 verbindlich. Die Geschichte der VRV im Überblick:

- 1950–1975: RVR 1949,
- 1976–1983: VRV 1974, BGBl. Nr. 493/1974,
- 1984–1996: VRV 1983, BGBl. 159/1983 idF BGBl. 440/1986,
- 1997–2021: VRV 1997, BGBl. Nr. 787/1996 idF BGBl. II Nr. 118/2007
- 2020–aktuell: VRV 2015, BGBl. Nr. 313/2015 idF BGBl. II Nr. 17/2018

Die VRV bis inklusive Version 1997 (letztmalig anwendbar für den Rechnungsabschluss 2019) war eine reine Geldmitteldarstellung. Ein Haushalt galt als ausgeglichen, wenn Einzahlungen inklusive Schuldaufnahmen und Auflösung von Zahlungsmittelreserven mindestens gleich hoch waren, wie die Summe aller Auszahlungen inklusive Schuldentilgungen und Zuführungen an Zahlungsmittelreserven. Substanzwertaufstellungen oder zeitlich bedingte Wertverluste (Abschreibungen) wurden nur rudimentär und damit ohne Gesamtaussagekraft erfasst. Risikobewertungen (Rückstellungen) existierten überhaupt nicht. Haushalte nach alter VRV waren wie Eisberge: Wesentliche Teile der Realität blieben unsichtbar und führten nicht selten dazu, dass Gemeinden mit makellosen Haushaltszahlen trotzdem in substanzielle Schwierigkeiten gerieten.

Die Erkenntnis, aus diesen und anderen Gründen das Haushaltsrecht der Länder und Gemeinden zu reformieren, liegt deutlich länger zurück: „Erste Schritte zur Konzeption einer Reform wurden bereits im Jahr 2005 gesetzt. In dieser Zeit wurde angedacht, nicht nur eine Haushaltrechtsreform für den Bund, sondern auch für Länder und Gemeinden zu beschließen. Dies scheiterte jedoch an dem Einwand der Länder, Städte und Gemeinden. Offensichtlich war die Zeit noch nicht reif genug“.[31] Seit dem 1.1.2020 ist es

[31] (Pfau & Matzinger, 04/2018), Seite 7

nun aber so weit: nachdem 5 Jahre Übergangsfrist fast überall ungenützt[32] verstrichen, trat die VRV 2015 keinesfalls über Nacht rechtsverbindlich in Kraft.

Die gesamte VRV umfasst mehr als 200 Seiten. Der eigentliche Haupttext besteht aus 40 Paragrafen, welche auf 20 Seiten Platz finden. Der Rest wird von Beilagen beansprucht, welche in tabellarischer oder grafischer Form die praktische Umsetzung der im Paragrafentext vorgegebenen Regeln wieder geben.

2.1.4 Weitere Landesgesetze und -verordnungen

Über die VRV hinaus nehmen sämtliche Bundesländer über zusätzliche Vorschriften Einfluss auf die Gestaltung der Gemeindehaushalte. Durch derartige Landesverordnungen kann es zu Unterschieden kommen und im Extremfall einer Gemeinde in einem Bundesland etwas ausdrücklich vorgeschrieben sein, was in einem anderen Bundesländern ausdrücklich untersagt ist. Zu diesen Vorschriften gehören neben den schon erwähnten Gemeindeordnungen:

Gemeindehaushaltsverordnungen (GHVO) haben im Wesentlichen die Aufgabe, die VRV an gewünschten Stellen noch mal zu präzisieren. Die VRV regelt ja nur das Zahlenwerk.[33] Sollen Erläuterungen und andere schriftliche Berichtspflichten gesetzlich normiert werden, muss das an dieser Stelle geschehen. Von dieser Möglichkeit haben alle Bundesländer außer Vorarlberg[34] Gebrauch gemacht und eine solche Verordnung in Kraft gesetzt.

In Wien tritt ein Erlass, die „Haushaltsordnung für den Magistrat der Stadt Wien“ an die Stelle der GHVO in den Bundesländern sowie einige Begleitgesetze und Verordnungen

---

[32] Auch die sogenannten „Pilotgemeinden“ führten das neue System nur testweise und rechtlich unverbindlich parallel zur alten Haushaltsführung etwas früher ein.

[33] Nachdem die ursprüngliche Idee der sog. Wirkungsorientierung nicht in die VRV einfloss. Siehe Kapitel „Zu modern, um Gesetz zu werden“, Seite 128

[34] Stellungnahme des Amtes der Vorarlberger Landesregierung, Abteilung Gebarungskontrolle vom 19.4.2021: „Neben dem Verweis auf die bundesgesetzlichen Regelwerke ist es in Vorarlberg gelebte Praxis, dass die Aufsichtsbehörde […] Empfehlungen ausspricht. Die Erlassung von spezifischen Regelungen im Verordnungswege war bislang nicht erforderlich.“

wie beispielsweise das „Gesetz über die risikoaverse Ausrichtung der Finanzgebarung“.

Eine Haftungsobergrenzenverordnung (HOG, Haftungsobergrenzengesetz in Vorarlberg) gibt es ebenfalls in einigen Bundesländern, zusätzlich gibt es eine bundesweit einheitliche §15a HOG – Vereinbarung. Diese ist ein recht allgemein gehaltenes, aber in allen Ländern wortgleich gültiges Regelwerk, welches die Maximalhöhe von Haftungen in Gemeinden mittels einer Formel regelt.

Unterschiedlich gehen die Bundesländer auch mit dem Thema Finanzspekulation in Gemeinden um. Vom Spekulationsverbot einerseits, strengeren Auflagen und Bedingungen oder die Einschränkung der Finanzspekulationen auf „derivative Finanzinstrumente nur mit entsprechendem Grundgeschäft“ andererseits reicht die Palette der Unterschiede. Fast die Hälfte der Bundesländer regelt dieses Thema bislang überhaupt nicht, in diesen ist Finanzspekulation auch in Gemeinden uneingeschränkt erlaubt.

Trifft ein Land keine weiterführenden Gesetze, und gibt ergänzend oder an Stelle dessen Empfehlungen, ist das einem Gesetz nicht gleichzustellen. Es fehlt die Verbindlichkeit und damit die Einklagbarkeit und aus Sicht der Öffentlichkeit meistens auch die Verfügbarkeit darüber – derartige „Empfehlungen oder Weisungen der Gemeindeaufsicht“ bleiben in der Verwaltungsebene der Gemeinde unter Verschluss.

Im Anhang unter Kapitel „Haushaltsrechtliche Regelungen“, Seite 233 findet sich eine Übersichtstabelle, welche der hier beschriebenen Verordnungsarten in welchem Bundesland existieren.

2.1.5 VGR und ESVG

Hinter diesen beiden Abkürzungen stehen weitere umfangreiche Regeln und Gesetze:

- die volkswirtschaftliche Gesamtrechnung VGR
- das europäische System volkswirtschaftlicher Gesamtrechnungen ESVG

„Die Volkswirtschaftliche Gesamtrechnung verfolgt das Ziel, das Wirtschaftsgeschehen einer Volkswirtschaft für einen zurückliegenden und daher abgeschlossenen Zeitraum quantitativ möglichst umfassend zu beschreiben."[35]

Das ESVG ist eine Sammlung von Verordnungen der EU, die deren Mitgliedsstaaten anweist, ihre VGR so zu adaptieren, dass sie vergleichbar werden. Dadurch eignen sie sich zur Messung europaweiter gemeinsamer Ziele. In Österreich wird dies wesentlich durch den sogenannten österreichischen Stabilitätspakt (ÖStP) umgesetzt. In ihm sind unterschiedliche Kennzahlen enthalten, die der Einhaltung der ESVG-Ziele dienen. Kennzahlen des ÖStP sind:

- der schon aus der VRV bekannte Finanzierungssaldo (Maastricht-Saldo),
- das Ausgabenwachstum (Ausgabenbremse),
- der strukturelle Saldo (Schuldenbremse).

Der ÖStP begnügt sich allerdings nicht mehr mit der bloßen Definition der Kennzahlen, sondern schreibt auch konkrete, in Zahlen gefasste Quoten vor, an die sich Bund, Länder und Gemeinden in Summe halten müssen. Im Fall der Nichteinhaltung drohen Sanktionen, die bis hin zur Einbehaltung von Ertragsanteilen führen können.

Die praktische Umsetzung ist für Gemeinden allerdings, abgesehen von einer genauen Verfahrensanweisung zur Berechnung des Maastricht-Saldos, bis heute nicht geregelt. Die Landesregierungen geben nur allgemeine Empfehlungen aus wie „die Maastricht-Kennzahl darf nicht negativ sein". Es gibt keine Anweisungen, welche Zahlen welche Gemeinde konkret zu erfüllen hätte. Formulierungen des ÖStP, Kennzahlen „um den jeweiligen anteiligen Konjunktureffekt und um allfällige Einmalmaßnahmen zu bereinigen" verunmöglichen es vollkommen, diese in der Gemeinde so zu rechnen, dass eine exakte Einhaltung nachgewiesen ist. Lediglich der später noch erläuterte Haushaltsquerschnitt und das im ÖStP vorgesehene „Kontrollkonto" ist so weit umgesetzt, als die Gemeinden Daten liefern müssen. Ob die Gemeinde mit den darin gemachten Angaben den ÖStP erfüllt, oder daraus bestimmte Konsequenzen zu ziehen hätte, erfährt sie aber auch im Nachhinein nicht.

Erst die kommenden Jahre werden zeigen, ob die Gemeinden hinsichtlich des ÖStP konkreter in die Pflicht genommen und ggf. auch mit Sanktionen belegt werden. Eine

---

[35] (Frenkel/John, 2003), Seite 5

Gemeinde, die die in diesem Buch beschriebene Definition der Nachhaltigkeit und die Methoden des Finanzmanagements auch in der Praxis erfüllt, muss sich um die Kennzahlen des ÖStP ohnehin nicht gesondert kümmern. Eine solche Gemeinde wird diese - und somit ihren gesetzlichen Auftrag - in jedem Fall erfüllen.

2.2 Organisatorischer Aufbau der Gemeinde

Die Gemeinde ist eine juristische Person mit einer Körperschaft öffentlichen Rechts vom Typ Gebietskörperschaft.

Da juristische Personen keine Wesen aus Fleisch und Blut sind, muss ihrer „Körper"-schaft echtes Leben eingehaucht werden: durch nicht zufällig so genannte „Organe". Die Bundesverfassung legt drei Organe als Mindesterfordernis für den Körperschaftstyp Gemeinde fest:

1. der Gemeinderat,[36]
2. der Gemeindevorstand,[37]
3. der/die BürgermeisterIn.

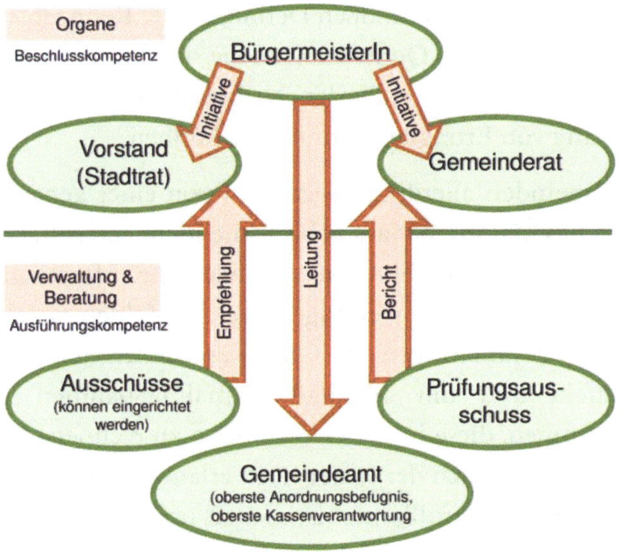

Abbildung 11: Grundorganigramm einer Gemeinde

Der/die BürgermeisterIn steht dabei an oberster Stelle und ist sowohl ChefIn der Verwaltung (Gemeindeamt) als auch der Politik (Vorsitz im Gemeinderat). Dieser Funktion kommt die Schlüsselrolle zu, beiden Zentralebenen der Gemeinde vorzustehen. Gegenüber der Verwaltung kommt dem Organ BürgermeisterIn das Weisungsrecht zu, gegenüber dem Gemeinderat das Initiativrecht. Der/die BGM legt also die Tagesordnung

[36] Salzburg und Vorarlberg verwenden abweichend den Begriff „Gemeindevertretung"

[37] Salzburg verwendet abweichend den Begriff „Gemeindevorstehung"

fest. Verliert er/sie im GR die Mehrheit, können die initiierten Beschlüsse nicht wirksam werden. Das auf die Funktion des BGM beschränkte Weisungsrecht gegenüber dem Gemeindeamt bedeutet, dass der/die einzelne GemeinderatIn keinerlei Weisungsbefugnis gegenüber der Verwaltung hat, auch dann nicht, wenn er/sie Mitglied des Vorstandes ist.

Der/die BGM übt in seiner Funktion als Leitung der Verwaltung die alltägliche Führung aus und ist damit die Schlüsselstelle im Gemeindealltag mit faktisch sehr weitreichenden Befugnissen. Für größere Beschlüsse benötigt er/sie aber den Rückhalt im Gemeindevorstand oder Gemeinderat. Der Vorstand einer Gemeinde, in Städten auch Stadtrat oder in Statutarstädten inkl. Wien Stadtsenat genannt, ist wie der Gemeinderat ein Kollegialorgan - er fasst seine Beschlüsse mit der Mehrheit seiner Mitglieder. Das einzelne Mitglied des Gemeindevorstandes hat keinerlei Beschlusskompetenz. Es gibt im Gegensatz zur Landes- und Bundesebene in der Gemeinde keine „Ressorts", auch wenn der allgemeine Sprachgebrauch so tut, als ob (Baustadtrat, Finanzstadträtin o.ä.).

Ausschüsse arbeiten weisungsfrei, haben in aller Regel aber keine Beschlusskompetenz, sondern nur beratende Funktion. Abweichende Regelungen treffen die StadtV/GemO von Vorarlberg, Tirol und Wien, wo bestimmten Ausschüssen beschließende Kompetenz gewährt wird. Die Gemeindeordnungen der Bundesländer dürfen dies in verfassungskonformen Rahmen festlegen. Der Gemeinderat legt innerhalb des gesetzlichen Rahmens die Anzahl der Ausschüsse und seiner Mitglieder fest.

Der Ausschuss wählt seinen Vorsitz aus der Mitte seiner Mitglieder. Es ist weit verbreitet üblich und durchaus zweckmäßig, jedem Mitglied des Gemeindevorstandes auch einen Ausschussvorsitz zuzuteilen. Eine gesetzliche Verpflichtung dazu existiert aber nicht. Der Gemeinderat könnte auf die Einsetzung von Ausschüssen auch gänzlich verzichten oder den Vorsitz von Ausschüssen anderen Mitgliedern des Gemeinderates anvertrauen. Eine Ausnahme davon bildet der Prüfungsausschuss (Kärnten: Kontrollausschuss, Salzburg und Tirol: Überprüfungsausschuss): dieser muss eingerichtet werden, hat eine klar festgelegte Anzahl von Mitgliedern und die Vergabe des Vorsitzes ist an gesetzliche Regeln gebunden. So darf dessen Vorsitz von keinem Mitglied der Partei des/der BGM eingenommen werden, manche Bundesländer engen die Auswahl noch mehr ein und weisen beispielsweise den Vorsitz des Prüfungsausschusses der kleinsten im Gemeinderat vertretenen Partei zu.

Der Landesgesetzgeber kann auch weitere Organe einsetzen, wie beispielsweise die Magistrate der Statutarstädte. In den letzten Jahren ist es in einigen Bundesländern üblich geworden, neben dem/der BürgermeisterIn auch anderen Personen Organstellung zu geben z.b. dem/der GemeindekassierIn. Ob diese so genannten Personen auch Organe der Gemeinde sind, muss tatsächlich im zuständigen Landesgesetz nachgelesen werden. Nicht in jedem Bundesland ist dies so.

2.2.1 Wirkungskreis und Autonomie der Gemeinde

Im Kapitel Haushaltsgruppen war noch allgemein vom Existenzzweck der Organisation die Rede. Nun soll konkret der Frage nachgegangen werden: wofür gibt es Gemeinden überhaupt, was ist der Zweck dieser Organisationsform?

2.2.1.1 Wirkungskreis

Alle Aufgabenfelder, die von Körperschaften öffentlichen Rechts erledigt werden sollen, heißen Wirkungskreis. Jede Körperschaft öffentlichen Rechts – so auch die Gemeinde - unterliegt einem zugeordneten Wirkungskreis.

Der Wirkungskreis der Gemeinde beschreibt, wo diese grundsätzlich tätig werden kann und darf. Indirekt somit auch, welche Aufgabengebiete anderen Körperschaften vorbehalten sind. Aufgaben der Landesverteidigung beispielsweise finden sich nur im Wirkungskreis des Bundes, die Gemeinden sind von derartigen Tätigkeiten sehr klar ausgeschlossen. Der Wirkungskreis ist der gesetzliche Entfaltungsrahmen für öffentlich-rechtliche Körperschaften.

2.2.1.1.1 Hoheitsbereich, Privatrechtsbereich

Sämtliche Tätigkeiten und somit der Wirkungskreis der Gemeinde müssen in zwei Bereiche aufgeteilt werden: den „Hoheitsbereich“ und den „Privatrechtsbereich“. Diese Unterteilung ist oft nicht eindeutig hinsichtlich dessen welche Tätigkeit wohin gehört. Es gibt aber eindeutige Konsequenzen dahinter – vor allem bei möglichen Verfehlungen kommen völlig unterschiedliche Strafgesetznormen zur Anwendung.[38]

„In hoheitlicher Form, d.h. durch staatliche Anordnung (Bescheide, Verordnungen),

---

[38] Siehe Kapitel „Haftung aus der Tätigkeit in der Gemeinde“, Seite 218

handeln die Gemeinden vor allem in den Bereichen der Sicherheits-, Gesundheits-, Sittlichkeits-, Veranstaltungs-, Markt-, Straßen-, Flurschutz-, Bau- und Feuerpolizei, der Verwaltung gemeindlicher Verkehrsflächen und der örtlichen Raumplanung." Davon ausgehend lässt sich der Hoheitsbereich am ehesten mit „den Staat ordnend und führend" beschreiben. Bau- und Straßenpolizei sind beispielsweise hoheitliche Tätigkeiten, die Durchführung von Genehmigungs- oder gesetzlicher Prüfverfahren sowie sämtliche Tätigkeiten zur Aufrechterhaltung der öffentlichen Ordnung und Sicherheit.

Privatrechtliche Tätigkeiten sind „in der Praxis [...] wichtige Aufgaben der allgemeinen Daseinsvorsorge, z.B. die Einrichtung bzw. den Bau von Straßen und Brücken, Kindergärten, Pflichtschulen, Krankenhäusern, Feuerwehrhäusern, Theatern und sonstigen Veranstaltungsgebäuden, Sportanlagen und Friedhöfen, Unterhaltung von Bussen und Straßenbahnen, Einrichtungen der Wasserversorgung, Abwasser- und Abfallbeseitigung sowie der Energieversorgung, Alten- und Sozialhilfe."[39]

Ganz allgemein lassen sich daraus als „privatrechtlich" ableiten: der Erwerb, die Veräußerung, die Verpfändung oder sonstige Belastungen von Grundstücken und beweglichen Sachen, die Aufnahme und Gewährung von Darlehen, die Übernahme von Bürgschaften und sonstigen Haftungen, der Abschluss und die Auflösung von Bestandsverträgen, die Vergabe von Leistungen, die Erhaltung und Verwaltung des öffentlichen Gutes.

2.2.1.1.2 Pflichtaufgaben, Ermessensaufgaben

Außerdem werden die „Aufgaben der Gemeinde hinsichtlich des eigenen und des übertragenen Wirkungskreises unterschieden. Erstere werden in die freiwilligen und die gesetzlich vorgeschriebenen Aufgaben unterteilt (zum Beispiel: Verwaltung des Gemeindevermögens, Einhebung der Gemeindesteuern, Errichtung und Betrieb von wirtschaftlichen Unternehmungen, Hilfs- und Rettungs-, Leichen- und Bestattungswesen, Erhaltung der Gemeindestraßen, Wege, Plätze und Brücken, Errichtung und Erhaltung von Schulen). Dagegen umfasst der übertragene Wirkungskreis Aufgaben des Staates, die den Gemeinden zur Erledigung übertragen werden (Nationalratswahl, Volkszählung,

[39] (Fallend, Mühlböck, & Wolfgruber, 2001), Seite 47 bzw. 50

Wohnungsamt, Säuglingsfürsorge, Meldewesen, Standesamt)".[40] Zu den ausdrücklich freiwilligen Aufgaben (Ermessensaufgaben) zählen Bäder, Minigolfanlage, Eislauf- oder Fußballplatz, also Freizeit- und Sportanlagen.

Es ergibt sich nicht von selbst, in welchem Bereich (hoheitlich, privatrechtlich) welche Tätigkeit Pflicht oder Ermessen ist. „Leicht lässt sich diese Grenze zwischen Pflichtaufgaben und freiwilligen Aufgaben im Bereich der hoheitlichen Verwaltung der Gemeinde ziehen. Da sowohl der eigene als auch der übertragene Wirkungsbereich in diesen Fällen genau gesetzlich determiniert sind, lässt sich daher meist einfach sagen, ob der Gesetzgeber die Gemeinde zu einer bestimmten hoheitlichen Tätigkeit verpflichtet oder bloß ermächtigt hat. Sollten die Gemeinden zu hoheitlichen Tätigkeiten verpflichtet worden sein, handelt es sich dabei um Pflichtaufgaben.

Nicht so leicht ist die Grenzziehung hingegen im Bereich der nicht-hoheitlichen Verwaltung. Von einer Pflichtaufgabe kann man nur dann sprechen, wenn das entsprechende Bundes- oder Landesgesetz die Gemeinde verpflichtet, eine Aufgabe mit nicht-hoheitlichen Mitteln zu erfüllen. Als Beispiel kann hier die landesgesetzlich normierte Pflicht zur Erhaltung von Straßen genannt werden. […] Die Städte und Gemeinden haben sich von der Ordnungsgemeinschaft zur Dienstleistungsgemeinschaft entwickelt."[41] Die Erwartungshaltung an die Gemeinde ist in den letzten 50 Jahren enorm gestiegen, der Wirkungskreis einer Gemeinde umfasst heutzutage eine fast unüberschaubare Vielfalt.

Und es gibt leider keine Liste mit absoluter Rechtssicherheit, die sämtliche Aufgaben des Wirkungskreises unterteilt in Pflicht- und Ermessensaufgaben, oder in Hoheits- und Privatrechtsbereich.

2.2.1.2 Autonomie und Sanktionierung

Das österreichische Rechtssystem sagt klar aus, dass Verletzungen gültiger Verordnungen sogenannte „Ordnungswidrigkeiten" sind und folglich mit Verwaltungsstrafen belegt werden können. Allerdings beschreibt der Föderalismus auch die sogenannte „Gemeinde-

[40] https://www.staedtebund.gv.at/themen/recht/gemeinderecht, abgefragt am 7.11.2021

[41] (Held, 01/2009), Seite 90

autonomie". Diese beinhaltet, dass Gemeinden die aus ihren Verordnungen erwachsenden Ordnungswidrigkeiten selbst ahnden.

Der Voranschlag ist so eine Verordnung des Gemeinderates, wie beispielsweise eine Kurzparkzonenverordnung auch. Sinngemäß drängt sich damit jetzt die Frage auf, wer nun der Gemeinde „den Strafzettel" aushändigt, wenn die Verordnung „Budget" nicht eingehalten wird. So wie dies normalen Menschen auch droht, welche die Verordnung „Kurzparkzone" missachten. Die Antwort lautet hier wie da völlig klar: „Die Gemeinde selbst als autonome Einheit". Kein Wunder, dass es ohne Konsequenzen bleibt, wenn die Verordnung „Budget" missachtet wird.

Diese Tatsache gehört zu den schwer verständlichen Folgen des österreichischen Föderalismus. Allen übrigen Instanzen, beispielsweise der Gemeindeaufsicht des Landes, kommt beratende, im schärfsten Fall eine mahnende Rolle[42] zu. Erst Anfang der 2000er-Jahre entstand so etwas wie eine „de-facto"-Mitsprache der Landesregierungen durch die immer größer werdende Abhängigkeit von Bedarfszuweisungen oder Krediten, welche die Genehmigung der Landesregierung benötigen.

Ignoriert die Gemeinde alle Hinweise der Landesregierung, passiert rein rechtlich nichts weiter. Erst bei völliger Zahlungsunfähigkeit steht der Landesregierung eine konkrete Intervention in Form von Amtsenthebung und Entsendung eines Kurators zur Verfügung - also erst wenn eigentlich alles zu spät ist.

Dies klingt jetzt sehr negativ - und ist es in der Konsequenz vor allem dann, wenn der Gemeindepolitik in der Bevölkerung wenig Beachtung geschenkt wird. Die Gemeindeautonomie an sich ist demokratisch legitimiert und die durch die Verfassung vorgesehene Sanktionierung von Budgetmissachtungen muss direkt vom Volk per Abwahl der Verantwortlichen vorgenommen werden. Manch ein wirtschaftliches Ergebnis lässt erkennen, dass dies nicht überall ein Kriterium ist.

---

[42] Bundesverfassung Artikel 119a Abs. 6 regelt: „Die Aufsichtsbehörde hat gesetzwidrige Verordnungen nach Anhörung der Gemeinde durch Verordnung aufzuheben und die Gründe hierfür der Gemeinde gleichzeitig mitzuteilen." Ein gesetzwidriges Budget kann aufgehoben werden, nicht aber der falsche Vollzug eines gültigen Budgets sanktioniert.

2.2.2 Unternehmen der Gemeinde

Der Begriff „Unternehmen“ wird im allgemeinen Sprachgebrauch sehr eng gezogen, im Wesentlichen als „gewinnorientierte Kapitalgesellschaft“. Rein rechtlich ist der Begriff „Unternehmen“ viel weiter gefasst. So ist beispielsweise der Getränkeverkauf eines kleinen Sportvereins ein sogenanntes „Steuersubjekt“, und damit ein Unternehmen. Im alltäglichen Vereinsbetrieb fällt dies niemandem auf. Ein Vereinskassier, der alles richtig machen will, muss allerdings zwei Buchhaltungen führen. Eine für den steuerfreien Vereinsbetrieb, und die zweite für das Unternehmen, den steuerpflichtigen Getränkeverkauf.

Wir beschäftigen uns in Folge mit drei sehr unterschiedlichen Formen von Unternehmen, wie sie in einer Gemeinde auftreten.

2.2.2.1 Interne Vergütungen

Die internen Vergütungen sind ein Haushaltsinstrument zur Erhöhung der Kostenwahrheit. Um dieses Instrument anwenden zu können, muss die Gemeinde in erkennbare Organisationsteile geteilt sein. Organisationsteile sind Abteilungen, Teams, Bereiche, oder wie immer man diese nennen mag. Der Organisationsteil hat klar umrissene Aufgaben, Ziele, zugeteiltes Personal, eine verantwortliche Führung und nicht zuletzt: ein Budget. Ein derart gut beschriebener Organisationsteil wird so zu einem Unternehmen.

Selbstverständlich sollen die Organisationsteile der Gemeinde schnell und effizient zur Erledigung aller zugewiesenen Aufgaben beitragen. Keine Planung kann dabei aber immer so genau sein, als dass es nicht doch zu Überschneidungen kommt: Benötigt die Friedhofsverwaltung einen Bagger, wird sie den Bauhof anfragen - auch wenn Bauarbeiten am Friedhof nicht zu dessen Aufgaben gehören. Damit der Bauhof aber sein Budget trotz unvorhergesehener Aufgaben einhalten kann, ist es in so einem Fall möglich und sinnvoll, eine interne Vergütung zu vereinbaren.

Haushaltsinterne Vergütungen sind nur dann verpflichtend „[...] wenn es sich um Entgelte für tatsächlich erbrachte Leistungen von wirtschaftlichen Unternehmungen,

Betrieben und betriebsähnlichen Einrichtungen, oder an solche handelt."[43] Für losere Organisationsteile ist es aber selbstverständlich empfehlenswert, dieses Instrument zur Erhöhung des Kostenbewusstseins und der Eigenverantwortung ebenfalls einzusetzen.

Für eine interne Vergütung schreibt die Buchhaltung dem Auftrag gebenden Organisationsteil eine Ausgabe auf eine Haushaltsstelle, welche in gleicher Höhe einer Haushaltsstelle der Auftrag nehmenden Organisation als Einnahme zufließt. Im Gesamthaushalt müssen die Summen der Einnahmen aus internen Vergütungen exakt gleich hoch sein wie jene der Ausgaben. Interne Vergütungen können also niemals das Gesamtergebnis des Haushaltes verändern, sehr wohl verändern sie das Ergebnis der internen Budgets der Organisationsteile.

2.2.2.2 Gemeindebetriebe

Innerhalb der Gemeinde können Bereiche existieren, die hinsichtlich ihrer Organisation und Tätigkeit, aber auch hinsichtlich des Personals vom übrigen Gemeindebetrieb so autonom sind, dass sie als eigenständige Betriebe angesehen werden können. Besonders augenfällig wird dies, wenn diese Betriebe aus steuerrechtlichen oder sonstigen Gründen von der Gemeinde abgekoppelt werden und nach privatwirtschaftlichen Standards separate Bücher führen. Ein typisches Beispiel für solche autonome Betriebe sind gemeindeeigene Versorgungsbetriebe (Stadtwerke o.ä.).

Trotz dieser augenscheinlichen organisatorischen und buchhalterischen Autonomie sind diese Betriebe keine ausgelagerten Betriebe. Sie besitzen keine eigene Rechtspersönlichkeit. Sie sind nach wie Teil der Gebietskörperschaft Gemeinde.

Gemeindebetriebe unterliegen grundsätzlich vollinhaltlich der VRV, dies steht im ersten Satz dieser Verordnung.[44] Besitzt so ein Betrieb allerdings eine eigene Buchführung, ist dem Haushalt der Gemeinde der jeweilige Wirtschaftsplan des Gemeindebetriebes beizulegen. Außerdem muss eine Gesamtzusammenstellung des Ergebnis- und

---

[43] (VRV 2015, 2021), § 7 (5)

[44] (VRV 2015, 2021), § 1 (1) Diese Verordnung gilt für Länder und Gemeinden, nachfolgend Gebietskörperschaften genannt, sowie deren wirtschaftliche Unternehmungen, Betriebe und betriebsähnliche Einrichtungen jeweils ohne eigene Rechtspersönlichkeit.

Vermögenshaushaltes erstellt werden, in dem die Gemeindebetriebe mit enthalten sind.

Die Haushalte der Gemeindebetriebe müssen in den Gesamthaushalt wie folgt integriert werden:

- Wirtschaftspläne und Rechnungsabschlüsse müssen ohne Anlagen einzeln dem Voranschlag und dem Rechnungsabschluss beigelegt sein,
- Ergebnis- und Vermögensrechnung müssen auf erster Ebene mit dem Gesamthaushalt zusammengefasst sein.[45]

2.2.2.3 Beteiligungen und ausgelagerte Gesellschaften

Als Beteiligung wird jeglicher Eigentumsanteil einer Gemeinde an einer Körperschaft mit eigener Rechtsperson verstanden, genauso wie von der Gemeinde verwaltete Einrichtungen mit eigener Rechtspersönlichkeit. Die Definition ist deswegen so kompliziert, weil die VRV klarstellt, dass die bloße Tatsache einer rechtlichen Eigentümerschaft zu wenig für den Begriff einer Beteiligung ist. Es gibt auch Körperschaften ohne Eigentümer, wie Verbände, Vereine, Stiftungen oder Fonds, denen gegenüber ebenso Rechte und Pflichten entstehen können, wie sie sinngemäß bei einer klassischen Unternehmensbeteiligung auch vorliegen. Es macht also Sinn, diese unterschiedlichen Rechtsverhältnisse unter demselben Begriff der Beteiligung zu betrachten.

Bei Beteiligungen mit rechtlichem Eigentum wird als nächstes von der „unmittelbaren Beteiligung" gesprochen. Damit wird ausgedrückt, dass die Gemeinde selbst (unmittelbar) einen Eigentumsanteil an einer rechtlichen Körperschaft besitzt. Im Volksmund werden unmittelbare Beteiligungen auch „Tochterunternehmen" genannt. Abhängig von der Höhe dieses Anteils oder der Beherrschung, wird noch detaillierter unterschieden in:

- Verbundenes Unternehmen: Eigentumsanteil der Gemeinde mehr als 50%, oder Kontrolle oder Beherrschung gem. VRV §23,[46]

---

[45] (VRV 2015, 2021), §1 (2)

[46] (VRV 2015, 2021) §23: „Weiters liegt ein verbundenes Unternehmen dann vor, wenn die Gebietskörperschaft die Kontrolle oder die Beherrschung hat. Die Kontrolle ist dann anzunehmen, wenn

- Assoziiertes Unternehmen: Eigentumsanteil der Gemeinde von 20% bis zu 50%,
- Sonstige Beteiligung: Eigentumsanteil der Gemeinde weniger als 20%.

Es geht um wirklich alle wirtschaftlich abhängigen Organisationsformen: Neben den üblichen GmbH's, KG's und ähnlichen Unternehmen können auch Vereine eine Beteiligung sein, wenn die Kriterien der Kontrolle oder Beherrschung zutreffen.

> Gemeinde hält am Tochterunternehmen 80%, dieses hält an einem Enkelunternehmen 70%.
>
> Durchgerechnete Beteiligungshöhe der Gemeinde am Enkelunternehmen:
>
> 0,8 x 0,7 = 0,56
>
> = 56% = muss im RA ausgewiesen werden.

Darüber hinaus können mittelbare Beteiligungen bestehen: Dies ist dann der Fall, wenn Körperschaften mit unmittelbarer Beteiligung der Gemeinde ihrerseits wieder Beteiligungen eingehen, also Eigentum an Unternehmen erwerben oder begründen. Diese aus Sicht der Gemeinde „Enkelunternehmen“ werden mit einer sogenannten „durchgerechneten Beteiligungshöhe“ bewertet.

Das heißt, es werden die jeweiligen Prozentwerte der unmittelbaren Beteiligung von Gemeinde an Tochter und jener von Tochter an Enkelin multipliziert. Beträgt das so errechnete Ergebnis mehr als 50%, sind die Regeln der VRV anzuwenden. Andernfalls scheint diese Beteiligung in den Haushaltsunterlagen nicht auf.

Bei den verwalteten Einrichtungen ist die Definition wieder eine andere, da eine solche keine Eigentümer hat. In diesem Fall trifft die VRV die Regelung, dass eine Offenlegung und die Berücksichtigung des wirtschaftlichen Gesamtergebnisses einer derartigen Beteiligung dann erfolgen muss, wenn die Einrichtung:

- dem Sektor Staat gemäß ESVG 2010 zuzurechnen (grob gesagt: dem Maastricht Ergebnis zugehörig ist),
- von der Gemeinde in ihren operativen Tätigkeiten kontrolliert wird oder diese

die Gebietskörperschaft die Möglichkeit hat, die Finanzpolitik und die operativen Tätigkeiten zu bestimmen und einen Nutzen aus deren Tätigkeit zieht.“

mittelbar oder unmittelbar bestimmt,

- die Gemeinde in ihrem Zweck begünstigt (z.B. Stiftung) oder deren Vermögen unmittelbar oder mittelbar von der Gemeinde selbst stammt.

Gründet die Gemeinde eine Gesellschaft mit eigenständiger Rechtsperson, findet neben der organisatorischen Ausgliederung auch eine rechtliche Ausgliederung statt. Die ausgelagerte Gesellschaft hat eine andere Rechtsform (Körperschaft in Form Gmbh, KG oder ähnlich) als die Gemeinde (Gebietskörperschaft). Umsätze und Vermögen dieser Gesellschaft sind nicht mehr Bestandteil des unmittelbaren Gemeindehaushaltes.

Da es keine bundeseinheitliche Regelung zum Berichtswesen über ausgelagerte Gesellschaften in der Gemeinde gibt, läuft dies in jedem Bundesland anders ab.[47]

Unbenommen dessen besteht auf Seiten der Gemeinde die Verpflichtung, im Vermögenshaushalt den Beteiligungswert in Form des Eigenkapitals oder des Nettovermögens darzustellen, sowie dessen Veränderung in Form einer Neubewertungsrücklage. Ganz „außen vor“ wie in der alten VRV sind ausgegliederte Beteiligungen in keinem Falle mehr.

2.2.3 Prinzipien der Haushaltsführung

Der Gesetzgeber legt, abgeleitet aus der Verfassung,[48] die sogenannten Prinzipien der Haushaltsführung fest: Sparsamkeit, Wirtschaftlichkeit, Zweckmäßigkeit. Hinzu kommt noch das bereits vorgestellte Prinzip der nachhaltigen Ordnung.[49] Man könnte nun sagen: „no - na“, es wird ja kaum Verschwendung, Unwirtschaftlichkeit und Unzweckmäßigkeit gefordert sein. Allerdings funktioniert ein demokratisches Rechtssystem nach dem Grundsatz: „was nicht verboten ist, ist erlaubt“. Mit anderen Worten: auch die simpelsten Selbstverständlichkeiten werden nicht von selbst überall verbindlich wirksam, wenn es

---

[47] siehe Tabelle „Offenlegung von Zahlen privatrechtlicher Beteiligungen“, Seite 238.

[48] Bundesverfassung Artikel 119a Abs. 2 regelt eigentlich das Aufsichtsrecht der Bundesländer und erwähnt dabei explizit die Prinzipien der Haushaltsführung: „Das Land hat ferner das Recht, die Gebarung der Gemeinde auf ihre Sparsamkeit, Wirtschaftlichkeit und Zweckmäßigkeit zu überprüfen“. Es gibt aber keine Sanktionierungsmöglichkeit. Fällt ein allfälliges Prüfurteil negativ aus, hat dies keine weiteren Folgen.

[49] Siehe Kapitel „Geschichte“, Seite 48ff

keine Vorschrift dazu gibt. Die meisten werden es mit Redlichkeit und gutem Hausverstand schon umsetzen, aber eben nicht alle. Die Haushaltsgrundsätze sind daher in der Praxis wichtig als Arbeitsauftrag für Gemeindeverwaltung und -politik, wie auch als Kontrollauftrag für Prüfungsausschuss und Rechnungshof.

Dem Grundsatz der Wirtschaftlichkeit wird am besten entsprochen, wenn die zu erbringende Leistung bzw. der anzustrebende Zweck mit dem geringsten Mitteleinsatz erzielt werden kann oder wenn mit den vorgegebenen Mitteln die größtmögliche Leistung und der beste Wirtschaftserfolg erreicht werden. Unwirtschaftlich ist es daher auch, mit falschem Sparen schlechte Leistungen zu erwirken und damit die Gemeindeaufgaben und –ziele zu beeinträchtigen.

Sparsamkeit ist gegeben, wenn die zur Erfüllung der gestellten Aufgaben aufgewendeten Mittel minimiert werden. Da das fiktive Optimum der Sparsamkeit letztendlich darin besteht, sämtliche Aufwände auf null zu bringen, dies aber praktisch keinen Sinn ergibt, wäre die Sparsamkeit „... lediglich als besondere Ausprägung des Wirtschaftlichkeitsprinzips zu verstehen."[50] Die Begriffe „wirtschaftlich" und „sparsam" können in der gelebten Praxis ohne weiteres als ident angesehen werden im Sinne von: Aufwände auf das dem Grunde nach unumgängliche Maß zu beschränken.

Der Begriff der Zweckmäßigkeit ist in der Praxis der Interessanteste. Was zweckmäßig ist, bestimmen in erster Linie die Ziele. Diese gibt wesentlich die politische Führung vor. Was der Erreichung dieser Ziele unterstellt ist, ist zweckmäßig. Schwierigkeiten sind vor allem dort zu erwarten, wo keine Dokumentation der Strategie vorliegt oder diese nur mit politischen Plattitüden gefüllt ist. Der Zweck wird so nicht hinreichend klar. Die Zweckmäßigkeit ist jener Haushaltsgrundsatz, der nicht auf bloße Zahlen beschränkt bleibt, sondern auch die Wirkung des Geschehenen in seine Betrachtung mit einbezieht.

„Inhalt des Kriteriums der Zweckmäßigkeit ist die Relation zwischen Zweck und eingesetzten Mitteln. Ein von den politischen Entscheidungsinstanzen vorgegebenes Ziel soll mit dem zweckmäßigsten (geringstmöglichen) Aufwand in personeller und sachlicher Hinsicht erreicht werden. Dieses Kriterium stellt daher auf die personellen und sachlichen

---

[50] (Hengstschläger, 2008) Seite 319ff

Aspekte des Wirtschaftlichkeitsgebotes ab, weshalb auch ihm kaum eigenständige Bedeutung zukommt. Die Beurteilung, ob die vorgegebenen Ziele selbst zweckmäßig sind, ist nicht Aufgabe der Kontrolle [*z.B. des Prüfungsausschusses, Anm.*]."[51]

Um den Unterschied der einzelnen Grundsätze leichter präsent zu halten, lassen sich umgangssprachliche Fragen anwenden:

- Wirtschaftlichkeit & Sparsamkeit → ist gegeben bei positiver Beantwortung der Fragen „Brauchen wir es wirklich?" und „Ist es das Geld wert?"
- Zweckmäßigkeit → ist gegeben bei positiver Beantwortung der Frage „Bringt es den geplanten Nutzen wirklich?"
- Nachhaltige Ordnung → sind die Nachhaltigkeitsbedingungen erfüllt?[52]

2.2.3.1 Budgetgrundsätze der Finanzwissenschaft

Die im Haushaltswesen umzusetzenden Budget- und Verrechnungsgrundsätze bestehen an oberster Stelle aus dem mit Genauigkeit und Wahrheit beschriebenen Prinzip der Vollständigkeit,[53] sowie dem Prinzip der zeitlichen[54] und der sachlichen Bindung.[55]

Das Prinzip der Vollständigkeit verpflichtet nicht nur zur vollständigen Angabe aller Sachverhalte, sondern bei Form und Aufbau der Haushaltsunterlagen auch die Pflicht zur „Nicht-Deklaration". Ein fehlender Beteiligungsnachweis mit dem Hinweis, die Gemeinde hätte keine Beteiligungen, ist unzulässig. Der Nachweis des Sachverhaltes muss in jedem

---

[51] (Hengstschläger, 2008) Seite 321ff

[52] Siehe Kapitel „Nachhaltigkeitsbedingungen", Seite 186

[53] (VRV 2015, 2021) u.a. im §6 Gliederung des Voranschlages, §13 Grundsätze es Rechnungsabschlusses als: „vollständig, ungekürzt und ohne gegenseitige Aufrechnung und Saldierung", und im §24 Sachanlagen: „Es sind vollständige Anlagenverzeichnisse zu führen."

[54] (VRV 2015, 2021), § 7 (1) „Im Voranschlag sind sämtliche im folgenden Finanzjahr zu erwartenden Mittelverwendungen und zu erwartenden Mittelaufbringungen voneinander getrennt und in voller Höhe (brutto) aufzunehmen", §14(1): „Sachverhalte, die am Rechnungsabschlussstichtag (31.12.) bereits bestanden haben, sind bis zum Stichtag für die Erstellung des Rechnungsabschlusses in die Abschlussrechnungen aufzunehmen."

[55] (VRV 2015, 2021), §6 (8) „Die Verwendung von in den Anlagen 2 und Anlagen 3a bzw. 3b nicht vorgesehenen Gliederungselementen ist unzulässig."

Fall vorhanden sein. Alternativ zu einem leeren Blatt kann eine derartige Nullmeldung auch im Vorbericht des Haushaltes erfolgen.

Die zeitliche Bindung beschreibt die Pflicht, im Voranschlag und Rechnungsabschluss zeitrichtig Buch zu führen. Eine Einzahlung/Auszahlung muss im Finanzierungshaushalt in jenem Jahr vermerkt sein, in dem sie stattfindet. Eine Einnahme/Ausgabe im Ergebnishaushalt des Jahres zu dem sie gehört. Bei mehrjährigen Projekten sind die der Realität entsprechenden Teilbeträge dem jeweiligen Haushaltsjahr zuzuordnen.

Die sachliche Bindung beschreibt, dass die Gliederungsvorgaben sowohl hinsichtlich Kostenstellen und Kostenarten exakt den gesetzlichen Vorgaben entsprechen müssen. Ähnlich dem Einheitskontenplan privatwirtschaftlicher Organisationen sind diese Vorgaben recht detailliert, die sachliche Bindung also eng gefasst. Ziel ist es, Gemeinden österreichweit damit vergleichbar zu machen.

Klar gesetzlich geregelt ist auch das „Prinzip der Jährlichkeit", im Privatrecht Wirtschaftsjahr genannt. Es ist für den gesamten Gemeindehaushalt der Zeitraum 1.1. bis 31.12. vorgegeben. Es gibt kein abweichendes Wirtschaftsjahr.

2.2.3.2 Gebarung und Verrechnungen

Jede wertmäßige Veränderung in der Gemeinde wird allgemein Gebarungsvorgang genannt. Es wird bei diesem Begriff noch nicht nach Zweck oder Status der Veränderung unterschieden.

Wird ein Gebarungsvorgang Realität, findet eine Verrechnung statt. Sämtliche Verrechnungen müssen vollständig und ungekürzt geplant (veranschlagt) werden, also im Vollzug immer durch eine Haushaltsstelle im Voranschlag bedeckt sein. Einfach ausgedrückt: Keine Verrechnung ohne Voranschlag, sämtliche Gebarungen müssen, bevor sie tatsächlich verrechnet werden, geplant sein.

Gibt es trotzdem Abweichungen, liegen überplanmäßige oder außerplanmäßige Verrechnungen vor. Überplanmäßig steht für das Überziehen einer bestehenden Voranschlagsstelle, außerplanmäßig steht für einen Verrechnungszweck, für den noch keine Voranschlagsstelle vorhanden ist.

Überplanmäßige oder außerplanmäßige Verrechnungen dürfen nicht „einfach so" getätigt werden, sondern unterliegen ebenso dem normalen Managementkreislauf: sie müssen durch einen vom zuständigen Gremium beschlossenen Nachtrag bedeckt werden. Nachträge können beschlossen werden in Form von:

- Einzelbeschlüssen (über- oder außerplanmäßige Einnahme/Ausgabe),
- Nachtragsvoranschlägen.

Einzelbeschlüsse sind die kleinste Form des Nachtragsvoranschlages. Gemeinsam ist beiden, dass der Beschluss vor dem Vollzug kommen muss. Eine pauschale, nachträgliche Genehmigung aller „Haushaltsstellenüberziehungen" zum Jahresende ist nicht gesetzeskonform.

Absetzung wird schließlich die Beseitigung oder Verminderung des Betrages einer Verrechnung (Buchung) durch eine Berichtigungsbuchung genannt. Diese sind grundsätzlich zulässig, wenn „[…] es sich um nicht veranschlagte Rückersätze für Mittelaufbringungen und Mittelverwendungen handelt und der Rückersatz in demselben Finanzjahr wie die dazugehörige Mittelaufbringung oder Mittelverwendung erfolgt."[56] Sinngemäß ist damit gemeint, dass Buchungskorrekturen dort gemacht werden dürfen, wo sich im selben Jahr eine Korrektur des ursprünglichen Betrages ergeben hat und diese Korrektur nicht im Voranschlag enthalten ist. Gutschriften einer Lieferfirma, wenn die Anzahlungen in Summe höher waren als die Endabrechnung, wären ein zulässiger Fall für eine Absetzung. Sofern dies im selben Jahr passiert, darf die Gutschrift und ggf. Rücküberweisung als Aufwandsminderung (Absetzung des ursprünglichen Aufwandsbetrages) gebucht werden und stellt somit keine Einnahme dar - was ja sachlich durchaus richtig ist.

Keinesfalls darf mit Absetzungen das Saldierungsverbot umgangen werden, indem beispielsweise die Kosten einer Investition um den Betrag einer Investitionsförderung gekürzt werden. Dies wird verstärkt mit der Formulierung, wonach Absetzungen nur für „[…] nicht veranschlagte Rückersätze […]" möglich sind. Förderbeträge, die im Voranschlag angeführt sind, sind daher wie der Name schon sagt, in jedem Fall „veranschlagte Rückersätze" und dürfen nicht abgesetzt werden.

[56] (VRV 2015, 2021) §13(2)

2.2.3.3 *Finanzierung und Bedeckung*

Zur „unmittelbaren Realität" eines Gebarungsfalles - der Verrechnung - gehört auch eine Gegenseite: die Finanzierung oder Bedeckung. Folgendes Bild sollte dies anschaulich machen: die Kosten jeder Tätigkeit müssen aus einer Quelle gespeist werden, sonst können sie nicht bezahlt (verrechnet) werden. Es ist in diesem Zusammenhang egal, ob diese Quelle Leistungserlöse, der Rückgriff auf bestehende Zahlungsmittel oder Schuldaufnahmen sind. Finanzierung und Bedeckung bedeutet nur, dass eine Quelle vorhanden ist, aus der mit liquiden Mitteln gezahlt werden kann, sobald es erforderlich ist. Die Quelle speist (finanziert) bzw. füllt (bedeckt) das durch die Bezahlung von Kosten entstehende „Loch". Fällt die Quelle weg, beispielsweise durch Ausfall eines geplanten Erlöses oder das Scheitern von Kreditverhandlungen, ist die Finanzierung oder Bedeckung nicht mehr gegeben und die geplante Tätigkeit kann nicht stattfinden.

In Einzelbeschlüssen des Gemeinderates oder Gemeindevorstandes ist immer die zur Bedeckung vorgesehene Voranschlagsstelle anzugeben. Reicht diese nicht (mehr) aus, ist eine zweite Voranschlagsstelle anzugeben, zu deren Lasten der Fehlbetrag gebucht wird. Meist wird dies eine andere ausgabenseitige Stelle sein, die in Höhe des Fehlbetrages gekürzt wird. Da dies aber eine planabweichende und somit widmungsfremde Verwendung darstellt und dies, im großen Stil angewandt, eine Verfälschung des Voranschlages ist, gibt es Regeln, wie zwischen den Voranschlagsstellen hin und hergeschoben werden darf. Die erlaubte Kürzung eines Aufwandes zu Gunsten eines völlig anderen nennt man Deckungsfähigkeit.

Die Gemeindeordnungen und Stadtrechte sehen außerdem ein Notanordnungsrecht vor. Auf Grund dieses Notanordnungsrechts kann der Bürgermeister in Fällen äußerster Dringlichkeit, bei Gefahr im Verzug, oder wenn die Einholung des Gemeinderatsbeschlusses nicht rechtzeitig möglich ist, dringend notwendige Aufwände auch ohne Vorsorge im Gemeindevoranschlag anordnen. Manche Gemeindeordnungen beschränken dieses Recht der Höhe nach. Alle Gemeindeordnungen sehen jedoch vor, dass der Bürgermeister verpflichtet ist, die Genehmigung für seine Notverordnung in der nächsten Sitzung des Gemeinderats einzuholen.

2.2.3.4 *Kassastärker*

Es ist völlig normal, dass durch später einlangende Einzahlungen zuvor zu erledigende Auszahlungen nicht jederzeit aus eigenem Zahlungsmittelbestand bedienbar sind. Zum Cashflow-Management gehört daher auch die sorgfältige, und auf das notwendige Mindestmaß reduzierte Planung kurzfristiger Kontenüberziehungen. Diese Form der kurzfristigen Zahlungsmittelbeschaffung wird Kassenstärker genannt.

Entscheidend für den korrekten Umgang mit Kassenstärkern ist einmal mehr die Einhaltung des gesetzlichen Prinzips der sachlichen Bindung. Kassenstärker sind rein zeitliche Überbrückungen – für ein paar Tage oder Wochen. Sie sind keine Bedeckung von Investitionen durch Finanzschulden im vorhin beschriebenen Sinn. Nur deswegen erlaubt der Gesetzgeber einen sehr formlosen Umgang: es benötigt keine Genehmigung der Landesregierung, ja nicht einmal des Gemeinderates im Einzelfall – und sie scheinen weder im Budget noch im Rechnungsabschuss im Schuldennachweis auf oder wird in einer Beilage die konkrete Verwendung offengelegt.

Schulden dürfen nur dann als Kassastärker behandelt werden, wenn sie noch im selben Haushaltsjahr wieder ausgeglichen werden.[57] Die Position „kurzfristige Finanzschulden" des Vermögenshaushaltes VHH[F.I.1] sollte daher im Wesentlichen niedrig sein.

Kassastärker sind mit dem im Laufe des Jahres erforderlichem Maximalbetrag vom Gemeinderat im Rahmen des Voranschlages zu genehmigen. Der Gemeinderat muss sich dabei an zulässige Höchstwerte halten, welche in den jeweiligen Haushaltsverordnungen der Länder festgelegt sind. Zu groß wäre sonst die Versuchung, langfristige Schulden als ewige Kassastärker „verschwinden" zu lassen.

Rein mathematisch ist es denkbar sinnvoll, auch als Zahlungsmittelreserve gebundenes Geld zwischenzeitlich selbst zu verwenden – sich also „selbst Kassenkredit" zu geben, weil dadurch keine Finanzierungskosten anfallen. Der dafür übliche, wenngleich gesetzlich nicht vorgesehene Begriff lautet „inneres Darlehen". Vor allem in Zeiten höherer Kreditzinsen macht es schon Sinn, für eine nur ein paar Wochen andauernde

[57] (VRV 2015, 2021), §32 (2) Zur vorübergehenden Kassenstärkung eingegangene Geldverbindlichkeiten (Kassenstärker) begründen Finanzschulden nur soweit sie nicht innerhalb desselben Finanzjahres getilgt werden.

Liquiditätslücke an Stelle einer teuren Kontoüberziehung bei der Bank das kaum Ertrag bringende Sparbuch einer Zahlungsmittelreserve heranzuziehen. Nachteil dieser Vorgangsweise ist die völlige Intransparenz, weil so ein Vorgang in der gesamten Haushaltslogik nicht wirklich darstellbar ist. Folglich gibt es keine einzige offizielle Aufstellung über die Art und Höhe der „inneren Darlehen", und sie sind eigentlich auch nicht gesetzeskonform.

2.2.3.5 *Erträge im operativen Haushalt*

Die Erträge einer Gemeinde werden in fünf Gruppen eingeteilt:

- Ertragsanteile,
- eigene Steuern,
- Gebühren und Abgaben,
- Leistungserlöse,
- sonstige Erträge (Transferzahlungen, Gewinnentnahmen).

Ertragsanteile und eigene Steuern ergeben in Summe die Steuereinnahmen. Zwei Drittel der gesamten Einnahmen der Gemeinden in Österreich entfallen auf Steuern.[58] Dieser Anteil ist innerhalb der letzten 30 Jahre annähernd konstant geblieben, allerdings hat er sich innerhalb der beiden Steuergruppen stark verschoben. In den 1980er-Jahren trugen die eigenen Steuern gegenüber den Ertragsanteilen noch wesentlich mehr zum Haushalt bei als dies heute der Fall ist. Die Herkunft der Steuererträge hat sich aus Sicht der Gemeinden „zentralisiert".

Nicht bestätigen lässt sich in der langfristigen Betrachtung der Steuereinnahmen auf Gemeindeebene das seit Jahren latente Gefühl der „Dauerfinanzkrise". Ertragsanteile und eigene Steuern erfreuen sich teilweise überproportionaler Anstiege. Lediglich 2008/2009 war ein Einbruch messbar (Bankencrash Lehmann u.a.), 2020 eine durch die Covid-Pandemie bedingte Stagnation.

---

[58] (Mitterer, Biwald, & Seisenbacher, 2021), Seite 19 ff

Steuern dienen zur Abdeckung sogenannter „Gemeinwohllücken". Es muss keine konkrete Leistung an sich dafür erbracht werden. Steuern sind kein Leistungshonorar. In Zeiten strenger Kostenrechnung ist das oft ein Nachteil, weil Bund und Länder im Gegenzug auch keine Verpflichtung zur Auszahlung höherer Steueranteile haben, wenn sie Gemeinden zusätzliche Aufgaben zuteilen. Ebenso können Gemeinden, die schlecht wirtschaften, nicht mit Streichung von Steueranteilen sanktioniert werden, und jene die umsichtig und finanziell erfolgreich agieren, haben keine Chance auf Belohnung in Form finanzieller „Prämien".

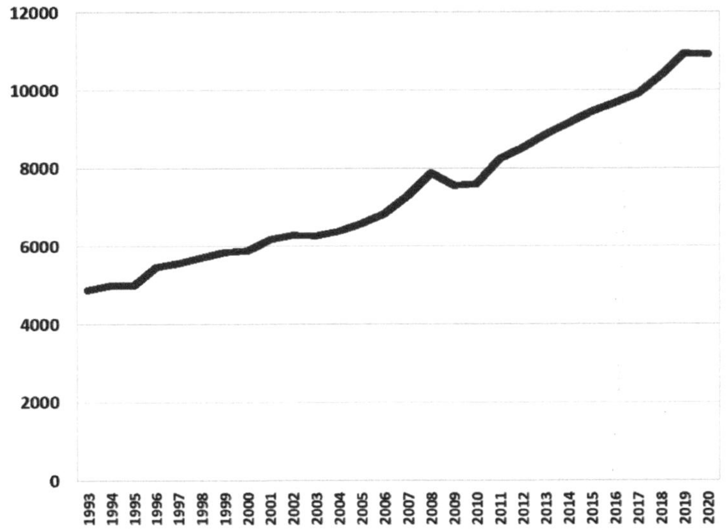

Abbildung 12: Entwicklung der Steuerertragsanteile seit 1993 in Mio. €

2.2.3.5.1 Ertragsanteile, Finanzausgleich

Die Steuerhoheit, also das Recht Steuern zu erfinden und der Höhe nach festzusetzen, liegt in Österreich beim Bund. Die Erträge der sogenannten gemeinschaftlichen Bundesabgaben (im Wesentlichen die Umsatz- und die Einkommenssteuer) werden danach auf die föderalen Ebenen Bund, Länder und Gemeinden verteilt. Die Gesetzeswerke, welche die Verteilung regeln, heißen Finanzverfassung und Finanzausgleich. Jede Gemeinde erhält gesetzlich geregelte Anteile am allgemeinen Steuerertrag, die sogenannten Ertragsanteile.

Der Finanzausgleich ist ein über Jahrzehnte gewachsenes Regelwerk, wo die Kenntnis zahlreicher Hintergrundgeschichten notwendig ist, um aus dem bloßen Text einen Sinn oder Kontext zu erkennen. Alle Versuche, diese Gesetze klarer und vor allem aufgabenorientiert (=leistungsorientiert) zu formulieren, waren bislang nicht erfolgreich.

Den vollen Überblick über den Finanzausgleich haben tatsächlich nur noch wenige. Ein paar wesentliche Aspekte sind aber leicht durchschaubar: die Ertragsanteile werden nach der Einwohnerzahl ohne Zweitwohnsitzer bemessen. Wie viel insgesamt zu verteilen ist, richtet sich nach dem Steuerertrag des Gesamtstaates, ist also abhängig von der Konjunktur. Ertragsanteile der Gemeinden werden über die Länder abgewickelt, welche sich einen Anteil für sogenannte Bedarfszuweisungen zurückhalten dürfen.

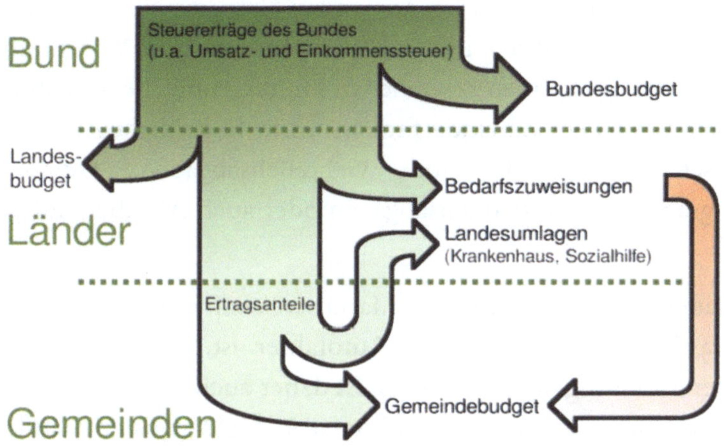

Abbildung 13: Flussdiagram der Grundzüge des Finanzausgleichs

Bedarfszuweisungen erhalten jene Gemeinden, die dem Land einen besonderen Bedarf nachweisen können. Insgesamt werden über den Finanzausgleich jährlich mehr als 75 Milliarden € bewegt, knapp unter 10 Milliarden € kommen am Ende des Tages bei den Gemeinden an. Der Komplexität des Finanzausgleiches geschuldet ist auch die Tatsache, dass die Ertragsanteile bundesländerweise und bezogen auf die Einwohnerzahl der Gemeinde unterschiedlich sind. Sie liegen in etwa zwischen 800€ und 1.300€ pro Kopf.

2.2.3.5.2 Eigene Steuern

Bestimmte Steuern darf die Gemeinde direkt einheben. Diese müssen nicht über den Weg der Ertragsanteile zugewiesen werden. Die Gemeinde kann aber nur die Höhe der Steuer selbst beschließen, und auch dies nur innerhalb eines vorgegebenen Rahmens. Sie hat keine Steuerhoheit an sich, darf also keine Steuern erfinden, oder den gegebenen Rahmen überschreiten.

Die bekanntesten „eigenen Steuern“ der Gemeinden sind die Grundsteuer und die Kommunalsteuer (früher Lohnsummensteuer).

2.2.3.5.3 Gebühren und Abgaben

Im Gegensatz zu Steuern, die „bloß so“ erhoben werden, ist bei Gebühren und Abgaben eine echte Leistung zu erbringen. Gebühren und Abgaben müssen per Verordnung festgelegt werden und wie Steuern auch, einen gesetzlichen Hintergrund (Legitimation) haben. Der Gesetzgeber gestattet also der Gemeinde, für bestimmte hoheitliche Aufgaben einen „Stückpreis“ anzusetzen. Beispiele sind: Gebrauchsabgaben, Fremdenverkehrsabgaben, Verwaltungsabgaben, Lustbarkeitsabgaben oder auch Abgaben auf die Tierhaltung.

Gleichwohl muss das noch lange nicht den Regeln der Marktwirtschaft entsprechen. Eine Kurzparkzonenabgabe, so lästig sie für passionierte Autofahrer ist, deckt nicht mal annähernd die Kosten der Bereitstellung des Parkplatzes. Ist daher auch nicht annähernd so etwas wie eine Miete. Ähnliches gilt für die Gebühren von Melderegister, Standesämtern und Ähnlichem.

Vorsicht ist in diesem Bereich geboten bei Aussagen zu einer möglicherweise bestehenden Überdeckung der Gebührenhaushalte. Auch wenn die entsprechenden Verordnungen Formulierungen wie „das Doppelte der tatsächlichen Kosten“ beinhalten, werden damit nur Zahlungsströme des laufenden Haushaltes bezeichnet, bestenfalls noch unter Hinzurechnung von Kredittilgungen. Welche Instandsetzungen künftig notwendig sind, ist darin oftmals nicht berücksichtigt. Unpopuläre Spielräume wie „das Doppelte“ sind nur eine Ersatzgröße für die früher nicht vorhandene Afa und bedeuten nicht automatisch, dass die Gebühren tatsächlich einen Überschuss generieren, der für den übrigen Haushalt zu Verfügung steht. Gerade bei Gebühren für Einrichtungen mit besonders aufwändigem Betriebsvermögen (z.B. Kanal) könnte „die zweite Hälfte des Doppelten“ immer noch zu wenig für die Abdeckung der künftigen Instandsetzung sein.[59]

---

[59] Ob ein Gebührenhaushalt Überschüsse erzeugt oder defizitär ist, kann nur mit einer betriebswirtschaftlichen Kostenrechnung ermittelt werden. Siehe Kapitel „Kostendeckung oder Umwegrentabilität rechnen“, Seite 177

2.2.3.5.4 *Leistungserlöse*

Mit der vierten Ertragsart befinden wir uns im „freien Spiel der Kräfte". Hier geht es um die Erträge aus freiwilligen Leistungen der Gemeinde, auch Leistungserlöse genannt. Die Gemeinde kann dabei wie eine Unternehmung eine Leistung anbieten und verkaufen. Subventionen sind natürlich trotzdem erlaubt und weit verbreitet. Leistungserlöse sind beispielweise die Einnahmen der Gemeinde für die Benützung ihrer Freizeit- und Sporteinrichtungen (Schwimmbad, Eislaufplatz, Sportplatz usw.).

2.2.3.5.5 *Sonstige Erträge*

Gemeinden können noch eine ganze Reihe weiterer, meist aber in Summe nicht bedeutsame Erträge erzielen. Relevant sind dabei meist Transferzahlungen. Dies sind Unterstützungen anderer Körperschaften für Sonderprojekte oder besondere Kooperationen sowie Zahlungen anderer Gemeinden für Verbandsleistungen.

2.2.3.6 *Aufwände im operativen Haushalt*

Jede Gemeinde erfüllt bestimmte Aufgaben, und praktisch alle kosten Geld. Wer aber bestimmt, was wo zu tun ist und wer bezahlt?

2.2.3.6.1 *Das Tätigkeitsprinzip*

Der §2 der Finanzverfassung legt fest: „Der Bund und die übrigen Gebietskörperschaften tragen, sofern die zuständige Gesetzgebung nichts anderes bestimmt, den Aufwand, der sich aus der Besorgung ihrer Aufgaben ergibt." Davon ausgehend wäre der Fall der „Veranlassungskonnexität" anzunehmen, oder einfacher: das „Verursacherprinzip". Wer zuständig ist, etwas zu erledigen („eine Pflicht hat"), bezahlt dies auch, selbst wenn andere beauftragt werden dies zu erledigen.

Im Jahr 1982 wurde im sogenannten „Kremser Erkenntnis" durch den Verfassungsgerichtshof jedoch präzisiert, dass jene Behörde die tätig wird, auch die Kosten trägt („Verursachungskonnexität"). Ob die jeweilige Behörde das will oder im Weg der mittelbaren Verwaltung dazu „gezwungen" wird, muss aus Sicht dieses Erkenntnisses nicht unterschieden werden. Den Gemeinden entsteht also im übertragenen Wirkungskreis, für Tätigkeiten, für die sie direkt gar nicht zuständig sind, welche sie aber per „Anordnung von oben" zu erledigen hat, kein gesonderter Kostenersatz zu. Diese Erkenntnis geht stark zu Lasten der Gemeinden: am „unteren Ende“ der föderalen Hierarchie stehend. Sie können niemand anderen zur Wahrnehmung eigener Aufgaben im Wege der mittelbaren Verwaltung „zwingen“, sehr wohl aber „von oben her“ zu vielem gezwungen werden.

Diese Form der Kostentragung wurde im Weiteren allerdings eingeschränkt auf:

- den Personalaufwand (einschließlich Ruhe- und Versorgungsgenüsse),
- den Amtssachaufwand: jener Aufwand, der die Voraussetzungen für das Tätigwerden der amtlichen Organe schafft: Kosten der Amtsräumlichkeiten, Beleuchtung, Beheizung, Büroerfordernisse und überhaupt alles, was zur ordnungsgemäßen Aufgabenerfüllung routinemäßig erforderlich ist.

Der sogenannte „Zweckaufwand“ bleibt bei jener Behörde, in deren unmittelbare Zuständigkeit die Tätigkeit fällt. Im Falle einer Nationalratswahl bezahlt also das Innenministerium Druck und Versand der Stimmzettel, die Überstunden der Verwaltung am Wahlsonntag und die Kosten für den Betrieb der Wahllokale muss die Gemeinde selbst berappen.

Dem Wesen nach sprechen wir in diesem Zusammenhang von der Anwendung des Tätigkeitsprinzips, während das sogenannte Verursacherprinzip („wer anschafft, zahlt auch“) im öffentlich-rechtlichen Bereich nur eingeschränkt zum Tragen kommt.

2.2.3.6.2 Umlagen

Umlagen sind gesetzlich festgelegte Transferleistungen, welche die Gemeinde an andere Körperschaften öffentlichen Rechts leisten muss.

Bekanntestes Beispiel für Umlagen sind die Krankenanstalten- und die Sozialhilfeumlage. Diese beiden Umlagen sind für den Betrieb der Spitäler, Pensionisten- und Pflegeheime, sowie die Finanzierung der Mindestsicherung abzuliefern. Die Höhe wird im Finanzausgleichsgesetz geregelt. Der sachliche Hintergrund dieser Umlage ist nachvollziehbar: die Länder erledigen Aufgaben die eigentlich der Gemeinde gehören. Keinen Einfluss haben die Gemeinden aber auf die Höhe dieser Umlagen, hier wird also das Tätigkeitsprinzip umgedreht, wieder zu Lasten der Gemeinden.

Es gibt seit dem Jahr 1948 auch eine allgemeine Landesumlage, die als Ersatz für die bei der Gründung der ersten Republik 1918 (!) in Teilen verlorengegangene Steuerhoheit der Länder eingeführt wurde (z.B. Grundsteuer war in der Monarchie Landessache). Umlagen können also auch Ergebnis jahrzehntealter politischer Verhandlungsgeschichte sein und, bezogen auf heutige Notwendigkeiten, wenig bis gar keinen sachlichen Hintergrund haben.

Gemeindebund und Städtebund, sozusagen die Gewerkschaften der Gemeinden und Städte, versuchen im ständigen Verhandlungsweg, deren Interessen gegenüber den übrigen Stellen des Staates zu wahren und so auch die Umlagenbelastung zu Gunsten der Kommunen zu verbessern.

2.2.3.6.3 Zinsen

Die Kosten des Geldleihens - die Zinsen - sind immer Teil des operativen Haushaltes. Sie verändern schließlich den Schuldenstand nicht, und somit auch nicht das Fremdkapital. Sie sind Aufwände, die sofort verbraucht werden. Hat die Gemeinde ein klassisches Darlehen mit regelmäßigen Raten, müssen diese Zahlungen aufgeteilt werden in den Zinsanteil und Tilgungsanteil, damit der jeweilige Wert dem richtigen Haushaltsteil zugeordnet werden kann.

2.2.3.6.4 Effizientes Arbeiten

In diesem Bereich gibt es keinerlei gesonderte Vorschriften. Ob eine Aufgabe rasch, zielorientiert, professionell und somit effizient und unter Einsatz geringstmöglicher Aufwände erledigt wird, ist ganz allein der Handlungskompetenz der Gemeinde geschuldet. Dieser Handlungsbereich wird aus historischen Gründen noch stark unterschätzt[60], und ist daher in vielen Gemeinden nicht mit einfachen Mitteln zu steuern.

2.2.3.7 Das Gemeindeeigentum

Alle der Gemeinde gehörenden beweglichen und unbeweglichen Sachen sowie die ihr zustehenden Rechte bilden das Gemeindeeigentum. Das Gemeindeeigentum wird von

---

[60] Das Verfassungsprinzip der Gewaltentrennung bedingt, dass jene, die Regeln machen, nicht ausführen (dürfen); und jene, die ausführen, nicht Regeln machen (dürfen). Daraus entsteht die Rechtsfiktion des unbedingten Regelvollzuges der Exekutivgewalt in unvoreingenommener, immer gleicher, vorgeschriebener Form. Eine Optimierung (Änderung) von Handlungsvorgängen impliziert in dieser Fiktion immer, illegitim Regeln zu machen und damit Amtsmissbrauch zu begehen.

den meisten Gemeindeordnungen unterteilt in:

- öffentliches Gut,
- Gemeindegut,
- Gemeindevermögen (einschließlich wirtschaftlicher Unternehmungen).

Als öffentliches Gut werden die dem Gemeingebrauch gewidmeten Teile des Gemeindeeigentums bezeichnet. Diese Definition treffen die Gemeindeordnungen inhaltlich übereinstimmend mit dem ABGB. Das öffentliche Gut steht also im Privateigentum der Gemeinden, wird jedoch durch den Gemeingebrauch beschränkt. Es muss öffentlich, also für jeden nutzbar bleiben. Einfachstes Beispiel für öffentliches Gut sind die Straßen.

Das Gemeindegut ist jenes Gemeindeeigentum, das der gemeinschaftlichen Nutzung durch einen bestimmten Kreis von Berechtigten gewidmet ist (Gemeindeweiden, -wald).

Gemeindeeigentum, welches weder Gemeindegut noch öffentliches Gut (bzw. in Oberösterreich noch zusätzlich Sondervermögen) ist, bildet das Gemeindevermögen. Zum Gemeindevermögen gehören beispielsweise die wirtschaftlichen Unternehmungen der Gemeinde. Aus den Gemeindeorganisationsgesetzen und der Verfassung ergibt sich, dass die Grundsätze der Sparsamkeit, Wirtschaftlichkeit, Zweckmäßigkeit und nachhaltigen Ordnung auch hier zum Tragen kommen. Das Gemeindeeigentum ist nach diesen Grundsätzen zu verwalten und tunlichst ungeschmälert zu erhalten. Darüber hinaus soll ein möglichst großer und dauernder Ertrag erzielt werden.

Am ehesten entspricht der Begriff des Gemeindeeigentums jenem des Anlagevermögens im Vermögenshaushalt. Verwirrend bleibt die Einordnung des Gemeindevermögens als ein Teilbetrag des Gemeindeeigentums. Es darf daher nicht mit dem Begriff Gesamtvermögen verwechselt werden.

Einige Gemeindeordnungen schreiben detaillierte Regelungen vor, wie Gelder aus Vermögensveräußerungen zu verwenden sind. So findet man in der Steiermark die Bestimmung, dass diese „zur Schaffung neuer Vermögenswerte oder zur vorzeitigen Tilgung bestehender Darlehensschulden außerhalb des Tilgungsplans zu verwenden“ sind. In Salzburg ist vorgeschrieben, dass der Ertrag aus der Veräußerung „zur ungeschmälerten Erhaltung des Gesamtwerts des Gemeindevermögens zu verwenden“ ist. Der

Veräußerungserlös darf nur zur Schaffung gleichbeständiger neuer Vermögenswerte oder zur außerordentlichen Tilgung von Darlehen verwendet werden. Es ist nicht gestattet, Bestandsvermögen zu veräußern, um das laufende Leben zu finanzieren.

Andere Gemeindeordnungen wie Niederösterreich oder Burgenland sehen keine expliziten Vorschriften für die Verwendung der Veräußerungserlöse von Gemeindevermögen vor. Dort finden sich eher allgemein gehaltene Aussagen, nach denen „das Gemeindevermögen möglichst ohne Beeinträchtigung der Substanz zu erhalten ist".

Eines ist aber allen landesgesetzlichen Regelungen gemein: sie betonen den Substanzwerterhalt. Und das schon zu Zeiten, wo die Haushalte der Gemeinden noch weit weg waren von Substanzwerterfassungen (Vermögens- und Ergebnishaushalt). Nachdem Substanzwerterhalt finanzmathematisch auf nichts anderes abzielt als auf das Eigenkapital (Nettovermögen), sind sämtliche Aussagen, wonach dieses für Gemeindehaushalte „nicht so wichtig" sei, schon auf Gesetzesebene klar widerlegt.

2.3 Prüfung der Gemeinde

Die aufgrund der Gemeindeautonomie einzige gesetzlich verankerte Prüfung ist jene durch den Prüfungsausschuss (in Kärnten: Kontrollausschuss). Der Prüfungsausschuss ist kraft seiner Zusammensetzung (gewählte Gemeinderatsmitglieder, faktisch unbezahlt) klaren Einschränkungen unterworfen. Es darf nicht erwartet werden - und es soll sich auch niemand selbst als Mitglied dieses Gremiums unter Stress setzen - dass dieser Ausschuss das fachliche Gewicht einer Wirtschaftsprüfung aufbringt. Vielmehr wäre an dieser Stelle zu erwähnen das ausdrückliche Recht des Ausschusses, externe Experten mit konkreten Einzelaufträgen beratend für diese Sitzungen einzuladen.

In einem modernen Gemeindebetrieb ist der Prüfungsausschuss ein wichtiges Organ zum Fakten sammeln (Fact-Findung), von dem alle im Gemeinderat profitieren können. Dazu ist ein gemeinsames Selbstverständnis notwendig: Im Prüfungsausschuss wird Norm gegen Wirklichkeit verglichen. Es werden keine politischen Standpunkte ausgetauscht. Dafür ist der Gemeinderat da. Dieses Selbstverständnis muss zumindest mehrheitlich entwickelt sein, denn der Prüfungsausschuss ist, wie jeder andere Ausschuss auch, ein Kollegialorgan. Nur was mit Mehrheit beschlossen ist, gilt.

2.3.1 Prüfauftrag

Dem Prüfungsausschuss obliegt vom Gesetz her die Überprüfung der gesamten Gemeindegebarung einschließlich der öffentlichen Einrichtungen und wirtschaftlichen Unternehmungen auf ihre Zweckmäßigkeit, Sparsamkeit, Wirtschaftlichkeit und Gesetzmäßigkeit. Da ein nachhaltiges Haushaltsgleichgewicht gesetzlicher Auftrag ist, gehört die diesbezügliche Prüfung mit dazu. Zur Gebarung gehören sämtliche Aufwände, Erträge, Schulden, das bewegliche und unbewegliche Gemeindevermögen.

Der Prüfungsausschuss hat kein Weisungsrecht. Er kann nicht anordnen, sondern stellt Sachverhalte fest.[61] Ausgehend von diesen Feststellungen soll er empfehlen, bzw. die seiner Meinung nach notwendigen Maßnahmen beantragen.

2.3.2 Praktische Arbeit allgemein

- Vertrauen ist gut – Kontrolle ist besser. Der Prüfungsausschuss prüft Fakten und sonst nichts. Genaues Prüfen untergräbt nicht die Vertrauenswürdigkeit der geprüften Personen und Abteilungen, sondern stärkt sie. Deswegen heißt dieses Gremium Prüfungsausschuss und nicht Vertrauensausschuss.
- Es werden nur gültige und den gesetzlichen Vorschriften entsprechende Dokumente akzeptiert. Unfertige, unverbindliche Dokumente („Entwurf", „Vorabzug" oder gar frei interpretierbare Handnotizen) sind ungeeignet, auch wenn die betreffende Person den Inhalt schlüssig erläutern kann,
- Es werden nur schriftlich nachvollziehbare Tatbestände als Fakten akzeptiert. Vorträge und Erklärungen von Personen sind als Erläuterung immer willkommen, zählen aber nicht als bewiesener Tatbestand an sich,
- Checklisten und Prüfpläne erstellen.

Im Wesentlichen werden immer folgende Arten von Prüfungen vorgenommen:

- Kassaprüfungen als Prüfung aller tatsächlichen Geldgeschäfte,

---

[61] (Neger & Heissenberger, Der Prüfungsausschuss der Gemeinde im Lichte des § 302 Abs 1 StGB, 2018), Seite 39: „Dem Prüfungsausschuss fehlt ‚Imperium', er vermag keine rechtserzeugenden, rechtsverändernden oder rechtsfeststellenden Handlungen zu setzen und kann nicht nach außen ‚namens der Gemeinde' auftreten."

- Buchprüfung als Prüfung der Qualität und Organisation des Rechnungswesens,
- die Prüfung der Zweckmäßigkeit des Handelns von Führung und Verwaltung durch Einschau in sonstige Dokumente (Verträge, Gutachten u.ä.).

Prüfung bedeutet nicht, offensichtlich simple und grundlegend funktionierende Dinge in Frage zu stellen wie beispielsweise elektronisch vorgenommene Additionen auf ihre rechnerische Richtigkeit zu überprüfen.

2.3.3 Prüfung der Befugnisse / Rollen

In jedes Geldgeschäft müssen ausnahmslos mindestens zwei Personen involviert sein. Eine Person ordnet das Geschäft an, eine jedenfalls andere Person führt es durch. Grundsätzlich ist es nicht relevant, ob es sich dabei um Erträge und Aufwände handelt. Bei Aufwänden wird die Einhaltung dieses Grundsatzes aber genauer zu prüfen sein. Diese Rollenteilung hat im Übrigen nichts mit dem Vier-Augenprinzip bei Banküberweisungen zu tun, welches zusätzlich einzuhalten ist, sondern mit den nachfolgend beschriebenen zwei Rollen.

2.3.3.1 Anordnung von Geldgeschäften

Einzahlungen und Auszahlungen dürfen nur vorgenommen werden, wenn es eine sachliche begründete Anordnung dazu gibt. Jede GO regelt, wer die oberste anordnungsbefugte Person in der Gemeinde ist. Sie ist verantwortlich dafür, dass ein Kassengeschäft gerechtfertigt ist. Also ein Auftrag bzw. eine Bestellung vorliegt, die Leistung ordentlich und vollständig erbracht ist, keine Mängel und Reklamationen vorliegen.

Grundsätzlich fällt immer dem/der BürgermeisterIn diese Aufgabe zu. Unter Wahrung der Gesamtverantwortung kann jedoch einem Mitglied des Gemeindevorstandes, des Gemeinderates oder einem Bediensteten ein bestimmtes Anordnungsrecht übertragen werden. Das übertragene Anordnungsrecht muss „bestimmt“ sein, d.h. der Umfang des übertragenen Anordnungsrechtes ist genau zu bezeichnen (Verwaltungsbereich und Höhe, oder Haushaltsstelle) und schriftlich festzulegen. Zahlungen die den/die BürgermeisterIn betreffen, dürfen nur durch den/der VizebürgermeisterIn angeordnet werden.

Anordnungsbefugte dürfen weder die Gemeindekasse führen noch Zahlungen namens der Gemeinde leisten oder entgegennehmen. Sie dürfen nicht zum Kreis der kassenverantwortlichen Personen der Gemeinde gehören.

2.3.3.2 Anordnung von Kassengeschäften und Buchführung

Die Kassengeschäfte und die Buchführung der Gemeinde obliegen der obersten kassenverantwortlichen Person. Bezeichnung, Funktionsbeschreibung und Ernennung sind in den Bundesländern sehr unterschiedlich. Gebräuchlich sind Bezeichnungen wie GemeindekassierIn oder KassenführerIn.[62] Diese Rolle muss von einer Person der Verwaltung wahrgenommen werden, in anderen Bundesländern kann sie wahlweise auch ein gewähltes Mitglied des GR sein. In Wien und der Steiermark ist sie Mitglied des Gemeindevorstandes und muss damit Mitglied des Gemeinderates sein. In dieser Frage kommt der österreichische Föderalismus zu seiner vollen Entfaltung.

Bei entsprechendem Gebarungsumfang und vorhandenem Personal wird eine Trennung von Kassenführung und Buchhaltung bzw. weiteres delegieren zweckmäßig sein. Auch hier gelten wieder die unbedingte Schriftlichkeit und die klare Bestimmung der Anordnung.

Alle mit Kassengeschäften und Buchführung betrauten Bediensteten müssen fachlich geeignet und entsprechend ausgebildet sein. Sie handeln entweder direkt als Organe oder in zumindest organähnlicher Verantwortung und sind schriftlich zu bestellen. Sie dürfen nicht zum Kreis der anordnungsbefugten Personen der Gemeinde gehören.

---

[62] Siehe Tabelle im Anhang „organisatorische Bestimmungen Gemeinde“, Seite 231

3 Der Gemeindehaushalt

Bis jetzt beschäftigten wir uns mit der Frage, was ein perfekter Haushalt können muss. Nun geht es darum, was Gemeindehaushalte tatsächlich beinhalten.

3.1 Gesetzliche Grundlagen

Das Aussehen eines Gemeindehaushaltes ist umfassend und detailliert in der Voranschlags- und Rechnungsabschlussverordnung (VRV) geregelt. Landesgesetzliche Gemeindehaushaltsordnungen und Vorschriften zur Erstellung mittelfristiger Haushaltspläne ergänzen das Regelwerk. Die VRV gilt allerdings nur für die Gemeinde selbst, nicht mehr so wie früher, auch für Gemeindeverbände. Auch hier sind die Bundesländer nochmal gesondert übereingekommen, über Landesgesetz die VRV für Gemeindeverbände verbindlich zu stellen. Allerdings gibt es Ausnahmen: kleinere Verbände müssen keine Vermögensrechnung erstellen.

Der §2 der VRV besteht aus nur einem Satz: „Die Veranschlagung und Rechnungslegung erfolgt mittels eines integrierten Ergebnis-, Finanzierungs- und Vermögenshaushalts." Dieser simple, geradezu unscheinbare Satz hat im Jahr 2015 das Haushaltswesen der österreichischen Gemeinden komplett auf den Kopf gestellt. Über diese Neufassung der VRV war wohl zuvor schon viele Jahre verhandelt worden, und vermutlich hätte es noch etliche weitere bis zu einem Ergebnis gebraucht. Im Jahr 2012 kam dann aber alles anders: der spektakuläre Salzburger Finanzspekulationsskandal[63] versetzte ganz Österreich in

[63] In den Jahren 2001 bis 2012 wurden unter dem Titel „Schuldenmanagement" im Land Salzburg immer komplexer werdende spekulative Finanzgeschäfte durchgeführt. Sogar der Rechnungshof bestätigte anfänglich den Erfolg dieser Strategie. Ende 2012 platzt allerdings die Bombe. Es wird bekannt, dass das Land Salzburg in über 250 Derivatgeschäften mutmaßlich um die 350 Millionen Euro Verluste kompensieren muss. Eine genaue Zahl wird nie verbindlich der Öffentlichkeit bekannt gegeben. Selbst im Jahr 2022 sind Teile des Falles noch gerichtsanhängig. Rechtskräftig sind mittlerweile einige Gerichtsurteile zum Tatbestand der Untreue oder der Beihilfe dazu, nicht aber zur Tatsache an sich, Steuergelder verspekuliert zu haben. Spekulationsgeschäfte durch die öffentliche Hand sind an sich legal, bis heute. Durch die Einführung des Vermögenshaushaltes und der Risiko-Rückstellungspflicht

Aufregung. Am Rande dieses Ereignisses wurde zu Recht die Frage gestellt: warum hat das niemand früher bemerkt? Nicht die einzige korrekte, aber eine wichtige Antwort war: weil es nicht verpflichtend war, derartige Vorgänge im Haushalt der Gemeinde darzustellen.

Tatsächlich war das Haushaltsrecht der Gemeinden bis zum Jahr 2015 ausschließlich auf den Finanzierungshaushalt beschränkt. So lange real kein Euro an Zahlungsmitteln bewegt wurde, waren sämtliche Geschäfte oder Handlungsstrategien auf diesem Weg nicht offenlegungspflichtig. Dass Spekulationsgeschäfte völlig rechtens den Entscheidungs- und Kontrollgremien sowie der Öffentlichkeit verschwiegen werden durften, war nur die spektakuläre Spitze des Problems. Salzburg war, zumindest in dieser Dimension, diesbezüglich eher ein Einzelfall. Viel relevanter, weil in praktisch allen Gemeinden relevant, war die aus dem gleichen Grund erwachsene völlige Unkenntnis darüber, wie viel Vermögensverluste Gemeinden durch fehlende Instandsetzungen anhäufen. Durch Investitionsstaus geschönte Defizithaushalte fielen erst auf, wenn Bauschäden derart dramatische Ausmaße annahmen, dass sie - dann praktisch nur mit erheblicher Neuverschuldung - um jeden Preis saniert werden mussten.

Dieser Mangel ist nun mit der Einführung der Vermögens- und Ergebnishaushalte behoben und damit ein Meilenstein in der Geschichte des kommunalen Haushaltsrechtes in die Praxis umgesetzt. Trotz verbleibender, fachlich durchaus berechtigter Kritikpunkte darf der enorme Fortschritt, den die neue VRV gebracht hat, niemals übersehen werden.

3.1.1 Mittelverwendungs- und Aufbringungsgruppen (MVAG)

Die Gliederung der Ergebnis- und Finanzierungshaushalte erfolgt durch sogenannte Mittelverwendungs- und -aufbringungsgruppen (MVAG). Diese sind sinngemäß die Kostenarten der Gemeindehaushalte. In der Beilage 1a der VRV sind die MVAG für den Ergebnishaushalt geregelt, für den Finanzierungshaushalt in der Beilage 1b der VRV.

Beide Beilagen enthalten in Tabellen gemäß Abbildung alle möglichen MVAG. Im Gegensatz zu den Ansätzen und Konten sind diese beiden Tabellen umfassend. Es gibt also

---

allerdings nicht mehr unter Ausschluss der Öffentlichkeit. In der Praxis haben sich so gut wie alle Gemeinden aus Finanzspekulationsgeschäften zurückgezogen.

Quelle: https://www.sn.at/wiki/Chronologie_des_Salzburger_Finanzskandals, abgerufen am 28.2.2022.

keine Möglichkeit für die einzelne Gemeinden, weitere MVAG hinzuzufügen.

Spalte eins der MVAG-Tabelle bezeichnet wie zuvor beim Vermögenshaushalt, die Gliederungsebene. Ebene 1 ist die oberste Ebene, erkennbar auch daran, dass der MVAG-Code in der Spalte 3 nur aus 3 Ziffern besteht. Die Ebene 1 bezeichnet die Überschriften, während alle darunter angeführten MVAG der Ebene 2 Teilbeträge der darüber liegenden MVAG der Ebene 1 sind. Die Codes der Ebene 2 sind 4-stellig und daher auch daran als solche erkennbar. In den jeweiligen Haushalten ist somit an den Codes erkennbar, welche Zeile ein Teilbetrag, und welche Zeile eine Summe der darunter, manchmal auch der darüber liegenden Teilbeträge ist.

Anlage 1a – Ergebnishaushalt

(1) MVAG -Ebene	(2) Mittelverwendungs- und -aufbringungsgruppen (1. und 2. Ebene)	(3) MVAG -Code
1	Erträge aus der operativen Verwaltungstätigkeit	211
2	Erträge aus eigenen Abgaben	2111
2	Erträge aus Ertragsanteilen	2112
2	Erträge aus Gebühren	2113
2	Erträge aus Leistungen	2114
2	Erträge aus Besitz und wirtschaftlicher Tätigkeit	2115
2	Erträge aus Veräußerung und sonstige Erträge	2116
2	Nicht finanzierungswirksame operative Erträge	2117
1	Erträge aus Transfers	212
2	Transferertrag von Trägern des öffentlichen Rechts	2121

Abbildung 14: Beginn der Tabellen der MVAG für den Ergebnishaushalt

Gemäß Abbildung sind beispielsweise die MVAG 2111 bis MVAG 2117 Teilsummen der Ebene 2 des Haushaltes, welche zusammen addiert den Betrag der MVAG 211 ergeben. Mit Ziffern bezeichnet gibt es nur zwei Ebenen innerhalb der MVAG für den Ergebnis- und den Finanzierungshaushalt, wobei es in der Praxis sehr wohl noch eine dritte Ebene 0 gibt: jeweils mit einem zweistelligen Code bezifferte Gesamtsummen, die aber in den VRV-Beilagen in der Spalte eins inkonsequenter Weise nicht als Ebene 0, sondern mit „SU" bezeichnet sind.

Auch die erste Ziffer des MVAG-Codes hat eine Bedeutung: sie steht für das jeweilige

Haushaltselement: so beginnen alle MVAG-Codes für den Ergebnishaushalt mit der Ziffer 2, alle des Finanzierungshaushaltes mit der Ziffer 3. Die Anfangsziffer 1 steht für die Codes Vermögenshaushaltes.

3.1.2 Haushaltsstellen

Die Haushaltsstelle ist die kleinste Darstellungseinheit des Gemeindehaushaltes. Jeder einzelne Gebarungsvorgang wird einer Haushaltsstelle zugeordnet. Aus der Haushaltsstelle ergibt sich immer eindeutig, in welchen Elementen des Haushaltes der entsprechende Wert des Gebarungsvorgang enthalten ist.

Eine Haushaltsstelle besteht aus drei Teilen:

1. Dem Haushaltshinweis, bestehend aus einer Zahl und einem nachfolgenden Querstrich,
2. Dem Ansatz, bestehend aus sechs Ziffern mit nachfolgendem Plus-Zeichen bei Erträgen und Minus-Zeichen bei Aufwänden,
3. Dem Konto, bestehend aus sechs Ziffern.

> Eine Haushaltsstelle besteht aus dem Code für den Ansatz (gem. Anlage 2 der VRV):
>
> 1/612200-452000
>
> dem Code für das Konto (gem. Anlage 3b der VRV):
>
> 1/612200-452000
>
> sowie dem optionalen, vorangestellten Haushaltshinweis:
>
> 1/612200-452000

Die Haushaltsstelle wird zunächst geplant und als solche Planstelle oder Voranschlagsstelle genannt. Die Summe aller Voranschlagsstellen ergibt den Voranschlag. Danach werden alle tatsächlich stattfindenden Gebarungsvorgänge einer solchen Planstelle sachlich richtig zugeordnet. Diesen Vorgang nennt man Verrechnung, die betroffene Haushaltsstelle wird somit zur Verrechnungsstelle. Die Summe aller Verrechnungsstellen ergibt den Rechnungsabschluss, wobei es keine Verrechnungsstelle geben kann, die nicht auch eine Voranschlagsstelle ist. Nach einer erfolgten Verrechnung ist der noch verfügbare Betrag der Voranschlagsstelle geringer geworden.

Die Begriffsdefinition lautet: Eine Haushaltsstelle des Voranschlages wird

Voranschlagsstelle genannt, eine Haushaltsstelle des Rechnungsabschlusses trägt die Bezeichnung Verrechnungsstelle.

3.1.2.1 Ansatz gemäß Ansatzverzeichnis

Der Ansatz ist die sachliche Gliederung des Haushaltes. Diese Gliederung ist zunächst fest vorgegebenen in zehn Gruppen:

Gruppe 0: Vertretungskörper und allgemeine Verwaltung

Gruppe 1: Öffentliche Ordnung und Sicherheit

Gruppe 2: Unterricht, Erziehung, Sport und Wissenschaft

Gruppe 3: Kunst, Kultur und Kultus

Gruppe 4: Soziale Wohlfahrt und Wohnbauförderung

Gruppe 5: Gesundheit

Gruppe 6: Straßen- und Wasserbau, Verkehr

Gruppe 7: Wirtschaftsförderung

Gruppe 8: Dienstleistungen

Gruppe 9: Finanzwirtschaft

Diese erste Gliederungsebene wird auch „erste Dekade" genannt. Innerhalb jeder Gruppe müssen Abschnitte gebildet werden. So ist beispielsweise der „Abschnitt 48 Wohnbauförderung" eine Teilmenge der „Gruppe 4 Soziale Wohlfahrt". Die Abschnitte sind die zweite Dekade des Ansatzverzeichnisses.

Innerhalb jedes Abschnittes sollen weitere Unterteilungen vorgenommen werden: die sogenannten Unterabschnitte oder die dritte Dekade. „Unterabschnitt 483 Förderung der Wohnhaussanierung" ist beispielsweise eine Teilmenge des „Abschnitt 48 Wohnbauförderung".

Ansätze dürfen insgesamt bis zu 6 Stellen (6 Dekaden) lang sein, nur die ersten drei Dekaden (Gruppe, Abschnitt und Unterabschnitt) sind fest genormt. Weitere Untergliederungen (Dekade 4-6) sind der Gemeinde freigestellt. Die VRV regelt im sogenannten „Ansatzverzeichnis Gemeinden Anlage 2", welche Ansätze bis zur dritten Ebene zur Verfügung stehen. Diese Regelung ist exklusiv, es darf bis zur dritten Ebene nur

Ansätze geben, die in der Anlage 2 enthalten sind.

Eine Besonderheit bilden die Abschnitte 85-89. Abschnitt 85 steht für die Betriebe mit marktbestimmter Tätigkeit, die Abschnitte 86 bis 89 für die wirtschaftlichen Unternehmungen. Die Abschnitte 85-89 stellen zusammen den privaten Sektor des Gemeindehaushaltes dar, alle übrigen Abschnitte gehören zum öffentlichen Sektor. Diese Unterscheidung ist wesentlich für die Berechnung der aus dem ESVG kommenden Maastricht-Kennzahl, welche im Haushaltsquerschnitt errechnet wird. Um die bestehende Ansatzgliederung nicht vollständig umstellen zu müssen, wurden die Abschnitte 85-89 reserviert, völlig unabhängig davon, ob die Tätigkeit dieser Bereiche sachlich mit der Gruppe 8 „Dienstleistungen" unmittelbar zu tun hat.

In Betrieben mit marktbestimmter Tätigkeit sollen Aufgaben dargestellt werden, die durchaus marktähnlich und somit dem privaten Sektor zugezählt werden, aber keine eigenen wirtschaftlichen Unternehmungen sind. Dazu müssen folgende Kriterien erfüllt sein:

- mindestens 50% Kostendeckung aus eigenen, produktbezogenen Einnahmen,
- eine vollständige Rechnungsführung (eigener Verrechnungskreis),
- eine unabhängige, weitgehende weisungsfreie Geschäftsführung.

Die Maastricht-Kennzahl wird im Rechnungsquerschnitt berechnet. Dort ist die Unterteilung des Haushaltes in diese beiden Sektoren gesondert ausgewiesen. In allen übrigen Haushaltselementen spielen die Sektoren keine Rolle.

3.1.2.2 Konten gemäß Kontenplan

Die zweite Zahlengruppe hinter dem Plus- oder Minuszeichen steht für das Konto. Früher hieß diese Zahlengruppe Posten – dieser Begriff wird so wie viele andere daher auch noch eine Zeitlang in Verwendung stehen, entspricht aber nicht mehr den neuen Bestimmungen.

Die Nummerierung der Konten darf ebenfalls bis zu 6 Stellen („Dekaden") lang sein. Wieder die ersten drei sind fix genormt und heißen Klasse, Unterklasse und Gruppe. Diese Begriffe existierten auch in der alten VRV bereits als Bezeichnung für die Dekade 1-3 des damals anzuwendenden Postenverzeichnisses. Der redundante (weil schon in der Ansatzgliederung vorkommende) und damit zusätzlich verwirrende Begriff „Gruppe", wurde in der neuen VRV beibehalten. Weitere Untergliederungen sind der Gemeinde wieder freigestellt. Die VRV regelt in der Anlage 3b der VRV, dem „Kontenplan Gemeinden", welche Konten bis zur 3. Dekade zur Verfügung stehen.[64] Diese Liste ist umfassend, es dürfen also keine weiteren Konten innerhalb der ersten drei Dekaden eingefügt werden. Für weitere Untergliederungen stehen die Dekaden 4-6 frei zur Verfügung. Dies ändert aber nichts an der Zuteilungslogik. Ein von der Gemeinde individuell angelegtes Konto „002100" mit dem beispielhaft angenommenen Namen „Straßenbauten Ortsteil 1" wird derselben MVAG, Code und Querschnittziffer zugeteilt wie das dazugehörenden Normkonto „002" gem. Kontenplan

Zusätzlich kann, muss aber nicht, die 6. Stelle der Postengliederung der „Gliederung nach finanzwirtschaftlichen Gesichtspunkten" dienen. Sollte eine Gemeinde dies anwenden, gilt die Anlage 4 der VRV als verbindlich.

Konten sind die Basis des Haushaltes. Sie sind die unterste Gliederung der gesamten Buchhaltung und gleichzeitig die detaillierteste Information im Voranschlag und Rechnungsabschluss. Innerhalb der einzelnen Konten befinden sich nur noch die jeweiligen Einzelbuchungen, über die der Haushalt als solches jedoch keine Auskunft mehr gibt. Das wäre allerdings auch wahrlich zu viel des Guten. Finanzmanagement soll sich mit Steuerung des Ganzen befassen, nicht mit irrelevanten Details.

Die Konten verbinden darüber hinaus die Elemente des Haushaltes. Der Wert jedes Kontos muss eindeutig einer MVAG des Ergebnishaushaltes, einer MVAG des Finanzierungshaushaltes, einem Code und damit einer Position des Vermögenshaushaltes, sowie einer Kennziffer des Querschnittes zugeteilt werden. Diese Zuteilung ist in den Spalten (7)-(11) des Kontenplanes ersichtlich, siehe dazu die Abbildung auf der nächsten Seite.

Die Einteilung der Konten in Klassen, Unterklassen (UK) und Gruppen erinnert durchaus an den österreichischen Einheitskontenplan der Unternehmen. Konten der Klasse 0 sind Bestandskonten, Konten der Klasse 4-7 sind Aufwandskonten und solche der Klasse 8 Erlöskonten.

.

---

[64] Anlage 3a der VRV regelt die Konten der Länder, diese Anlage ist daher für Gemeinden nicht relevant.

Der schon beschriebenen Logik der Elemente des Haushaltes folgend, kann kein Konto in allen Elementen Ergebnis-, Finanzierungs-, Vermögenshaushalt und Querschnitt vorkommen. Zumindest eine der Spalten (7) – (11) muss bei jedem Konto leer sein. Während die Codes der Spalten (7), (8), (9) und (11) als die Randziffern der Ergebnis-, Finanzierungshaushalte und Querschnitte leicht wieder erkennbar sind, ist dies in der Spalte (10) – Ebene 2 Vermögenshaushalt – nicht so. Die dort angegebenen Codes sind

Anlage 3b – Kontenplan und Kontenzuordnungen – Gemeinden

(1) Kla sse	(2) Bezeichnung Klasse	(3) UK	(4) Bezeichnung Unterklasse (UK)	(5) Grup pe	(6) Bezeichnung Gruppe	(7) MVAG Ebene 2 EHH[1]	(8) MVAG Ebene 2 FHH – Einz.[2]	(9) MV AG Eben e 2 FHH – Ausz[3].	(10) Ebe ne 2 VH H[4]	(11) Quer schni tt- Kenn ziffer[5]
0	Anlagen									
		00	Grundstücke und Grundstückeinrichtungen							
				000	Bebaute Grundstücke		3312	3412	1021	30/40
				001	Unbebaute Grundstücke		3312	3412	1021	30/40
				002	Straßenbauten		3312	3412	1021	30/40
				003	Grundstücke zu Straßenbauten		3312	3412	1021	30/40

Abbildung 15: Beginn der Tabelle des Kontenplanes, Anlage 3b der VRV

nicht gleich den Randziffern des Vermögenshaushaltes. Um diese zu übersetzen, beispielsweise herauszufinden in welcher Position des Vermögenshaushaltes der in der Abbildung angegebenen Code 1021 enthalten ist, muss zusätzlich die Anlage 1c der VRV beigezogen werden. Dort ist dann eindeutig erfahrbar, dass dieser Code gleich der Position A.II.1 im Vermögenshaushalt ist.

Es ist ebenso nicht möglich, dass ein und dasselbe Konto auf unterschiedliche MVAG oder Querschnittskennziffern aufgeteilt wird. Dadurch ist die haushaltstechnische Bedeutung jedes Kontos immer eindeutig feststellbar.

Aus der doppelten Betrachtungsperspektive des Vermögenshaushaltes ergibt sich logisch, dass jede Substanzwertbewegung (jeder Gebarungsvorgang) zweimal stattfinden muss. Andernfalls könnten die beiden Seiten „Aktiva und Passiva" des Vermögenshaushaltes nicht gleich hoch bleiben. Jeder Gebarungsvorgang kommt also in genau zwei Konten vor.

Aus dieser Logik entsteht der allgemein bekannte Begriff der „Doppik" (doppelte

Buchführung in Konten). Die Bezahlung einer Hundeabgabe beispielsweise findet sich am Konto 838 (Abgaben für das Halten von Tieren) für die Passivseite des Vermögenshaushaltes und am Konto 210 (Konten bei Kreditinstituten) für die Aktivseite. Beide Seiten des Vermögenshaushaltes sind um den gleichen Betrag gestiegen („Bilanzverlängerung“) und in Summe korrekterweise wieder gleich hoch.

Die Bezahlung einer Investition an einem Gebäude verbucht sich dagegen so: Konto 010 (Gebäude und Bauten) steigt für die Aktivseite, Konto 210 (Konten bei Kreditinstituten) ist ebenfalls auf der Aktivseite, sinkt aber. Auch hier bleiben die Summen auf beiden Seiten des Vermögenshaushaltes korrekterweise gleich, und darüber hinaus verändern sie sich nicht. Eine derartige Buchung ist „Bilanzneutral“, die Organisation ist weder „ärmer noch reicher“ geworden. Hier schließt sich der Kreis, warum Investitionen keine Ausgaben sind. Ausgaben sind immer eine Bilanzverkürzung, und nur verkürzende oder verlängernde Buchungen können Bestandteil des Ergebnishaushaltes sein.

Das frühere Gegenstück zur Doppik ist übrigens die Mehrphasenbuchführung. Auch aus dieser hätte man einen Vermögenshaushalt bilden können, der Kontoplan (damals „Postenverzeichnis“ genannt) hätte die doppelte Logik in den „horizontal notierten“ Phasen innerhalb eines Postens abbilden müssen. Entsprechende Formvorschriften wurden aber niemals entwickelt, wären aber rein technisch in der gleichen Qualität machbar gewesen. Kameralistik ist jedenfalls nicht, wie in stark verkürzten medialen Diskussionen immer wieder angeführt, das „veraltete“ Gegenstück zur Doppik. Die Kameralistik ist eine Form der Wirtschaftslehre und keine Buchführungstechnik.

3.1.2.3 Haushaltshinweis

Das dritte Element der Haushaltsstelle ist ein historisches Überbleibsel der alten VRV: der Haushaltshinweis. Er kann verwendet werden, in manchen GHVO wird dies auch verpflichtend festgelegt. Im Gegensatz zu früher gibt es aber keine genormte Liste, welche Zahl des Haushaltshinweises welche Bedeutung hat. Verwendet eine Gemeinde weiterhin den Haushaltshinweis, muss sie auch selbst Beschluss fassen, welche Bedeutung dieser hat.

In der Praxis verwenden viele Gemeinden die alten Codes der nicht mehr gültigen VRV 1997 weiter:

0 voranschlagsunwirksame Gebarung, Einnahmen

1 ordentlicher Haushalt, Ausgaben

2 ordentlicher Haushalt, Einnahmen

5 außerordentlicher Haushalt, Ausgaben

6 außerordentlicher Haushalt, Einnahmen

9 voranschlagsunwirksame Gebarung, Ausgaben

Das Problem dabei: die Begriffe „ordentlicher Haushalt“ und „außerordentlicher Haushalt“ existieren nicht mehr. Mangels gesetzlicher Regelung gibt es keine Klarheit mehr darüber, was damit wirklich gemeint ist. Mit anderen Worten: der Haushaltshinweis kann der früheren Definition entsprechen, muss es aber nicht. Es steht zu befürchten, dass mit dieser formellen Möglichkeit vor allem das Festhalten an alten, gesetzlich nicht mehr fundierten Denkmustern gefördert wird. Es ist daher sehr zu empfehlen, den Haushaltshinweis entfallen zu lassen.

3.1.3 Orientierung mittels Randziffer

Zur besseren Auffindbarkeit von Zahlen sind im gesamten Haushalt Randziffern vorhanden. Die Randziffer steht immer am linken Zeilenrand und beinhaltet den Code-Wert wie vorhin beschrieben. Steht beispielsweise in der Zeile der Wert einer MVAG der Ebene 1, so ist die Randziffer der entsprechende 3-stellige Code. Im Detailhaushalt sind die Detailzeilen mit der gesamten Haushaltsstelle beziffert.

Damit Bezeichnungen und Formeln in diesem Buch besser lesbar und vor allem immer eindeutig zuordenbar sind, wird die folgende Notation eingeführt:

Im Ergebnishaushalt sind entweder der Zahlencode der MVAG oder die Bezeichnung eines Saldos die Randziffer. Zur Bezeichnung der Zahl „Personalaufwand im Ergebnishaushalt“ schreiben wir folglich EHH[221], für das „Nettoergebnis Saldo (0)“ schreiben wir mit EHH[SA0].

Genau so wird im Finanzierungshaushalt verfahren. Die „Veränderung an liquiden Mitteln Saldo (7)“ beispielsweise wird geschrieben als FHH[SA7].

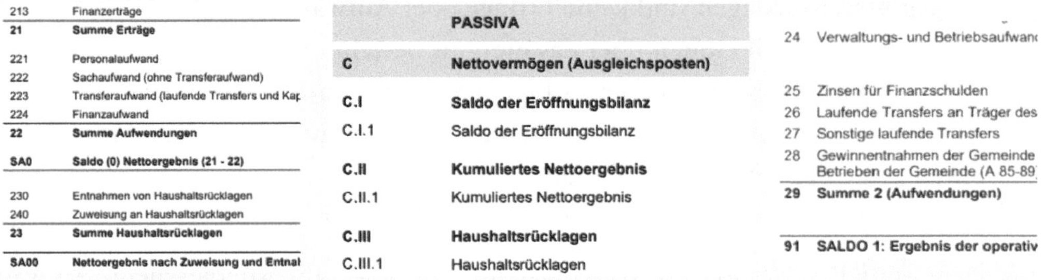

213	Finanzerträge
21	**Summe Erträge**
221	Personalaufwand
222	Sachaufwand (ohne Transferaufwand)
223	Transferaufwand (laufende Transfers und Kap
224	Finanzaufwand
22	**Summe Aufwendungen**
SA0	**Saldo (0) Nettoergebnis (21 - 22)**
230	Entnahmen von Haushaltsrücklagen
240	Zuweisung an Haushaltsrücklagen
23	**Summe Haushaltsrücklagen**
SA00	**Nettoergebnis nach Zuweisung und Entnal**

	PASSIVA
C	**Nettovermögen (Ausgleichsposten)**
C.I	**Saldo der Eröffnungsbilanz**
C.I.1	Saldo der Eröffnungsbilanz
C.II	**Kumuliertes Nettoergebnis**
C.II.1	Kumuliertes Nettoergebnis
C.III	**Haushaltsrücklagen**
C.III.1	Haushaltsrücklagen

24	Verwaltungs- und Betriebsaufwan
25	Zinsen für Finanzschulden
26	Laufende Transfers an Träger des
27	Sonstige laufende Transfers
28	Gewinnentnahmen der Gemeinde Betrieben der Gemeinde (A 85-89
29	**Summe 2 (Aufwendungen)**
91	**SALDO 1: Ergebnis der operativ**

Abbildung 16: Randziffern der Haushaltsteile

Im Vermögenshaushalt findet sich die Positionsziffer der Beilage 1c der VRV als Randziffer. Diese entspricht der ebenfalls dort definierten MVAG-Code-ähnlichen Bezeichnung. Die Positionsziffer des Vermögenshaushaltes gliedert diesen in der Zusammenstellung: in der ersten Ebene mit einem Großbuchstaben, in den 2 nachfolgenden Ebenen mit römischer/arabischer Ziffer. Das „Nettovermögen (Eigenkapital)“ schreiben wir also mit VHH[C], das „kumulierte Nettoergebnis“ mit VHH[C.II.1].

Im Querschnitt (rechte Faksimile der Abbildung) finden sich 2-stellige Zahlen als Randziffern. Der „Saldo 1, Ergebnis der operativen Gebarung“ schreibt sich als QSchn[91], „Zinsen für Finanzschulden“ als QSchn[25].

3.1.4 Vorsorge- und Risikomanagement

Sobald in einem Haushalt Vorsorgen für künftige Ereignisse dargestellt werden sollen, kommen die drei Begriffe Rücklagen, Rückstellungen und Zahlungsmittelreserven ins Spiel. In der Tat besitzen sie eine Gemeinsamkeit: Substanzwerte sollen vorgesorgt werden, also „reserviert“ werden für konkrete, zukünftige Ereignisse. Treten diese ein, werden die daraus entstehenden Abflüsse durch die jeweilige Vorsorge getragen und verschlechtern nicht das Gesamtergebnis im Jahr des Ereignisses. Rücklagen, Rückstellungen und Zahlungsmittelreserven sind aber definitiv nicht dasselbe. Mehr als diese eine, soeben beschriebene Gemeinsamkeit der „Reservierung von etwas für etwas“ haben sie nicht. Es handelt sich um drei grundverschiedene Arten von Vorsorgen („Reservierungen“), deren finanzmathematische Definition lautet:

- Rücklagen sind reserviertes Eigenkapital für planbare, substanzverändernde Ereignisse. Rücklagen sind keine Erträge oder Aufwände, sondern eine Form von Eigenkapital, weil Hoheit über das Ereignis besteht,
- Rückstellungen sind reserviertes Eigenkapital für drohende substanzabwertende Ereignisse. Sie sind Aufwände im Ergebnishaushalt und werden zu Fremdkapital, weil keine Hoheit über das Ereignis besteht,
- Zahlungsmittelreserven sind reserviertes Geld.

Rücklagen werden vielerorts als Vorsorgen für künftige, unvorhergesehene Aufwände angesehen. Diese Sichtweise ist weitestgehend falsch. Rücklagen stellen entweder Gewinnverwendungen oder nicht realisierte Wertveränderungen aus nicht operativen Tätigkeiten dar. Sie können daher gar nicht Ertrag oder Aufwand im Ergebnishaushalt sein. Nach §18(6) VRV gliedern sich Rücklagen in:

- Haushaltsrücklagen (= Gewinnverwendung),
- Neubewertungsrücklagen (= Wertveränderungen von Beteiligungen),
- Fremdwährungsumrechnungsrücklagen (= Wertveränderungen aus Währungskursänderungen).

Nur der Gewinn (das Ergebnis des EHH[SA0]) verändert das Nettovermögen, eine Gewinnverwendung (Haushaltsrücklage) dagegen ist nur ein Teilbetrag des Gewinns und ändert den wirtschaftlichen Erfolg in keiner Weise. Zuführungen an und Entnahmen aus Haushaltsrücklagen können daher erst nach dem Ergebnis des EHH[SA0] ausgewiesen werden. Neubewertungs- und Fremdwährungsumrechnungsrücklagen dagegen sind tatsächliche Wertveränderungen, die jedoch nicht in Geld realisiert wurden. Aufgrund des Vorsichtsprinzips (Erfolge erst realisieren, wenn sie sicher sind) werden sie nicht in das allgemeine Eigenkapital überführt. Wertverändernde Rücklagen und Zahlungsmittelreserven stehen für geplante oder planbare, also vorhersehbare Ereignisse.

Die vielzitierte „Vorsorge für Unvorhergesehenes“ wird Rückstellung genannt. Rückstellungen werden für wahrscheinliche und in der Höhe nicht genau bekannte, die Substanz abwertende Ereignisse angelegt. Sie müssen geschätzt werden. Sie entstehen ebenfalls aus dem Vorsichtsprinzip: Aufwände bereits realisieren, wenn sie wahrscheinlich sind.

Es ist von entscheidender Wichtigkeit zu verstehen, dass Rücklagen und Rückstellungen in der Vermögensrechnung an sehr unterschiedlichen Stellen aufscheinen: Rücklagen bleiben ein besonderer Teil des Nettovermögens, während Rückstellungen Fremdkapital sind.[65] Darüber hinaus sind Rückstellungen nicht finanzierungswirksame Sachaufwände, reduzieren also das Ergebnis des Ertragshaushaltes EHH[SA0]. Und beide haben nichts, aber auch wirklich gar nichts mit Geld zu tun. Das war in Unternehmen nie anders, in Gemeinden allerdings schon. Gemäß der alten VRV 1997 waren Rücklagen sehr wohl das, was auch im „Volksmund" unter einer Rücklage verstanden wird: „zur Seite gelegtes Geld". Das ging auch nicht anders, da in der alten VRV ausschließlich Geld ohne die übrigen Substanzwerte betrachtet wurde. Nunmehr ist eine Rücklage oder eine Rückstellung mit dem gesamten Aktivvermögen „bedeckt", sie kann neben Geld auch eine Forderung oder ein Grundstück sein. Um Rücklagen oder Rückstellungen „in Geld flüssig" zu machen, kann es erforderlich sein, zuvor einen anderen Vermögensgegenstand zu veräußern. Die neue Definition ist in Gemeinden noch sehr ungewohnt.

Um reale Zahlungsmittel, also tatsächlich Geld auf die Seite zu legen, müssen Zahlungsmittelreserven angelegt werden. Nur in einer solchen ZMR ist gewährleistet, dass eine bestimmte Menge Geld für eine bestimmte, später eintretende Auszahlung zur Verfügung steht. Leider hat die neue VRV ein Zusatzinstrument eingebaut, welches vermutlich noch lange dafür sorgen wird, dass Haushaltsrücklagen weiterhin falsch als reserviertes Geld angesehen werden: die sogenannte Rücklagendeckung durch Zahlungsmittelreserven. Diese ist im Rücklagennachweis ersichtlich: allen Haushaltsrücklagen (und nur diesen!) kann, muss aber nicht, ein reserviertes Geld (eine Zahlungsmittelreserve) beigestellt werden. Eine Rücklage kann ganz, oder auch nur teilweise, mit liquiden Mitteln bedeckt sein. Es werden zwei Rücklagen-„Klassen" gebildet: jene, die mit Geld, und jene, die mit sämtlichen Substanzwerten des Aktivvermögens (Geld inkludierend) bedeckt sind.

Der Mehrwert dieser Unterscheidung für das Finanzmanagement ist gleich Null. Im

---

[65] (Eichhorn, Mehr Management im öffentlichen Dienst, 2016), Seite 251: „Man kann es nicht oft genug wiederholen: Beide ähnlich klingenden Worte dürfen nicht synonym verwendet werden. Als Begriffe des Rechnungswesens haben sie unterschiedliche, ja gegensätzliche Inhalte"

Gegenteil: die Bindung einer Zahlungsmittelreserve an eine Rücklage, beispielsweise für Investitionen, verschlechtert die Transparenz des Ergebnishaushaltes erheblich. Investitionen sind dort nicht als Aufwand darstellbar. Die Rücklagentransaktion erhöht oder vermindert jedoch das Gesamtergebnis EHH[SA00]. Gelebte Übung ist es außerdem, Zahlungsmittelreserven als sogenannte „innere Darlehen“ hinter dem Rücken des Rücklagenachweises wieder aufzulösen. Damit wird die erwartete Aussage „ich habe echtes Geld auf der Seite liegen“ vollends zerstört. Zahlungsmittelreserven, und damit die angebliche „Bedeckung der Rücklage“ könnten in der Praxis Schulden sein, oder anders gesprochen: Nettovermögen (Rücklage) wäre gleichzeitig Fremdkapital, und das in nie genau bekannter Höhe. Abgesehen vom Widerspruch zu geltendem Gesetz, entsteht so eine gänzlich sinnlose Aussage.

Wir wissen bereits, dass Investitionen kein Aufwand sind, sondern Substanzwerttransformationen, in der Buchhaltung nicht erfolgswirksame Buchungen genannt. Diese finden rein auf der Aktivseite der Bilanz statt. Werden diese Aktiva nicht mit vorher beschafften Fremdmitteln finanziert, darf die Investition gerne aus einer Zahlungsmittelreserve stammen. Eine Investition kann aber niemals sinnvoll als Rücklagen- = Nettovermögensauflösung dargestellt werden, weil es das nun mal, dem Wesen des Nettovermögens entsprechend, nicht ist. Haushaltsrücklagen blähen die Zahlen des Ergebnishaushaltes auf, um in gleicher Höhe im Vermögenshaushalt als Rücklagenveränderung wieder wegkompensiert zu werden.

Finanzmanagement kann nur erfolgreich sein, wenn Dinge so verwendet werden, wie sie gedacht sind: reserviertes Geld heißt Zahlungsmittelreserve, reserviertes Nettovermögen heißt, je nach dem, wofür es reserviert ist: Rücklage oder Rückstellung. Daraus folgt:

- Es gibt keine Instandsetzungsrücklage, dies findet sich daher auch nicht in der VRV-Definition,
- Eigenmittel für Investitionen zu reservieren, erfolgt durch Herstellung einer Zahlungsmittelreserve ohne Haushaltsrücklage. Das ist technisch möglich und wird in der Praxis auch gemacht. Offiziell vorgeschrieben oder auch nur empfohlen ist dies leider nirgendwo. Nichtsdestotrotz bleibt dies die einzige transparente Vorgangsweise, weil sie unnötige und letztendlich undurchschaubare „Linke-Tasche-rechte-Tasche“-Buchungen auf der Passivseite

der Bilanz und im Rücklagenteil des Ergebnishaushaltes verhindert.

3.1.4.1 Haushaltsrücklagen

So wie das Ergebnis der Ertragsrechnung (SA0) sozusagen der „Spielraum für Neues und Unvorhergesehenes“ ist, stellt die Haushaltsrücklage einen Teilbetrag davon als „Ansparung auf künftig Neues“ dar. Dabei ist zu beachten:

- Es handelt sich bei der Haushaltsrücklage um ein völlig neues Vorhaben, welches neue Erträge und neue Aufwände in künftigen laufenden Haushalten erzeugt,
- Es wird nicht die Errichtung eines neuen Anlagevermögens rückgelegt, sondern der Anlaufverlust des Gesamtprojektes inklusive der Afa. Es ergibt sich logisch, dass die Rücklage nur einmalig wirkt. Sie kann also nur die „Anschubfinanzierung“ von neuen oder befristeten Vorhaben ermöglichen, nicht aber eine Verlustabdeckung auf ewig,
- Eine Haushaltsrücklage kann niemals eine „Ansparung für Unvorhergesehenes“ sein. Eine derartige Risikovorsorge wäre eine Rückstellung,
- Instandsetzungen sind in einem professionellen Haushaltswesen geplante und vorhergesehene Auszahlungen und können auch aus diesem Grund keine Rücklagen sein.

Auch wenn es allgemeiner Gebrauch ist: Finanzmathematisch ist es völlig falsch, und zwar nicht erst seit der neuen VRV, mit Haushaltsrücklagen die Leistbarkeit von Investitionserfordernissen zu beschreiben. Dies gewährleistet ausschließlich eine langfristige Folgekostenrechnung inkl. Abschreibungen.

Ein negatives Ergebnis einer derartigen Kostenrechnung bei einem neuen Vorhaben darf ohne Ausnahme nur aus dem Überschuss des Ergebnishaushaltes bedient werden. Ist das nicht möglich, ist das Projekt nicht leistbar. Werden entsprechende Abgänge dennoch durch Rücklagen finanziert, muss das Vorhaben zeitlich auf den Substanzwert der Rücklage befristet werden! Andernfalls entsteht durch die Hintertür die gesetzlich verbotene Notwendigkeit einer Kreditfinanzierung des operativen Haushaltes.

Durch die Existenz des Vermögenshaushaltes und der Definition von Rückstellungen ergeben allgemeine Haushaltsrücklagen finanzmathematisch keinen Sinn mehr. Sie waren in der alten VRV in bestimmten Fällen so etwas wie ein „Eigenkapitalveränderungsersatz". Da ihnen immer schon die Widmung bezüglich eines speziellen Vorhabens fehlte, sind sie jetzt nichts anderes als ein Teil des Nettovermögens an sich, welches umfassend im Vermögenshaushalt ausgewiesen ist. Ein gesonderter Ausweis ist daher redundant und in manchen Fällen sogar eine Beschönigung der tatsächlichen Lage.

3.1.4.2 Neubewertungsrücklagen

Ein mit der VRV 2015 völlig neu geschaffenes und wichtiges Instrument zur Darstellung der finanziellen Gesamtverantwortung sind die Neubewertungsrücklagen.

In den Neubewertungsrücklagen werden Veränderungen des Nettovermögens von Beteiligungen berücksichtigt.[66] Sie stellen eine rudimentäre Form einer „Stadtbilanz" dar. Zumindest in jener Form, als der wesentliche, sich stets verändernde Wert innerhalb der Beteiligungen - also deren Ergebnishaushalt und somit deren Nettovermögensveränderung - in das Nettovermögen der Gemeinde übergeführt wird. Das interessante daran ist, dass es sich bei Bildung dieser Rücklage tatsächlich nicht um abstrakte Werte wie „Kurssteigerungen" oder „Marktwerte" handelt, sondern die real im Abschluss der Beteiligung ausgewiesene Veränderung des Eigenkapitals oder Nettovermögens ausgewiesen werden muss. Die Neubewertungsrücklage ist also ein zaghaftes Mindestinstrument zur Darstellung der wirtschaftlichen Gesamtauswirkung der Tätigkeiten der Gemeinde inklusive ihrer ausgelagerten Gesellschaften.

Gemäß dem kaufmännischen Vorsichtsprinzip darf eine Wertsteigerung erst dann realisiert werden, wenn die Beteiligung tatsächlich verkauft wurde. Zu ungewiss bleibt letztendlich, ob das im Vermögenshaushalt der Beteiligung abgebildete Nettovermögen (Eigenkapital) auch dem tatsächlichen Verkaufspreis entspräche. Solange die Beteiligung im Besitz der Gemeinde bleibt, werden Beteiligungsgewinne also nur in der Neubewertungsrücklage eingestellt und damit immer ein abgesonderter Teil des Nettovermögens sein. Im Gegensatz zur Haushaltsrücklage ist es mit dieser Rücklage nicht gestattet, Verluste auszugleichen. Im Ergebnishaushalt selbst finden sich diesbezügliche

---

[66] (VRV 2015, 2021) §23 (8): „Hat sich das Eigenkapital oder geschätzte Nettovermögen durch Gewinne oder durch andere Änderungen in den Eigenmitteln erhöht, so hat die Anpassung des Beteiligungswertes erfolgsneutral in der Neubewertungsrücklage zu erfolgen, sofern es sich nicht um eine Wertaufholung handelt."

Rücklagenbewegungen ebenfalls nicht. Logisch, derartige Wertsteigerungen haben grundsätzlich nichts mit der Ertragskraft der Gemeindetätigkeit an sich zu tun. Um diesen Unterscheid besser erkennen zu können, gibt es eine eigene Beilage: die Nettovermögensveränderungsrechnung (was für ein Wort).

Erhöht sich also das Nettovermögen der Beteiligung gemäß deren Jahresabschluss, oder einfacher gesagt: liegt ein Jahresgewinn vor - so erhöht sich direkt im Vermögenshaushalt auf der Aktivseite der Wert der Beteiligung um die Höhe dieses Gewinnes. Auf der Passivseite muss jetzt auch etwas passieren: es erhöht oder bildet sich erstmalig eine Neubewertungsrücklage in gleicher Höhe. Verringert sich das Nettovermögen der Beteiligung - die Beteiligung fährt einen Verlust ein - passiert dasselbe, nur mit umgekehrten Vorzeichen. Ist in so einem Fall allerdings noch keine Neubewertungsrücklage für diese Beteiligung vorhanden, muss der Verlust im Ergebnishaushalt als Aufwand verbucht werden und verschlechtert das Haushaltsergebnis. Ausdrücklich erwähnt die VRV das Vorhandensein einer „Neubewertungsrücklage für diese Beteiligung". Es ist also nicht zulässig, den Verlust einer Beteiligung mit der Neubewertungsrücklage einer anderen Beteiligung zu kompensieren.

Mit den Neubewertungsrücklagen lässt sich feststellen, ob und in welcher Höhe Beteiligungen Gewinn machen. Hat es in früheren Jahren Gewinne gegeben und liegen folglich Neubewertungsrücklagen vor, sind durch deren Veränderungen auch Verluste sofort erkennbar. Hat eine Beteiligung ausschließlich Verluste, müssen diese im Ergebnishaushalt dargestellt werden.

Keinesfalls zulässig ist es dagegen, den Verlust einer Beteiligung gar nicht darzustellen, selbst wenn dieser im Augenblick (noch) keinerlei Zahlungsverpflichtungen auslöst. Wir sprechen hier von Rücklagen und somit von Nettovermögensveränderungen. Diese haben wie schon mehrmals erwähnt, nichts mit Geld zu tun. Und das ist in diesem Fall wirklich gut so: als verantwortungsvolle Gemeindeorgane wollen wir drohende Verluste schon viel früher sehen. Nicht erst dann, wenn es schon zu spät ist, also Verlustzahlungen fällig sind. Genau deswegen ist es so wichtig, zwischen Nettovermögen (Eigenkapital) und bloßen Zahlungsmitteln zu unterscheiden.

3.1.4.3 Fremdwährungsumrechnungsrücklagen

Diese Rücklagen sind den Neubewertungsrücklagen sehr ähnlich. Sie sind dann zu bilden, wenn Vermögensgegenstände in einer Nicht-Euro-Währung gehalten werden und deren Wertveränderung nicht aus dem Betriebsergebnis, sondern aus einer Währungskursveränderung resultieren.

Diese Rücklage zielt in erster Linie auf Kursschwankungen bei Fremdwährungskrediten ab, welche vor allem Anfang der 2000er-Jahre in Gemeinden sehr beliebt waren und einigen durchaus Finanzierungsvorteile gebracht haben. Wie so oft, gelang dies allerdings auch hier nur den profunden Kennern der Materie, während viele andere eher mehr schnellen Versprechungen aufsaßen und am Ende des Tages mit Verlusten aus Währungskursschwankungen übrigblieben.

Ändert sich der Wert einer ausländischen Unternehmensbeteiligung rein aufgrund des Wechselkurses, dann wären diese ebenfalls an dieser Stelle mit den gleichen Regeln wie die Neubewertungsrücklage abzubilden. Wenngleich dieser Fall nicht allzu oft auftreten wird, könnte also ein und dieselbe Beteiligung in beiden Rücklagenarten vorhanden sein.

3.1.4.4 Rückstellungen

Die VRV formuliert durchaus selbsterklärend: „Rückstellungen sind für Verpflichtungen der Gebietskörperschaft anzusetzen, wenn:

- die Verpflichtung bereits vor dem Rechnungsabschlussstichtag besteht und
- das Verpflichtungsereignis bereits vor dem Rechnungsabschlussstichtag eingetreten ist und
- die Erfüllung der Verpflichtung mit überwiegender Wahrscheinlichkeit zu Mittelverwendungen der Gebietskörperschaft führen wird und
- die Höhe der Verpflichtung verlässlich ermittelbar ist."

Damit sind Rückstellungen nicht nur Vorsorgen für unvorhergesehene Risken und Ereignisse, sondern zusätzlich ein Instrument zur zeitrichtigen Darstellung. Erbringt ein Lieferant eine Leistung und legt dafür bis zum Jahresende keine Rechnung, muss der Aufwand trotzdem im richtigen Jahr im Ergebnishaushalt stehen. Da eine fehlende Rechnung noch keine Verbindlichkeit begründet, sehr wohl aber durch die Lieferung des Lieferanten eine „Verpflichtung vor dem Rechnungsabschlussstichtag" besteht, ist für den mutmaßlichen Rechnungsbetrag eine Rückstellung zu bilden.[67] §28 VRV erwähnt dies auch noch mal ausdrücklich in der Aufzählung jener Ereignisse, für die kurzfristige Rückstellungen vorzusehen sind:

(1) Rückstellungen für Prozesskosten,

(2) Rückstellungen für ausstehende Rechnungen (Bescheide) zumindest 5.000€,

(3) Rückstellungen für nicht konsumierte Urlaube.

Nach §28 VRV gliedern sich darüber hinaus langfristige Rückstellungen in:

(1) Rückstellungen für Abfertigungen,

(2) Rückstellungen für Jubiläumszuwendungen,

(3) Rückstellungen für Haftungen,

(4) Rückstellungen für die Sanierungen von Altlasten,

(5) Rückstellungen für Pensionen (bei Ausübung des Wahlrechts nach § 31) und

(6) sonstige langfristige Rückstellungen, Wert jeweils mindestens 10.000€.

3.1.4.5 Zahlungsmittelreserven

In der VRV sind Zahlungsmittelreserven sehr allgemein als „gesondert ausgewiesene liquide Mittel" beschrieben.[68] Sie stellen einen Teilbetrag der verfügbaren Zahlungsmittel dar: Guthaben auf Bankkonten, Bargeldbestände in den Kassen und kurzfristige Termineinlagen (eine Form von Sparbuch). In ihrer Grunddefinition haben die ZMR nichts mit Rücklagen zu tun, was finanzmathematisch völlig korrekt ist.

Sowohl Kritik wie auch Verständnis der Verwendung von ZMR als sogenannte „innere Darlehen" ist an mehreren Stellen schon ausgeführt worden. Die sauberste Lösung ist, von vornherein auf die inhaltslose Zahlungsmittelreserven-Deckung bei Haushaltsrücklagen

---

[67] (Dessulemoustier-Bovekercke, 2019), Seite 18: „Hinsichtlich der periodengerechten Darstellung des Aufwandes ist die Aufgabe von Rückstellungen so zu verstehen, dass zwar ein in der Periode verursachter Aufwand feststellbar bzw. wahrscheinlich eingetreten ist, aber gleichzeitig noch keine Verbindlichkeit entstanden ist."

[68] (VRV 2015, 2021) §20: Liquide Mittel umfassen Kassen- und Bankguthaben sowie kurzfristige Termineinlagen; diese sind zum Nominalwert zu bewerten. Als Zahlungsmittelreserven vorgesehene liquide Mittel sind gesondert auszuweisen.

zu verzichten. Zahlungsmittel sind grundsätzlich liquide Mittel, sie stehen bei korrekter Organisationsführung und ordentlichen Haushaltszahlen auch für Investitionen ganz von selbst in exakt planbarer Höhe zur Verfügung. Es braucht keinerlei zusätzliche Zweckbindung, wodurch es dann auch keine inneren Darlehen braucht. Liquide Mittel werden zu Recht in der VRV so genannt und als solche sollten sie einer effizienten Verwaltung ungeschmälert zur Verfügung stehen.

Unerwähnt im Gesetz und damit immerhin nicht verboten bleibt die einzig wirklich sinnvolle Möglichkeit, Zahlungsmittelreserven ohne Rücklage für Instandsetzungsreste zu bilden. Gemeint ist damit die für einen gesunden Haushalt unverzichtbare ausschließliche Eigenfinanzierung von Instandsetzungsmaßnahmen für bereits verbrauchte (=abgeschriebene) und noch nicht wieder in Stand gesetzte Betriebsmittel.[69] Eine derartige Instandsetzungszahlungsmittelreserve (früher: Instandsetzungsrücklage) ist im Gesetz nicht definiert und wird in keinem Teil des Haushaltes automatisch dargestellt. Sie muss mit eigener Buchungsfantasie hergestellt werden, dann kann sie im Vermögenshaushalt aufscheinen. Sie wäre ein wichtiger Nachweis, dass der Betriebsmittelverbrauch auch tatsächlich aus eigenen Mitteln finanzierbar bleibt.

3.1.5 Integrierter 3-Komponentenhaushalt

In der VRV wird der Gemeindehaushalt als „integrierter 3-Komponentenhaushalt" bezeichnet. Komponenten im Sinne dieser Definition sind der Ergebnishaushalt, der Finanzierungshaushalt und der Vermögenshaushalt.

3.1.5.1 Ergebnishaushalt (EHH)

Der Ergebnishaushalt ermittelt das Betriebsergebnis gemäß unserem Idealbild im Modellhaushalt. In der VRV liest sich dies so: „Im Ergebnishaushalt sind Erträge und Aufwendungen periodengerecht abzugrenzen. Ein Ertrag ist der Wertzuwachs, unabhängig vom konkreten Zeitpunkt der Zahlung. Ein Aufwand ist der Werteinsatz, unabhängig vom konkreten Zeitpunkt der Zahlung."[70] Das Ergebnis des Ergebnishaushaltes wird aus Einnahmen und Ausgaben der operativen Gebarung gebildet.

---

[69] Dritter Hauptsatz Finanzmanagement, siehe auch Kennzahl Substanzerhaltungsquote, ab Seite 202

[70] (VRV 2015, 2021), §3 (2)

Wie die VRV nochmal bestätigt, sind Erträge und Aufwände nicht zwingend an den Fluss von Geld gebunden. Die finanzierungswirksame „laufende Gebarung“ wird ergänzt um „nicht finanzierungswirksame Sachaufwände“, wie die bereits vorgestellten Abschreibungen. Sie bilden zusammen die sogenannte operative Gebarung. Der ganze Ergebnishaushalt schließt mit dem Nettoergebnis (Kennziffer Saldo Null oder EHH[SA0]).

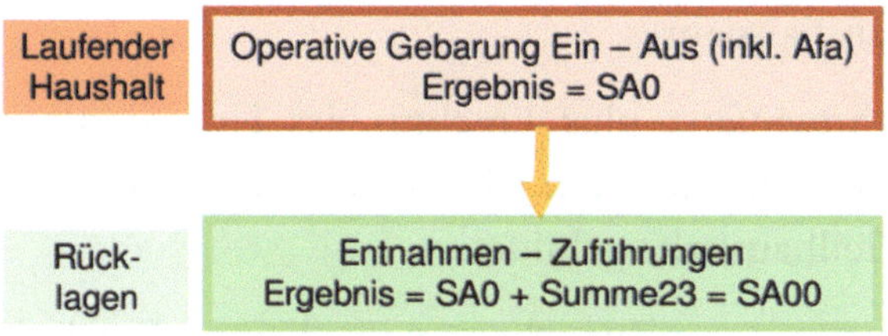

Abbildung 17: Teile des Ergebnishaushaltes

Der Ganze? Nein, eine aus dem alten Haushaltswesen stammende Denkweise leistet hartnäckig Widerstand. Der Ergebnishaushalt wird noch weitergeführt in der Form, als Zuführungen aus Haushaltsrücklagen als Aufwand und Auflösungen von Haushaltsrücklagen als Ertrag dargestellt und dem Ergebnis als EHH[Summe23] zugerechnet werden. Daraus entsteht ein neues Schlussergebnis mit dem klangvollen Namen „Nettoergebnis nach Zuweisung und Entnahmen von Haushaltsrücklagen“ Saldo Null-Null. Zuführungen an oder Entnahmen aus Rücklagen beeinflussen das Nettoergebnis jedoch nicht, sie reduzieren oder erhöhen lediglich jenen Betrag, welcher zum Rechnungsabschluss dem kumulierten Nettoergebnis im Vermögenshaushalt zugeführt wird. Die Differenz zwischen EHH[SA0] und EHH[SA00] hebt sich dort innerhalb des Nettovermögens in der Summe vollständig wieder auf, da die im Ergebnishaushalt als „Rücklagengebarung“ dargestellte EHH[Summe23] den im Vermögenshaushalt dargestellten Rücklagenbestand in gleicher Höhe vorzeichenverkehrt verändert.

Der tatsächliche Erfolg der Gemeinde wird ausschließlich mit dem EHH[SA0] ausgedrückt. Nur dieser verbessert oder verschlechtert das Nettovermögen. Für das Finanzmanagement hat der EHH[SA00] keine Bedeutung.

3.1.5.2 Finanzierungshaushalt (FHH)

Der Finanzierungshaushalt ermittelt das Finanzierungsergebnis gemäß unserem Idealbild „Modellhaushalt“. Er stellt sämtliche Zahlungsströme (Einzahlungen und Auszahlungen) des Haushaltes dar. Wie der Ergebnishaushalt bildet auch er Strömungsgrößen ab, in diesem Fall sämtliche Zahlungsströme des Haushaltsjahres.

Die VRV beschreibt dies folgendermaßen: „Im Finanzierungshaushalt sind Einzahlungen und Auszahlungen zu erfassen. Eine Einzahlung ist der Zufluss an liquiden Mitteln in einem Finanzjahr. Eine Auszahlung ist der Abfluss an liquiden Mitteln in einem Finanzjahr."[71] Das Ergebnis des Finanzierungshaushaltes ergibt die Wertveränderung der Zahlungsmittelbestände innerhalb des Haushaltsjahres.

Die Summe der liquiden Mittel am Jahresanfang plus Ergebnis des Finanzierungshaushaltes ergibt somit die Summe der liquiden Mittel am Jahresende. Das Ergebnis des Finanzierungshaushaltes wird durch vier Teilhaushalte gebildet:

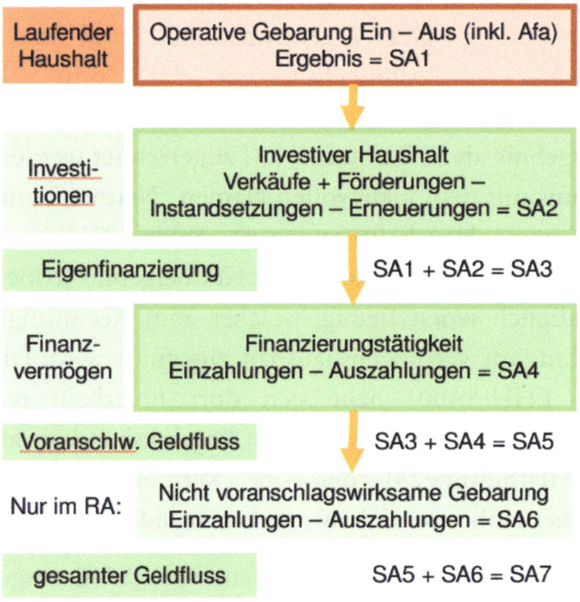

Abbildung 18: Teile des Finanzierungshaushaltes

Zunächst wie beim Ergebnishaushalt aus den Einzahlungen und Auszahlungen der operativen Gebarung. Der daraus entstehende SA1 ist inhaltlich mit dem SA0 ident. Zahlenmäßig klarerweise nicht: es gibt zwei Unterschiede. Offene Forderungen und Verbindlichkeiten, sowie nicht finanzierungswirksame Sachaufwände (Abschreibungen, Rückstellungen) können in einem Finanzierungshaushalt noch nicht oder gar nicht enthalten sein.

Bei Forderungen und Verbindlichkeiten fließt das Geld später, bei einer Abschreibung fließt niemals Geld, ein derartiger Vorgang kann niemals in einem Finanzierungshaushalt auftauchen.

Nach der operativen Gebarung teilen sich Ergebnishaushalt und Finanzierungshaushalt.

[71] (VRV 2015, 2021), §3 (3)

Rücklagen haben nichts mit Geld zu tun, kommen folglich im Finanzierungshaushalt nicht vor. Dafür begegnen wir als nächstes der Vermögensgebarung. Im ersten Teil, dem investiven Haushalt erscheinen die Erlöse aus Verkäufen von Vermögensgegenständen als Einzahlungen, während die Bezahlung wertsteigernder Investitionen Auszahlungen sind. Der Saldo SA2 aus der investiven Tätigkeit schließt diesen Haushaltsteil ab. Danach werden die Salden SA1 + SA2 unmittelbar zusammengezählt zur sogenannten Eigenfinanzierung SA3.

Im zweiten Teil der Vermögensgebarung wird die Finanzierungstätigkeit dargestellt. Wie beim Sachvermögen funktioniert dies auch beim Finanzvermögen: Schuldaufnahmen sind Einzahlungen (die Darlehenszuzählung), Schuldentilgungen sind Auszahlungen der Finanzierungstätigkeit. Beides zusammen wird zum Saldo SA4 addiert. Danach wird mit einem weiteren Saldo das Finanzierungsergebnis[72] SA3 + SA4 = SA5 gebildet, womit sämtliche Finanzströme der Gemeinde angeführt sind und der Finanzierungshaushalt des Voranschlages abgeschlossen ist.

Investitionen, Schuldaufnahmen oder -tilgungen sind keine Einnahmen oder Ausgaben, sondern ausschließlich Einzahlungen oder Auszahlungen. Dies wird an dieser Übersicht nochmal sehr schön deutlich in der Form, als investive Gebarung und Finanzierungstätigkeit nur im Finanzierungshaushalt vorkommen, nicht jedoch im Ergebnishaushalt. Selbstverständlich kann es auch bei einem Investitionsvorgang zu Verbindlichkeiten kommen: das Anlagevermögen ist geliefert, die Rechnung wird erst später bezahlt. Daraus folgt: Die Investition steht bereits im Anlagenspiegel und somit im Vermögenshaushalt, folgt aber ggf. erst im Folgejahr als Geldfluss im investiven Haushalt. Der fehlende Geldfluss ist im Vermögenshaushalt normalerweise in der Position „F.II.1 Kurzfristige Verbindlichkeiten aus Lieferungen und Leistungen“ erkennbar. Es gibt aber keine Vorschrift, diese Position des Vermögenshaushaltes detailliert auszugeben. Im Extremfall könnten es auch langfristige Lieferverbindlichkeiten sein und die Investitionssumme gar nicht an dieser Stelle aufscheinen. Ein Rückschluss auf bestimmte

---

[72] Nochmals die Übersicht der so ähnlichen Begriffe: Das Finanzergebnis wird in Gemeindehaushalten nicht gesondert ausgegeben, kann aber als EHH[213] minus EHH[224] gerechnet werden. Das Ergebnis der Finanzierungstätigkeit ist der FHH[SA4], das Finanzierungsergebnis ist das Endergebnis des FHH[SA5].

Investitionen ist vor allem bei kleineren Vorhaben so nicht möglich.

Damit der Abgleich mit den Bankkontoständen tatsächlich funktioniert, müssen noch jene Zahlungsströme erfasst werden, die nicht zur Gemeinde selbst gehören. In jeder größeren Organisation gibt es Zahlungen, die eigentlich nicht zur Organisation gehören. Zahlungen, welche auf Konten der Gemeinde, aber im Namen jemandes anderen getätigt werden. Die Organisation ist nur treuhändisch tätig. Die sogenannte nicht voranschlagswirksame Gebarung[73] steht für solche Zahlungen:

Einzahlungen, die nicht endgültig für die Gebietskörperschaft eingenommen werden, sondern an Dritte weiterzuleiten sind (Verwahrgelder), und Auszahlungen, die nicht in Erfüllung von Aufgaben der Gebietskörperschaft, sondern für Rechnung eines Dritten vollzogen werden (Vorschussgelder). Eine andere Bezeichnung für nicht wirksame Gebarungsvorgänge ist „Durchlaufposten". In der entsprechenden Beilage zum Rechnungsabschluss sind solche Konten (Sammelkonten) vollständig anzuführen.

Sämtliche im Rahmen der Gemeinde durchgeführten Zahlungsvorgänge werden aufgeteilt in:

Wirksame Gebarung:

Tatsächliche Einzahlung/Auszahlung

Nicht wirksame Gebarung:

Unechte Einzahlung/Auszahlung (z.B. Treuhandgelder)

Verwahrgelder sind z.B.: Steuern, die für andere eingenommen werden, z.B. Mehrwertsteuern. Jedoch keine Bedarfszuweisungen, Förderungen oder Investitionszuschüsse.

Vorschüsse sind konkret z.B.: Bareinlagen in Handkassen, Vorsteuern, Finanzamtsguthaben/-vorauszahlungen. Jedoch keine Bezugsvorschüsse für Bedienstete. Diese sind Kredite, die die Gemeinde gibt und als solches Gebarungswirksam. Es darf keine mutwillige Interpretation in Richtung nicht wirksame Gebarung stattfinden. So sind z.B. Landeszuschüsse zu Gemeindeprojekten definitiv keine Aufwandskürzung in Kombination mit nicht wirksamer Gebarung.

---

[73] Bezeichnung der alten VRV: voranschlagsunwirksame Gebarung.

Einzahlungen und Auszahlungen der nicht voranschlagswirksamen Gebarung scheinen nur in der Finanzierungsrechnung des Rechnungsabschlusses auf. Sie werden zusammen als Saldo SA6 addiert. Der Finanzierungshaushalt des Rechnungsabschlusses schließt somit mit einem Gesamtsaldo SA5 + SA6 = SA7.

3.1.5.3 Vermögenshaushalt (VHH)

Der Vermögenshaushalt (die Vermögensrechnung) ist die Bilanz der Gemeinde. In ihm werden alle Substanzwerte erfasst. Konkret regelt das Aussehen einer Vermögensrechnung die Anlage 1c der VRV.

Die VRV hält finanztechnisch korrekt fest, dass die „Wirksamkeit", also die reale Verantwortung zu einer Erfassung eines Vermögenswertes verpflichtet.[74] Finanzverantwortung am Haushalt vorbei, beispielweise durch Haftungsübernahmeverträge ohne tatsächlichen Eigentumserwerb, ist im Gegensatz zu früher, nicht mehr gesetzeskonform.

Ein Vermögenshaushalt (Bilanz) besteht aus verschiedenen Elementen. Die Abbildung zeigt dazu passend den Beginn der Anlage 1c der VRV. Die darin enthaltene Tabelle regelt alle möglichen Elemente einer Vermögensrechnung einer Gemeinde.

Spalte 1 bezeichnet die Gliederungsebene. Ebene 0 ist die oberste Ebene. Dies wird erkennbar durch:

- eine Positionsbezeichnung in der Spalte 2, beinhaltend nur einem Großbuchstaben,
- einen Nummerncode in der Spalte 4, bestehend aus nur 2 Ziffern.

Darunter angeführte Gliederungselemente der Ebene 1, z.B. „A.II. Sachanlagen", sind Teilmengen zur jeweils zugehörigen Ebene 0, in diesem Beispiel „A langfristiges

---

[74] (VRV 2015, 2021), § 19. (1) Vermögenswerte sind dann in der Vermögensrechnung zu erfassen, wenn die Gebietskörperschaft zumindest wirtschaftliches Eigentum daran erworben hat. (2) Wirtschaftliches Eigentum liegt unabhängig von einer zivilrechtlichen Eigentümerschaft vor, wenn die Gebietskörperschaft wirtschaftlich, wie ein Eigentümer über eine Sache herrscht, indem sie diese insbesondere besitzt, gebraucht, die Verfügungsmacht über sie innehat und das Risiko ihres Verlustes oder ihrer Zerstörung trägt.

Vermögen. Codes der Ebene 1 enthalten daher immer 3 Ziffern, sowie in der Positionsbezeichnung neben dem Großbuchstaben noch eine römische Ziffer.

Teilmengen der Ebene 1 wiederrum sind Elemente des Vermögenshaushaltes in der Ebene 2. Deren Code besteht aus 4 Ziffern, die Position besteht aus „Großbuchstabe – römische Ziffer – arabische Ziffer". „A.II.2 Gebäude und Bauten" ist daher eine Teilmenge von „A.II. Sachanlagen".

Anlage 1c – Vermögenshaushalt

(1) Ebene	(2) Position	(3) AKTIVA	(4) Code
0	A	Langfristiges Vermögen	10
1	A.I	Immaterielle Vermögenswerte	101
2	A.I.1	Immaterielle Vermögenswerte	1010
1	A.II	Sachanlagen	102
2	A.II.1	Grundstücke, Grundstückseinrichtungen und Infrastruktur	1021
2	A.II.2	Gebäude und Bauten	1022
2	A.II.3	Wasser- und Abwasserbauten und -anlagen	1023

Abbildung 19: Ausschnitt Codes des Vermögenshaushaltes, Anlage 1c der VRV

Die Abbildung zeigt die wichtigsten Gliederungselemente eines vollständigen Vermögenshaushaltes. Die linke Ziffer 0, 1 oder 2 gibt die Ebene wie vor beschrieben an. In der Gliederungsebene 0, dargestellt durch einen Großbuchstaben gibt es insgesamt, auf der Aktivseite:

A langfristiges Vermögen (Grundstücke, Gebäude, langfristige Forderungen)

B kurzfristiges Vermögen (kurzfristige Forderungen, Vorräte, Geld)

Auf der Passivseite findet sich:

C Nettovermögen (Eigenkapital, selbst erwirtschaftet)

D Investitionszuschüsse (Eigenkapital, durch Zuschussgeber geschenkt)

E langfristige Fremdmittel (Schulden)

F kurzfristige Fremdmittel (unbezahlte Rechnungen, überzogene Girokonten)

Anhand der Aufteilung der Forderungen in langfristig und kurzfristig fällt sofort auf, dass die öffentlich-rechtliche Bilanzgliederung in langfristiges und kurzfristiges Vermögen fast, aber eben nicht ganz übereinstimmt mit der privatrechtlichen Gliederung in Anlage- und Umlaufvermögen. Forderungen gehören immer zum Umlaufvermögen, egal ob lang- oder kurzfristig. Gliedert man die Aktivseite jedoch nicht sachlich, sondern zeitlich, müssen die Forderungen aufgeteilt werden.

Eb.		Aktiva
0	A	langfristiges Vermögen
1	A.I.	immaterielle Vermögenswerte
1	A.II.	Sachanlagen
1	A.III.	Aktive Finanzinstrumente
1	A.IV.	Beteiligungen
1	A.V.	langfristige Forderungen
0	B	kurzfristiges Vermögen
1	B.I.	kurzfristige Forderungen
2	B.I.4.	Ford. Nicht voranschlagswirksame Geb
1	B.II.	Vorräte
1	B.III.	Liquide Mittel
2	B.III.2	Zahlungsmittelreserven
1	B.IV.	kurzfristiges Aktive Finanzinstrumente
1	B.V.	Rechnungsabgrenzung Aktiv

Eb.		Passiva
0	C	Nettovermögen (Ausgleichsposten)
1	C.I.	Eröffnungsbilanz
1	C.II.	kumuliertes Nettoergebnis (SA00)
1	C.III.	Rücklagen
0	D	Investitionszuschüsse
0	E	langfristige Fremdmittel
1	E.I.	Finanzschulden
1	E.II.	langfristige Verbindlichkeiten
1	E.III.	langfristige Rückstellungen
0	F	kurzfristige Fremdmittel
1	F.II.	kurzfristige Verbindlichkeiten
2	F.II.4	kurzfr. Vb. nicht voranschlagsw. Geb.
1	F.III.	kurzfristige Rückstellungen
1	F.IV	Rechnungsabgrenzung Passiv

Summe = Summe

Abbildung 20: Wesentliche Teile der Vermögensrechnung nach §18 VRV

Es gibt noch zahlreiche weitere mögliche Haushaltspositionen, nur die Wichtigsten sind in dieser Übersicht angeführt. Selbstverständlich gilt auch in diesem Schema die unverrückbare Grundregel: die Summe der Aktiva muss gleich groß sein wie die Summe der Passiva. Es gilt im Vermögenshaushalt die Gleichung A + B = C+ D + E + F.

3.1.5.4 Zusammenspiel der Elemente

Zur Darstellung aller Veränderungen der statischen Komponente Vermögenshaushalt dienen die dynamischen Komponenten Finanzierungs- und Ergebnishaushalt (Finanzierungs- und Ergebnisrechnung), sowie ein weiteres, zumindest überwiegend dynamisches Element: der Anlagenspiegel. Zur offiziellen Bezeichnung „3-Komponentenhaushalt“ kommt es, weil der Anlagenspiegel als Teil des Vermögenshaushaltes angesehen wird - keine ganz falsche Sichtweise aufgrund der darin enthaltenen Bestandswerte.

Sollen alle Zusammenhänge übersichtlich dargestellt werden, muss der 3-Komponentenhaushalt in zumindest 4 Elemente geteilt werden. Ein statisches Element in der Mitte: der Vermögenshaushalt. Dieser erfasst die sogenannten „Bestandsgrößen“. Um diesen

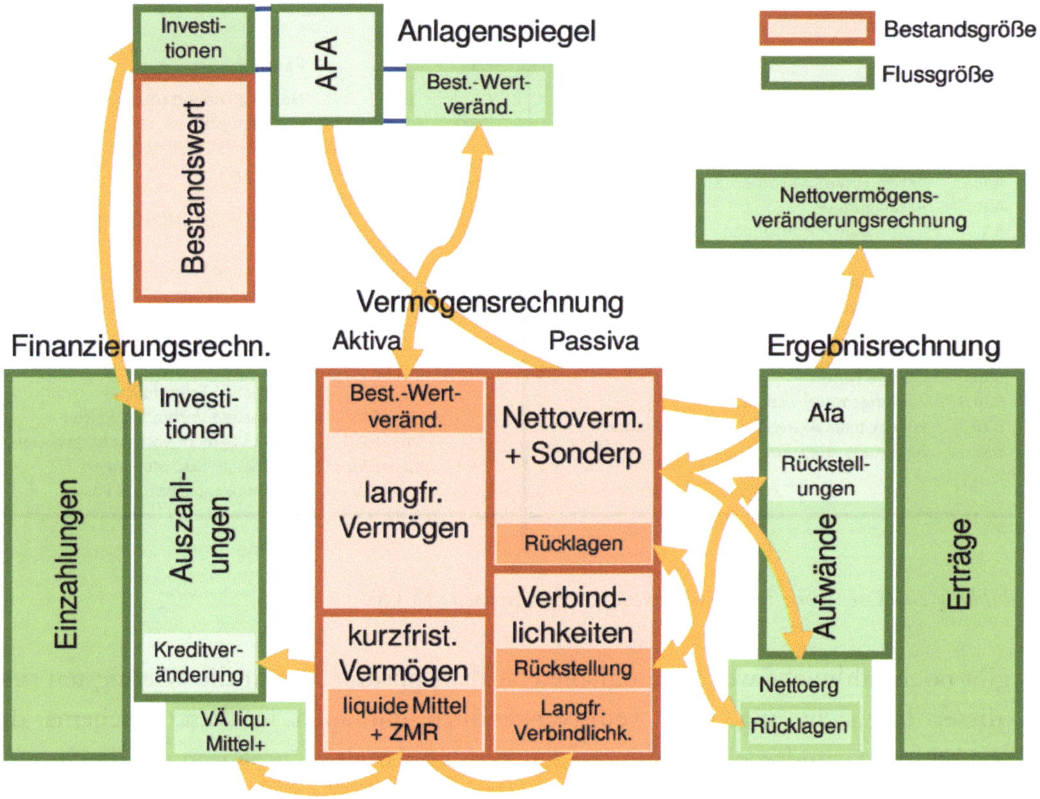

Abbildung 21: Die Elemente des 3 Komponentenhaushaltes

gruppiert: die Ergebnisrechnung, die Finanzierungsrechnung und der Anlagenspiegel. Diese erfassen die sogenannten „Strömungsgrößen“ oder „Flussgrößen“. Die Abbildung zeigt, welche der Strömungsgrößen auf der einen Seite Bestandsgrößen des statischen Vermögenshaushaltes auf der anderen Seite verändern.

Damit nicht genug. Gemeinden mit rechtlich ausgegliederten Unternehmen besitzen mit der Nettovermögensveränderungsrechnung noch ein weiteres Strömungsgrößenelement. Mit diesem werden die von außen herbeigeführten Veränderungen des Nettovermögens dargestellt. In Summe kann der Haushalt aus bis zu 5 Elementen bestehen.

3.1.5.4.1 Veränderung durch den Ergebnishaushalt

Das Ergebnis des Ergebnishaushaltes EHH[SA0] verändert das Nettovermögen im Vermögenshaushalt. Rein rechnerisch passiert allerdings etwas anderes: in die Position C.II. des Vermögenshaushaltes wird der EHH[SA00] überführt, während die Bewegungen in den Haushaltsrücklagen (Differenz zwischen EHH[SA0] und EHH[SA00]) vorzeichenverkehrt Position C.III. des Vermögenshaushaltes wieder zurück verändern. Das kumulierte Nettoergebnis der Vermögensrechnung hat somit keinen realen Aussagewert.

Egal wie viel an Haushaltsrücklagenbewegungen im Ergebnishaushalt vorgenommen wird, am Gesamtstand des Nettovermögens VHH[C] ändert sich damit natürlich nichts. Auch die so wichtige Verhältniszahl zwischen Eigen- und Fremdkapital kann durch Haushaltsrücklagen nicht verändert werden. Rücklagenbewegungen im Ergebnishaushalt sagen nichts über die wirtschaftliche Situation der Gemeinde an sich aus, oder darüber, ob die Gemeinde gut oder schlecht dasteht.

Rückstellungen sind nicht finanzierungswirksamer Sachaufwand, welcher zu Fremdkapital wird. Damit sind Rückstellungen die einzigen Zahlen des Ergebnishaushaltes, welche nicht zu einer Gesamtsubstanzveränderung führen. Sie sind Bilanzneutral. Noch. Denn die darin abgebildeten Risikoereignisse werden mit über wiegender Wahrscheinlichkeit eintreten, weshalb die dazugehörenden Beträge ins Fremdkapital als Verbindlichkeiten gegenüber Dritten überführt werden.

3.1.5.4.2 Veränderung durch den Finanzierungshaushalt

Das Ergebnis des Finanzierungshaushaltes FHH[SA7] verändert die liquiden Mittel.[75] Die Differenz des im Vermögenshaushalt bzw. in der Kassenbestandsrechnung ausgewiesenen

[75] (VRV 2015, 2021) §17(4): „[…] ergibt sich die Veränderung an liquiden Mitteln (Saldo 7). Der Anfangsbestand, die Veränderung und der Endbestand an liquiden Mitteln in der Finanzierungsrechnung haben jenen in der Vermögensrechnung zu entsprechen."

Zahlungsmittelbestandes am Jahresanfang einerseits und dem Jahresende andererseits muss exakt dem FHH[SA7] entsprechen. Diese recht einfach nachvollziehbare Rechnung ist der Eröffnungsschritt jeder Rechnungsabschlussprüfung im Prüfungsausschuss.

Der Saldo der Finanzierungstätigkeit FHH[SA4] verändert den langfristigen Schuldenstand. Dieser Betrag muss ident sein mit der Veränderung des Schuldenstandes in den Beilagen.

Bargeldbestände Jahresanfang in €
+
FHH[SA7]
=
Bargeldbestände Jahresende in €

Die am Ende des Finanzierungshaushaltes nach dem FHH[SA7] ausgewiesenen Zahlungsmittelreserven sind ein Teilbetrag der liquiden Mittel. Nur hier an dieser Stelle ist erkennbar, dass diese in Summe größer werden können als die liquiden Mittel selbst. Dies geschieht, wenn die Gemeinde mit sogenannten „inneren Darlehen" arbeitet. Die VRV[76] regelt sehr klar, dass Zahlungsmittelreserven Teil des Geldguthabens sind. Innere Darlehen sind dem Grunde nach nicht zulässig. Die Praxis ist aber schon deswegen eine andere, weil auch Landesbehörden diese Vorgangsweise empfehlen und sogar dazu passende Buchungsrichtlinien auflegen.

3.1.5.4.3 Veränderung durch den Anlagenspiegel

Der Anlagenspiegel mit seinen darin enthaltenen Stromgrößen „Investitionen" und „Abschreibungen" ist zum besseren Verständnis das dritte dynamische Haushaltselement. Auch wenn er mit der statischen Größe „Bestandswert" eigentlich ein Zwitter ist und vom Gesetzgeber als Teil des Vermögenshaushaltes und somit statisch angesehen wird. Ein Anlagenspiegel, auch Anlagenverzeichnis genannt, beinhaltet:

- ursprüngliches Kauf- oder Errichtungsdatum und Anschaffungswert,
- die Summe aller Abschreibungen der Vorjahre,
- Die Differenz ergibt den Wert zu Beginn (1.1.) des Betrachtungsjahres,
- Bestandsveränderungen (Investitionen, wertbeständige Instandsetzungen),
- Zeitliche Abschreibungen des Betrachtungsjahres,

[76] (VRV 2015, 2021), §20

- als Differenz vom 1.1. aus gerechnet den Zeitwert per Jahresende.

Für jede Anlage (Gebäude, Fahrzeug) findet sich im Anlagenspiegel eine Zeile. Die Zahlenwerte von links nach rechts geben die zeitmäßige Wertentwicklung gem. der vorangeführten Liste wieder.

Nr.	Name:	Anfangsdat.:	Jahre:	Ansch.wert:	Abschr. Vorj.:	Bestw. 1.1:	Vermögensgebarung:	Abschrbg:	Restw. 31.12:
100	Musteranlage 1	01.01.2019	5	9 915,85	-1 000,00	8 915,85	750,81	-1 000,00	8 666,66
101	Musteranlage 2	01.01.2020	5	0,00	0,00	0,00	1 275,00	- 275,00	1 000,00
Buchwert Anlagevermögen per 31.12.2020				9 915,85	-1 000,00	8 915,85	2 025,81	-1 275,00	9 666,66

Abbildung 22: Muster eines allgemeinen Anlagenspiegels

Der Bestandswert zu Beginn des Haushaltsjahres (Bestw. 1.1.) zuzüglich der wertbeständigen Investitionen (Vermögensgebarung) und abzüglich der Abschreibungen des Haushaltsjahres (Abschrbg) ergibt den Wert der Anlage zum Jahresende (Restw. 31.12.). Anlagegüter, die älter sind als ihre buchmäßige Lebensdauer, werden mit dem so genannten Erinnerungswert im Bestandsverzeichnis weitergeführt. Für Gemeinden gilt, dass der Erinnerungswert gleich Null sein muss. AfA gibt es dann keine mehr.

3.1.5.4.4 Veränderung durch die Nettovermögensveränderungsrechnung

Nur in Gemeinden mit ausgegliederten Unternehmen liefert dieses 5. Haushaltselement zusätzliche Veränderungen. Wie der Anlagenspiegel ist es ein „Zwitter“ mit Bestands- und Stromgrößen. Die Nettovermögensveränderungsrechnung stellt Änderungen der Beteiligungswerte durch operative oder fremdwährungskursbedingte Gewinne oder Verluste dar. Diese verändern in Folge tatsächlich auch das Nettovermögen der „Muttergesellschaft Gemeinde“ in Form der Neubewertungs- und Fremdwährungsumrechnungsrücklagen. Diese beiden Rücklagen haben also als einzige einen tatsächlichen Aussagewert dahingehend, dass sich tatsächlich „etwas verbessert oder verschlechtert“ hat.

Die beiden genannten Formen von Nettovermögensveränderung fließen auf der Aktivseite in die bestehenden Beteiligungswerte ein, auf der Passivseite in die genannten Rücklagen als Unterposition C.IV. und C.V. des Nettovermögens.

3.2 Aufbau und Inhalt des Gemeindehaushaltes

Jeder Gemeindehaushalt beginnt mit Vorberichten und Haushaltszusammenstellungen.

Diese machen in Summe rund ein Drittel des Umfanges des gesamten Zahlenwerkes aus. Die VRV gibt diesem Bereich keinen Namen, dessen Zusammensetzung ergibt sich aus der Formulierung „[Bericht, Liste etc] … ist dem Voranschlag/Rechnungsabschluss voranzustellen". Wir vergeben daher für diesen Bereich frei den Namen „Zusammenstellungen".

Der anschließend folgende zweite Teil trägt die Bezeichnung „Detailnachweis". Er ist das eigentliche Hauptwerk des Haushaltes, dessen Kern. Der Detailnachweis umfasst im Schnitt ebenfalls rund ein Drittel des Zahlenwerkes.

Nach dem Detailnachweis folgen zahlreiche Beilagen, deren Aussehen jeweils auch in einer Beilage der VRV in Form und Inhalt vorgegeben ist. Die Beilagen stellen hinsichtlich ihres Umfanges in etwa das letzte Drittel des Gesamtwerkes dar.

Nur der Detailnachweis ist österreichweit in jeder Gemeinde gleich. Sowohl Zusammenstellungen und Beilagen sind werden mittels Landesgesetze und -verordnungen ergänzt und verändert.

3.2.1 Übersicht Gemeindehaushalt

3.2.1.1 Bundesweit einheitlich

	Voranschlag	**Rechnungsabschluss**
Dem Haushalt voranstellen (Zusammenstellungen):		
Zusammenstellende Ergebnis- & Finanzierungsrechnungen	ja	ja
Voranschlagsvergleichsrechnung (in der Praxis in den Zusammenstellungsrechnungen enthalten)	n.rel.	ja
Vermögensrechnung, Ergebnis- & Finanzierungsrechnung Gesamt ohne interne Vergütungen	nein	ja
Querschnitt + Finanzierungssaldo gemäß ÖStP (Anlage 5b)	ja	Beilage
Detailnachweis	ja	ja

Dem Haushalt beizulegen (Beilagen):		
Nettovermögensveränderungsrechnung (Anlage 1d)	nein	ja
Querschnitt + Finanzierungssaldo gemäß ÖStP (Anlage 5b)	vorangestellt	Ja
Nachweis über Transferzahlungen von Trägern und an Träger des öffentlichen Rechts, die zumindest nach Teilsektoren des Staates aufzugliedern sind (VRV-Anlage 6a)	ja	ja
Nachweis über Zuführungen an und Entnahmen von Zahlungsmittelreserven und Haushaltsrücklagen (Anlage 6b),	ja	ja
Nachweis über den Stand der Finanzschulden sowie über den Schuldendienst (VRV-Anlage 6c)	ja	ja
Nachweis über den Stand der Finanzschulden sowie über den Schuldendienst (VRV-Anlage 6d)	nein	ja
Anlage 6e	Nur für Länderhaushalte	
Nachweis über haushaltsinterne Vergütungen (Anlage 6f)	ja	ja
Anlagenspiegel (Anlage 6g) und Liste der nicht bewerteten Kulturgüter (Anlage 6h)	nein	ja
Leasingspiegel (Anlage 6i)	nein	ja
Beteiligungsspiegel (Anlagen 6j und 6k)	nein	ja
Nachweis über verwaltete Einrichtungen (Anlage 6l)	nein	ja
Nachweise über aktive Finanzinstrumente (Anlagen 6m und 6n)	nein	ja
Nachweis über derivative Finanzinstrumente ohne Grundgeschäft (Anlage 6o)	nein	ja

Einzelnachweis über Risiken von Finanzinstrumenten (Anlage 6p)	nein	ja
Rückstellungsspiegel (Anlage 6q)	nein	ja
Haftungsnachweise (Anlage 6r)	nein	ja
Ruhe- und Versorgungsgenussempfänger (Anlage 6s)	nein	ja
Einzelnachweis über die nicht voranschlagswirksame Gebarung (Anlage 6t)	nein	ja
Personaldaten laut letztgültigem österreichischen Stabilitätspakt (Anlage 4)	nein	ja
Wirtschaftspläne ohne Beilagen sämtlicher Gemeindebetriebe	ja	ja

3.2.1.2 In jedem Bundesland anders

Für die einzelnen Bundesländer gibt es darüber hinaus noch weiter Haushaltsbestandteile, diese sind am Ende des Buches in der Tabelle „Sonstige Zusätze für VA und RA“ auf Seite 236 angeführt. In fast allen Ländern ist den Gemeinden im Rechnungsabschluss eine Kassenbestandsrechnung (Aufstellung liquide Mittel) vorgeschrieben.

3.2.1.3 Veraltet und nicht mehr existent

Neben zahlreichen neuen und veränderten Elementen hat die neue VRV zwei früher sehr bedeutsame Haushaltselemente ersatzlos abgeschafft: den ordentlichen und den außerordentlichen Haushalt. Ein kurzer Ausflug in die Geschichte:

Die alte VRV legte fest, dass Einnahmen und Ausgaben[77] dann als außerordentlich zu behandeln sind, wenn sie der Art nach im Haushalt nur vereinzelt vorkommen oder der Höhe nach den normalen Rahmen erheblich überschreiten. Außer-ordentliche Ausgaben sind nur zulässig, wenn sie durch außerordentliche Einnahmen bedeckt werden können (Kredite, Rücklagen, Veräußerungen).

---

[77] Mit den Begriffen „Soll“ und „Ist“ gab es bereits die Unterscheidungsmöglichkeit zwischen VZP2 und VZP3. In der Praxis wurden diese aber meist mit Einzahlungen und Auszahlungen gleichgesetzt.

Obwohl ordentlicher und außerordentlicher Haushalt in der Praxis recht ähnlich dem operativen Haushalt und der Vermögensgebarung des Finanzierungshaushaltes sein kann, handelt es sich nicht um dasselbe. Beide Begriffsgruppen existieren unabhängig voneinander und unterscheiden sich von ihrem Blickwinkel wesentlich. Dass es dennoch viele Überschneidungen gibt, macht es nicht leichter, und manch einen vielleicht auch unwillig, die neuen Begriffe anzunehmen und die alten zu vergessen.

Einnahmen / Einzahlungen	**Ordentlicher HH (oHH) oder Außerordentlicher Haushalt (aoHH)**	**Operativer HH (opH) oder Vermögens-gebarung (VG)**
Steuern, Ertragsanteile, Gebühren, Leistungserlöse	oHH	opH
Kreditaufnahmen, Veräußerungserlöse	aoHH	VG
Ausgaben / Auszahlungen		
Laufende, wiederkehrende und im normalen Rahmen befindliche Ausgaben inkl. Zinsen für Finanzschulden	oHH	opH, bei GWG aber evtl. auch VG
Schuldendienst (Tilgungen)	oHH	VG
Vereinzelte oder den normalen Rahmen übersteigende, oder nicht wiederkehrende Ausgaben	aoHH	VG bei Investitionen, sonst opH
Investitionen	aoHH	VG

Die Tabelle zeigt deutlich, dass die Gleichung operativer gleich ordentlicher Haushalt und Vermögensgebarung gleich außerordentlicher Haushalt nicht stimmt. Die alten Begriffe oHH / aoHH definieren sich rein über die Höhe und Frequenz einer Geldzahlung. Ein und dieselbe Anschaffung kann mal ordentlich, mal außerordentlich sein. Ob es sich um eine Investition, also Substanzwertaufbau, oder den Verkauf von Vermögen (Substanzwertabbau) handelte, war dem Grunde nach vollkommen unerheblich.

Die früher umfassend gebrauchte öffentliche Erzählung: „ein hoher aoHH bedeutet viel Substanzaufbau, dies bedeutet einen gesunden Haushalt" hatte zwar eine mögliche Ähnlichkeit mit der Realität, ist als Definition aber schlichtweg falsch. Die Möglichkeit, dass es auch völlig anders ist, war immer gegeben. Diese Begriffe ersatzlos zu streichen und in den wohlverdienten Ruhestand zu schicken, gehört zu den großen Fortschritten der neuen VRV.

3.2.1.4 Zu modern, um Gesetz zu werden

Die mit der VRV 2015 auf derzeitigem Stand abgeschlossene Reform der Gemeindehaushalte wurde ab 2010 sehr ambitioniert angegangen. Vieles davon musste in den Mühlen politischer Kompromisse wieder fallen gelassen werden. Wäre die VRV in von ExpertInnen vorgeschlagener Form in Kraft getreten, gäbe es zusätzliche Klarheit in folgenden Dingen, die tatsächlich in der praktischen Umsetzung vor dem Gesetz weiterhin ungeregelt sind:

- Die Wirkungsorientierung[78] inklusive der Gleichstellung der Geschlechter als Haushaltsgrundsatz und Wirkungsziel (wurde weder in der VRV, noch wie ersatzweise angekündigt, auf Länderebene eingeführt),
- Bundeseinheitliche mittelfristige Haushaltspläne. Vorgeschlagen war, diese im Aussehen gemäß dem Querschnitt zu gestalten, womit eine ausdrückliche Kopplung an den österreichischen Stabilitätspakt gegeben wäre,
- Gesamtübersichten auf MVAG-Ebene 2,
- Kennzahlen zur Wirkungsorientierung,
- Gültigkeit der VRV für beherrschte Rechtspersonen, wo dies nicht anderen Gesetzen widerspricht,
- Subsidiäre Einbeziehung weiterer Standards für ungeregelt bleibende Fragen.

„Auch die verfassungsrechtliche Vorgabe für Länder und Gemeinden - die Sicherstellung des gesamtwirtschaftlichen Gleichgewichtes und das Anstreben nachhaltig geordneter

[78] (Pfau & Matzinger, 04/2018), Seite 8: „Wirkungsorientierung bedeutet, dass die mit den eingesetzten Mitteln angestrebten oder erzielten Wirkungen und Leistungen in die Budgeterstellung und in die gesamte Haushaltsführung zu integrieren sind."

Haushalte - wurde nicht in der VRV 2015 verankert."[79]

Die Kumulierungspflicht (zusammenfassende Haushalte mit ausgegliederten Einheiten ähnlich einer Konzernbilanz) und ein österreichweit einheitliches Spekulationsverbot standen nicht einmal zur Diskussion.

Wer jetzt einwendet, dass die VA und RA bereits jetzt schon umfangreich genug wären, irrt. Die Expertenentwürfe hatten auch vorgesehen, zahlreiche Beilagen des alten Haushaltsrechts entfallen zu lassen. Der Haushalt wäre insgesamt schlanker geworden als es nun in der Praxis sein muss. So wäre das Rücklagenwesen auf die Nettovermögensveränderungsrechnung (nur Neubewertungs- oder Fremdwährungsumrechnungsrücklagen, aber keine allgemeine Haushaltsrücklagen) beschränkt geblieben und würde nicht so wie nun tatsächlich, im Ergebnishaushalt Zahlen ohne reale Bedeutung verändern.

Die wohl spannendste der vom Gesetzgeber völlig fallen gelassenen Ideen war dabei zweifelsfrei die Wirkungsorientierung, inklusive dem in der Verfassung vorgeschriebenem Wirkungsziel der Gleichstellung der Geschlechter. Gemeinden wären damit verpflichtet, nicht nur richtige Zahlen zu liefern, sondern daraus nachvollziehbare Ergebnisse. Dazu waren u.a. vorgeschlagen:

„Die Wirkungsziele haben sowohl die Prioritäten der Gebietskörperschaft als auch die Kernaufgaben kurz- bis mittelfristig abzudecken [...] Bei jeder Maßnahme ist anzuführen, zu welchem Wirkungsziel oder zu welchen Wirkungszielen der übergeordneten Ebene diese einen Beitrag leistet. [...] Für jedes Wirkungsziel und jede Maßnahme sind eine bis höchstens fünf Kennzahlen oder ein bis höchstens fünf Meilensteine festzulegen, sodass ex post der tatsächliche Erfolg festgestellt werden kann."[80]

Rein formal wäre lediglich eine zusätzliche Tabelle pro Bereichs- und Globalbudget zu erstellen gewesen – diese Tabellen hätten die bestmögliche Form dessen dargestellt, was nun auf Länderebene höchst unterschiedlich und seitens der Gemeinden selten in aus Managementsicht brauchbarer Qualität als „Vorberichte" zur Verfügung gestellt wird.

---

[79] (Auer/Bogensberger/Holzapfel/Hörmann/Pfau/Pircher/Schleritzko, 2019), Seite 8

[80] (Saliterer & Meszarits, 2013), Seite 5

Ein ebenfalls herber Verlust aus fachlicher Sicht ist der Entfall der subsidiären Einbeziehung weiterer Standards für ungeregelt bleibende Fragen. Der Entwurfstext für die VRV lautete: „Kann ein Sachverhalt aufgrund dieser Verordnung nicht vollständig geklärt werden, sind die einschlägigen Bestimmungen für den Bund, und subsidiär die International Public Sector Accounting Standards [*IPSAS, Anm.*] in der jeweils gültigen Fassung sinngemäß anzuwenden."[81]

Die Bedeutung dieser Normierung ist wesentlich: die VRV kann nicht alle Fragen der Finanzverwaltung einer komplexen Organisation klären. Auch nachgeordnete Landesgesetze und Verordnungen können dies nicht, jedenfalls nicht innerhalb angemessener Zeiträume. Es bleibt immer noch erheblicher Spielraum, weil das „Proven Design" fehlt: es gibt weder praktisch etablierte Muster noch gerichtliche Präzedenzentscheidungen, wenn eine Rechtsmaterie neugestaltet wird. Mit einer Referenz auf die wesentlich höher entwickelten Standards, vielleicht sogar jene der sogenannten „ordentlichen Geschäftsführung" der Privatwirtschaft wären hunderte Details konkret geregelt gewesen, die so gut wie jedem Wirtschaftsprüfer in Fleisch und Blut liegen. Damit wäre auch der praktische Wissenstransfer und die Hebung der Sorgfaltsstandards deutlich schneller von Statten gegangen und jede Menge weiter bestehender Willkürspielraum ausgeschlossen.

Die Angst, dass internationale Normen die speziellen Anforderungen an österreichische öffentlich-rechtliche Organisationen aushebeln, wäre in diesem Zusammenhang ebenfalls unbegründet. Das Wort „Subsidiär" sagt sehr klar, dass die Regeln der IPSAS nur zur Anwendung kämen, wenn sonst nichts mehr da ist. Jede Regel der VRV oder der einschlägigen Bestimmungen des Bundes und der Länder hätte Vorrang.

Die Umstellung „im Kopf" mit all diesen Ideen wäre zweifelsfrei noch deutlich größer gewesen, für die „Denkweise des alten Wirtschaftens" wäre in der Tat nicht mehr viel Platz geblieben. In Anbetracht des Realzustandes des Finanzmanagements in österreichischen Gemeinden ist tatsächlich fraglich, ob noch radikalere Änderungen der Vorschriftenlage faktisch überhaupt umsetzbar gewesen wären. Ein nur kurzer Blick nach Deutschland und der Schweiz zeigt dabei schon, dass vieles von dem möglich ist, was in Österreich wieder fallen gelassen wurde. Auch in diesen beiden Nachbarstaaten sind GemeinderätInnen

---

[81] (Saliterer & Meszarits, 2013), Seite 1

weitestgehend ehrenamtlich, und dennoch in der Lage, mit wirkungsorientierter Haushaltsführung oder internationalen Standards zu arbeiten. In Schweizer Kantonen schon seit bis zu 25 Jahren!

Es darf also mit Spannung erwartet werden, wann Österreich hier den nächsten Schritt zur weiteren Professionalisierung wagt.

3.2.2 Zusammenstellungen

3.2.2.1 Vorbericht

In einigen Bundesländern ist es mittels Landesverordnung verpflichtend, einen Vorbericht zu erstellen.[82] Was diese Berichte beinhalten müssen, ist dabei höchst unterschiedlich geregelt. Auch die Namensgebung (Vorbericht, Lagebericht, Strategiebericht) weicht stark ab. Unbenommen dessen ist es mehr als zeitgemäß, aus eigenem Interesse, ohne gesetzlichen Zwang, Bericht zu erstatten, Erläuterungen abzugeben und Zusammenhänge zu erklären, die rein aus Zahlen nicht erkennbar sind. Kein reines Zahlenwerk der Welt ist in der Lage, alle wesentlichen Fragen aus sich heraus zu beantworten.

Die Praxis mancher Gemeinden, in den Vorbericht Tabellenkopien (Screenshots) des Haushaltes zu kopieren, jedes Jahr idente Textblöcke aus Schulungsunterlagen zur VRV einzufügen oder im Beschreibungstext bloß Überschriften zu wiederholen, entspricht nicht dem Sinn eines Vorberichtes. Aufgabe eines Vorberichtes ist es, zusätzlich Sachverhalte und neue Information, welche nicht aus Zahlen herauslesbar sind, bekannt zu geben. Dazu gehört insbesondere die Beschreibung:

- der dem Haushalt zu Grunde liegende Finanzstrategie,
- der beabsichtigten Wirkungen der dargestellten Mittelveränderungen (z.B. was wird gebaut, was wird erst später gemacht, warum entwickelt sich der operative Haushalt so wie es gemäß Zahlenwerk geschieht),
- bedingender Zusammenhänge zwischen den Haushaltsstellen (z.B. Projekte, die erst starten können, wenn eine Förderung geflossen ist),
- formaler Zusammenhänge (z.B. Förderzusagen schon mündlich vorhanden, oder

[82] Siehe „Berichte für VA und RA", Seite 234

Förderantrag noch gar nicht gestellt).

Ein guter, sachlich auf das Relevante und Wichtige beschränkter Vorbericht wird selbst in größeren Gemeinden nicht mehr als 5 bis 10 Seiten umfassen.

3.2.2.2 Zusammenstellungen Ergebnis- und Finanzierungshaushalt

Sowohl Ergebnis- wie auch Finanzierungshaushalt werden auf folgende Arten zusammengefasst dargestellt:

- Die gesamte Gemeinde auf der MVAG-Ebene 1,
- Für jede der zehn Gruppen des Ansatzverzeichnisses auf der MVAG-Ebene 2.

Rechnungsabschluss **Ergebnishaushalt Gesamt 1. Ebene (Anlage 1a)**

Stadtgemeinde

MVAG	Mittelverwendungs- und aufbringungsgruppen (1. Ebene)	RA 2020	VA 2020	RA - VA
211	Erträge aus der operativen Verwaltungstätigkeit	20 370 820,82	21 134 700,00	-763 879,18
212	Erträge aus Transfers	6 228 590,29	4 532 700,00	1 695 890,29
213	Finanzerträge	22 656,24	16 700,00	5 956,24
21	**Summe Erträge**	**26 622 067,35**	**25 684 100,00**	**937 967,35**
221	Personalaufwand	9 096 624,70	8 941 500,00	155 124,70
222	Sachaufwand (ohne Transferaufwand)	9 382 492,31	10 131 300,00	-748 807,69
223	Transferaufwand (laufende Transfers und Kapitaltransfers)	9 942 363,40	10 789 600,00	-847 236,60
224	Finanzaufwand	271 117,93	217 700,00	53 417,93
22	**Summe Aufwendungen**	**28 692 598,34**	**30 080 100,00**	**-1 387 501,66**
SA0	**Saldo (0) Nettoergebnis (21 - 22)**	**-2 070 530,99**	**-4 396 000,00**	**2 325 469,01**
230	Entnahmen von Haushaltsrücklagen	785 009,70	2 138 100,00	-1 353 090,30
240	Zuweisung an Haushaltsrücklagen	372 589,24	3 491 800,00	-3 119 210,76
23	**Summe Haushaltsrücklagen**	**412 420,46**	**-1 353 700,00**	**1 766 120,46**
SA00	**Nettoergebnis nach Zuweisung und Entnahmen von Haushaltsrücklagen (Saldo 0 +/- SU23)**	**-1 658 110,53**	**-5 749 700,00**	**4 091 589,47**

Abbildung 23: Faksimile Ergebnishaushalt eines RA, MVAG-Ebene 1

Die Gesamtzusammenstellungen der ersten Ebene sind die kürzesten und für einen ersten Eindruck am besten geeignet. Im Fall des Ergebnishaushaltes finden sie, wie in der Abbildung[83] ersichtlich, auf einer einzigen Seite Platz, egal wie groß die Gemeinde ist. Auch der naturgemäß längere Finanzierungshaushalt kommt auf der ersten Ebene mit drei Seiten klar.

In allen Zusammenstellungen finden sich drei Zahlenspalten, um den Anforderungen der

[83] Mit dieser Zusammenstellung kann, wenn gewünscht, auch ein Finanzergebnis EHH[213] minus EHH[224] gerechnet werden, der Rest wäre dann das Ergebnis der gewöhnlichen Geschäftstätigkeit.

sogenannten Voranschlagsvergleichsrechnung zu genügen. Im Rechnungsabschluss sind dies (v.l.n.r.):

- Wert des Rechnungsabschlusses,
- Wert des Voranschlages,
- Abweichung vom Voranschlag.

Im Voranschlag sind dies zum Zeitpunkt der Voranschlagserstellung (v.l.n.r.) der:

- Voranschlag des kommenden Jahres,
- Voranschlag des derzeitigen Jahres,
- Rechnungsabschluss des Vorjahres.

Die nachfolgenden Zusammenstellungen sind gemäß VRV die sogenannten „Bereichshaushalte". Diese stellen nicht mehr die gesamte Gemeinde dar, sondern nur einen bestimmten Teilbereich der Gemeinde. Die VRV schreibt vor, dass es zumindest zehn Bereiche in jedem Haushalt geben muss, identisch mit den zehn Gruppen des Ansatzverzeichnisses. Dies wird in praktisch allen Gemeinden genau so gehandhabt - muss es aber nicht. Es ginge auch mehr, sehr viel mehr sogar.

Ein Bereichshaushalt nach VRV „[...] entspricht einem Politik- bzw. Aufgabenfeld oder einer hoch aggregierten Einheit mit eindeutiger politischer Zuständigkeit. [...] Es sind zumindest die Gruppen (0-9) des Ansatzverzeichnisses (Anlage 2) als einzelne Bereichsbudgets (insgesamt zehn) auszuweisen."[84] Diesen Formulierungen wohnt der eindeutige Spielraum inne, auch mehr als diese zehn Bereiche zu definieren, wobei der praktische Nutzen einer solchen Überlegung einmal dahingestellt bleibt.

Darüber hinaus besteht die Möglichkeit, jeden Bereichshaushalt nach Bedarf „vollständig" in beliebig viele Globalhaushalte zu unterteilen, und jeden Globalhaushalt wiederrum „vollständig" in beliebig viele Detailhaushalte. „Ein Globalbudget betrifft einen sachlich zusammengehörenden Aufgabenbereich" und „die Einrichtung der Detailbudgets hat möglichst organorientiert und nach sachlichen Kriterien zu erfolgen." Das unscheinbare Wort „vollständig" darf dabei nicht übersehen werden: die VRV normiert also, dass alle

[84] (VRV 2015, 2021) §6 für den Voranschlag, diese Gliederung ist gem. §15(3) identisch für den Rechnungsabschluss anzuwenden, weshalb im Text richtigerweise der Begriff „Haushalt" verwendet wird

Detailhaushalte in Summe die Werte des übergeordneten Globalhaushaltes ergeben müssen, und alle Globalhaushalte in Summe die Werte des übergeordneten Bereichshaushaltes.

Eine Zusammenstellung auf der MVAG-Ebene 2 ist nur auf der untersten Ebene dieser Haushaltshierachie verpflichtend. Wird ein Bereichsbudget in Global- und Detailbudgets aufgeteilt, müssen nur die Detailbudgets auf der Ebene 2 dargestellt werden, alle anderen bleiben auf die Ebene 1 beschränkt. Gibt es Globalhaushalte, aber keine Detailhaushalte, sind die Globalhaushalte in der MVAG-Ebene 2 darzustellen. Nur wenn es keine weitere Unterteilung der Haushalte gibt, müssen die zehn Bereichshaushalte auf der Ebene 2 dargestellt werden. Diese Darstellung ist rein rechtlich eigentlich der Ausnahmefall, wird aber praktisch überall so sein: ausschließlich zehn Bereichsbudgets, diese daher auf MVAG-Ebene 2 dargestellt. Nachfolgend zeigt sich auch, warum das so ist.

Insgesamt erkennt man dieser Haushaltsgliederung die ursprüngliche Absicht an, diese, und insbesondere die oberste Ebene - die Bereichshaushalte - nicht nach starren Formalien, sondern nach in jeder Gemeinde konkreter politischer und organisatorischer Verantwortung vorzunehmen. Eine äußerst fortschrittliche Idee, die auch der interessierten Bevölkerung viel Transparenz ohne formalistisches Fachwissen beschert hätte. Durch die starre Fixierung auf die seit 50 Jahren unveränderten, rein formalen Ansatzgruppen auf die Ebene der Bereichshaushalte, wurde die gesamte Idee der wirkungsorientierten Bereichs-, Global und Detailhaushalte faktisch wieder zerstört.[85] Auch wenn es in der VRV weiterhin so geschrieben steht, wird es in den Gemeinden weder Bereichshaushalte nach politischer Zuständigkeit noch Global- oder Detailhaushalte nach sachlich zusammengehörenden Aufgabenbereichen geben können.[86] Dies wäre mit praktischem Nutzen und realistischem Aufwand für die Verwaltung nur dann realisierbar, wenn die zehn Ansatzgruppen nicht mehr verpflichtend Bereichshaushalte sein müssen.

Durch die starre Formalisierung der Bereichshaushalte haben diese darüber hinaus in der Praxis wenig Aussagekraft, und die rein rechtstheoretische Möglichkeit zusätzliche

[85] Der ursprünglichen Idee der Global- und Detailbudgets entsprechend ist eine Bindung der Bereichsbudgets an die Ansatzgruppen beispielsweise im Expertinnen-Vorentwurf (Saliterer & Meszarits, 2013) nicht enthalten.

[86] Die Haushaltsordnung Wien schließt sogar aus, Global- oder Detailhaushalte zu bilden.

Bereiche zu definieren schafft höchstens Redundanzen und Verwaltungsaufwand, aber keine Erhöhung der Effizienz und Transparenz.

In dieser verschachtelten Regelung hinsichtlich „ab wann mit Ebene 2 MVAG" darzustellen ist, liegt noch ein weiterer Nachteil: die gesamte Gemeinde muss in keinem Fall nach MVAG-Ebene 2 dargestellt werden. Will man beispielsweise im Ergebnishaushalt die Afa finden, müsste (näherungsweise) die MVAG 2226 – nicht finanzierungswirksamer Sachaufwand - herangezogen werden. Der vierstellige MVAG-Code deutet schon das Problem an: die Afa gibt es erst in der Ebene 2, verschwindet in der Ebene 1 in dem riesigen Gesamtposten „222 Sachaufwand" und ist daher für die gesamte Gemeinde nur dann ermittelbar, wenn man die Afa-Werte der zehn Bereichshaushalte händisch addiert.[87]

Auch wenn die MVAG 2226 praktisch jene Position im Ergebnishaushalt darstellt, mittels derer die Abschreibungen ablesbar sind, trägt sie den schon erwähnten Namen: „Nicht finanzierungswirksamer Sachaufwand." Sie stellt eben doch etwas mehr dar: neben den Anlagenabschreibungen sind auch Wareneinsätze und außergewöhnliche Wertabschreibungen (Verluste durch Zerstörung o.ä.) darin enthalten. Außerdem werden Rückstellungen über diese MVAG gebildet. Rückstellungen sind also direkte Aufwände, die das Betriebsergebnis schmälern und unterscheiden sich auch in dieser Hinsicht von Haushaltsrücklagen (= Ergebniswidmungen) wesentlich. Rückstellungen sind die große Ausnahme im Ergebnishaushalt: sie verkürzen den Vermögenshaushalt zunächst nicht, denn sie stehen für vorerst nur vermutete, aber noch nicht eingetretene Ausgaben. Deshalb wird buchungstechnisch Nettovermögen an das Fremdkaptal „abgetreten", die Bilanzsumme sinkt dadurch aber nicht. Alle anderen Einnahmen und Ausgaben des Ergebnishaushaltes verlängern oder kürzen den Vermögenshaushalt. Ein direkter Vergleich zwischen der Summe der Abschreibungen im Anlagenspiegel und der Summe aller EHH[2226] wird daher abweichende Zahlen ergeben. Die Summe EHH[2226] kann

[87] Außer es wird landesgesetzlich (z.B. NÖ) eine Gesamtdarstellung auf MVAG Ebene 2 vorgeschrieben. Alternativ findet sich die Afa im Anlageverzeichnis, welches aber wiederum nur im Rechnungsabschluss existiert, nicht im Budget. In manchen Bundesländern werden in den Anlagespiegeln Aktiva und Passiva vermischt. Es ist also gut möglich, in Gemeindehaushalten wider gesetzliche Bestimmung überhaupt keine Gesamtabschreibung ermitteln zu können.

dabei nur größer sein als die Summer der Afa im Anlagenspiegel, niemals kleiner.

Hier hätte die VRV bereits auf MVAG-Ebene 1 in finanzierungs- und nicht finanzierungswirksame Sachaufwände unterscheiden müssen. Sie bleibt durch diese Unterlassung leider eine wesentliche Klarheit schuldig.

Damit leider noch nicht alles: Aufgrund des Vollständigkeitsprinzips der VRV – und im Rechnungsabschluss als Folge der vorgeschriebenen Voranschlagsvergleichsrechnung – beinhalten alle hier angeführten Haushalte sämtliche haushaltsinterne Vergütungen. Nur im Rechnungsabschluss kommt gem. §15(2) der VRV zusätzlich hinzu: „Die Ergebnis- und Finanzierungsrechnung gem. Abs. 1 Z 1 ist im Gesamthaushalt um die internen Vergütungen zu bereinigen."

Einnahmen / Einzahlungen wie auch Ausgaben / Auszahlungen sind damit in Bezug auf die Gesamtsicht immer zu hoch, lediglich die Ergebnisse (Salden) dürfen sich dadurch nicht verändern. Die Zahlen repräsentieren nicht nur Substanzwerte, die von außen zu- oder nach außen abgeflossen sind, sondern auch jene „Linke-Tasche-rechte-Tasche"-Buchungen, mit denen interne Leistungsaustäusche dargestellt werden[88] - wodurch die Produktivität der Gemeinde aber insgesamt nicht höher geworden ist. Nutzt eine Gemeinde das Instrument der internen Vergütungen sehr intensiv (was im Sinne einer effektiven internen Kostenverantwortung sehr sinnvoll sein kann), können Einnahmen und Ausgaben beträchtlich höher sein wie tatsächlich. Viel besser wäre natürlich, wenn die VRV generell regeln würde, dass interne Transaktionen in den Übersichten nicht enthalten sein dürfen – dort benötigt sie auch niemand. Mit den Haushaltsübersichten wollen wir die Gesamtlage der Gemeinde in Bezug auf die Außenwelt überblicken, nicht deren interne Organisation und daraus entstehender Wertumbuchungen. Und schon gar nicht wollen wir irgendwo beides gleichzeitig betrachten, weil dies nichts miteinander zu tun hat. Die VRV hat also leider nicht verhindert, dass mit den Haushaltszusammenstellungen knallhart Äpfel mit Birnen addiert werden und somit Zahlen ohne eindeutigen Aussagewert entstehen. So lange die meisten Gemeinden das Instrument der internen Vergütungen kaum verwenden, ist dies in der Praxis zwar vernachlässigbar,

---

[88] Auch Abschreibungen von Sonderposten werden durch den Ergebnishaushalt geführt und erhöhen Einnahmen und Ausgaben, ohne tatsächlich eine Wertveränderung darzustellen

sinnvoll ist dieser Zustand aber keineswegs. Denn auch interne Vergütungen machen Sinn, nur eben nicht hier an dieser Stelle.[89]

Bei Entstehung dieser Formalvorschrift ist eindeutig wenig mit Betroffenen aus der Praxis geredet worden und es entsteht zu Recht der Eindruck, mit unwichtigen Details überflutet zu werden, während essenzielle Dinge erst wieder verborgen bleiben. Einige Bundesländer bessern die hier aufgeführten Nachteile auf die eine oder andere Art aus, übersichtlicher wird der Haushalt dadurch aber nicht. Diese Vorschriften können nur weitere Listen hinzufügen, nicht aber Unnötiges der VRV einerseits durch Zweckmäßigeres andererseits ersetzen.

3.2.2.3 *Vermögenshaushalt*

Beim Vermögenshaushalt hat sich erfreulicherweise die Expertensicht weitgehend auch in der Formalvorschrift durchgesetzt. Der Vermögenshaushalt ist tatsächlich eine umfassende Substanzwertaufstellung geworden, mit Aktiva auf der einen Seite und Passiva auf der anderen. Ein paar Besonderheiten sind dennoch zu berücksichtigen:

Aktiva und Passiva stehen niemals nebeneinander, sondern in zwei Tabellen untereinander. Das ist durchaus sinnvoll, da so der Vergleich zwischen Bestandswerten am Jahresanfang, Jahresende und die Differenz davon in drei Zahlenspalten leichter darstellbar ist. Die Abbildung zeigt als Beispiel den oberen Teil der Passivseite, wobei diese auch hier aus Gründen der Übersichtlichkeit ein wenig gekürzt ist.

Alle nicht in dieser Abbildung enthaltenen Positionen des Vermögenshaushalt (Aktivvermögen, Fremdkapital) werden an unterschiedlichen Stellen des Buches ausführlich erklärt. Für die Analyse des Vermögenshaushaltes sind jetzt noch die hier

---

[89] Die vorhin beschriebene Mehrspaltigkeit ergibt sich aus der in der Praxis entstandenen Kombination von Haushaltszusammenstellung und Voranschlagsvergleichsrechnung. Beide Forderungen sind aber im Gesetzestext unabhängig voneinander, es hätten also mit wenigen Ergänzungen auch zwei Tabellen entstehen können: die Haushaltszusammenstellung ohne interne Vergütungen, die Voranschlagsvergleichsrechnung mit den internen Vergütungen. Da es die VRV mit Ausnahme des §15(2) unterließ, Haushaltszusammenstellung ohne interne Vergütungen insbesondere für den Voranschlag zu normieren, konnten die Darstellungen zusammengelegt werden, zu Lasten der Übersicht und Transparenz.

abgebildete Teilbereiche näher zu beleuchten.

Nettovermögen (Ausgleichsposten) plus Sonderposten ergeben das Eigenkapital. Auf die

Rechnungsabschluss **Vermögenshaushalt (Anlage 1c)**

Stadtgemeinde

	PASSIVA	Code	Endbestand 31.12.2019	Endbestand 31.12.2020	Veränderung
C	**Nettovermögen (Ausgleichsposten)**	**12**	**21.905.126,93**	**22.846.240,72**	**941.113,79**
C.I	**Saldo der Eröffnungsbilanz**	**121**	**9.371.833,92**	**9.371.833,92**	**0,00**
C.I.1	Saldo der Eröffnungsbilanz	1210	9.371.833,92	9.371.833,92	0,00
C.II	**Kumuliertes Nettoergebnis**	**122**	**0,00**	**692.911,83**	**692.911,83**
C.II.1	Kumuliertes Nettoergebnis	1220	0,00	692.911,83	692.911,83
C.III	**Haushaltsrücklagen**	**123**	**9.371.833,91**	**9.371.833,91**	**0,00**
C.III.1	Haushaltsrücklagen	1230	9.371.833,91	9.371.833,91	0,00
C.IV	**Neubewertungsrücklagen (Umbewertungskonto)**	**124**	**3.161.459,10**	**3.409.661,06**	**248.201,96**
C.IV.1	Neubewertungsrücklagen (Umbewertungskonto)	1240	3.161.459,10	3.409.661,06	248.201,96
D	**Sonderposten Investitionszuschüsse (Kapitaltransfers)**	**13**	**6.822.107,89**	**8.008.899,04**	**1.186.791,15**
D.I	**Investitionszuschüsse**	**131**	**6.822.107,89**	**8.008.899,04**	**1.186.791,15**

Abbildung 24: Faksimile Vermögenshaushalt Rechnungsabschluss, Passivseite

Wichtigkeit des Eigenkapitals, und dass der Begriff „Ausgleichsposten“ nicht mit „ist nicht wichtig“ gleich zu setzen ist, sei nochmals hingewiesen.

3.2.2.3.1 Nettovermögen

Das Nettovermögen wird in 5 Positionen untergliedert, welche unter der Randziffer C.I. bis C.V. erkennbar sind. Die Abbildung zeigt dies, leicht gekürzt bis inklusive Position C.IV. Die Position Eröffnungsbilanz ist nicht identisch mit dem privatrechtlichen, gleich lautenden Begriff. Die Eröffnungsbilanz zum Jahresanfang einer privatrechtlichen Bilanz wird in der VRV und somit im Gemeindehaushalt mit der Spaltenüberschrift „Endbestand 31.12.[Vorjahr]“ bezeichnet - in der Abbildung also „Endbestand 31.12.2019“. Diese Spalte beinhaltet sämtliche Substanzwerte zum Jahresanfang des entsprechenden Rechnungsabschlussjahres. In der Überschrift den 1.1. des aktuellen Jahres und nicht den 31.12. des Vorjahres hinzuschreiben wäre wohl selbsterklärender. Technisch gesehen ist 31.12., 24 Uhr dennoch identisch mit 1.1., 0 Uhr, und schön langsam sind wir ja schon gewöhnt, dass Gemeindehaushalte formalistisch und nicht immer selbsterklärend ticken.

Der Wert für C.I - Saldo der Eröffnungsbilanz - beinhaltet jene Höhe des Nettovermögens (Eigenkapitals), welches zum Zeitpunkt der Einführung der neuen VRV in der Gemeinde mit der eben so genannten Eröffnungsbilanz ermittelt, und durch gesonderten Gemeinderatsbeschluss bestätigt wurde. Der Wert für C.I markiert also die Eigensubstanz zu Beginn der VRV-Zeitrechnung,[90] wieviel davon von „Anfang an" da war. Der Wert für C.I. bleibt also für alle Zeiten gleich - so lange die VRV in dieser Form eben gilt. Dieser Wert entspricht in etwa dem privatrechtlichen Begriff des „Nennkapitals".[91]

Die Veränderung des Nettovermögens durch den Ergebnishaushalt läuft dagegen in der Zeile C.II. kumuliertes Nettoergebnis auf. Kumuliert, weil eben alle Jahre seit Einführung der VRV hier addiert werden. Die Zeile C.II. zeigt also über die Gesamtdauer der buchhalterischen Zeitrechnung an, was die Gemeinde aus sich selbst gemacht hat, wobei natürlich Ergebnisaufbesserungen durch Rücklagenbuchungen hier mit enthalten sind: C.II. ist die Summe der EHH[SA00] aller VRV-Neu-Jahre. Das reine Nettoergebnis EHH[SA0] des aktuellen Rechnungsabschlusses kann nur ganz rechts in der Differenzwertspalte der Zeile VHH[C] erkennbar werden – aber nur dann, wenn es keine Neubewertungs- oder Fremdwährungsumrechnungsrücklagen gibt.

In ein paar Bundesländern wurde außerdem auf Landesebene die fachlich und rechtlich äußerst bedenkliche Vorgangsweise gestattet, im Zuge der Eröffnungsbilanz bis zur Hälfte des gesamten (!) Nettovermögens der Eröffnungsbilanz in eine Haushaltsrücklage umzuwidmen. Die Abbildung zeigt so ein Beispiel, welches zunächst nur durch unrealistisch hohe Rücklagen in Zeile C.III. erkennbar ist. In diesem Beispiel ist der Wert sogar identisch mit jenem von C.I - Saldo der Eröffnungsbilanz - das heißt die Gemeinde hat überhaupt keine „echten" Rücklagen, sondern eben nur umgewidmetes „Nennkapital" ohne konkrete Widmung. Am Gesamtwert des Nettovermögens VHH[C] ändert das natürlich nichts, und selbstverständlich ist mit dieser millionenschweren Papierbuchung nicht ein einziger Cent echten Geldes entstanden. Der künftige Aussagewert des

---

[90] In der Praxis der 1.1.2020, wenngleich der Gesetzgeber es durchaus erlaubt hätte, früher in die neue VRV einzusteigen. Begründete Nachbewertungen sind noch bis 2025 zulässig.

[91] Nennkapital oder Gründungskapital als Teilbetrag des Eigenkapitals beschreibt in privatrechtlichen Gesellschaften die Eigentumsverhältnisse, welche sich nur durch Umgründungen ändern können.

Vermögenshaushaltes wird aber sehr wohl verändert: während in allen anderen Gemeinden klar zum Ausdruck kommt, dass mit defizitären Haushalten die Eigensubstanz verbraucht wird (weil C.I. unveränderlich ist) und mit positiven Haushalten Substanz aufgebaut wird, geben diese Gemeinden bis zur Hälfte ihrer Eigensubstanz von Anfang an „zum Abschuss“ frei und können damit über viele Jahre ein kumuliertes Null-Nettoergebnis simulieren, welches in der Realität nicht existiert. Denn C.III. darf im Gegensatz zu C.I. aufgelöst werden um damit ein allfälliges Defizit in C.II abzudecken.

3.2.2.3.2 Sonderposten

Einen Spezialfall stellt der nächste Posten des Vermögenshaushaltes dar, die sogenannten „Sonderposten Investitionszuschüsse VHH[D]“. Auch diese sind Eigenkapital, jedoch nicht selbst durch die Gemeinde erwirtschaftet, sondern von Dritten geschenkt. Zum besseren Verständnis, ein konkretes Beispiel:

Die Gemeinde erhält für einen Schulbau einen Investitionszuschuss vom Land. Dieser ist per Definition geschenktes Geld, zweckgebunden an eine Investition, aber grundsätzlich geschenkt. Es muss nie zurückgezahlt werden. Auf der Aktivseite des Vermögenshaushaltes ist der Fall klar: zunächst trifft Geld am Konto ein, wo immer es auch herstammt, ist für dieses Beispiel nicht wichtig. Wir betrachten hier nur eine Tatsache: der Substanzwert steigt. Daran ändert sich nichts, wenn der Investitionszuschuss wie in der Praxis üblich, erst sehr spät überwiesen wird: in diesem Fall wird eine Forderung als aktiver Substanzwert eingebucht. Danach wird die Investition bezahlt, der Substanzwert bleibt gleich: das Geld transformiert sich zu Anlagevermögen. Auf der Passivseite muss dieser Wert nun ebenfalls berücksichtigt werden, schließlich muss ja noch die Frage beantwortet werden: wer hat diesen Substanzwertzuwachs auf der Aktivseite finanziert? Die Gemeinde selbst (Eigenkapital) oder ein Kreditgeber (Fremdkapital)?

Da das Geld geschenkt ist, kann es kein Fremdkapital sein –dieses müsste per Definition zurückbezahlt werden. Ein Investitionszuschuss ist tatsächlich Eigenkapital und somit eine Einnahme, entscheidend ist der Charakter der Rückzahlbarkeit. Ein Darlehen des Landes wäre dagegen Fremdkapital, daher niemals eine Einnahme.

Die Unterscheidung in Nettovermögen VHH[C] und Sonderposten VHH[D] beschreibt somit die Herkunft des Eigenkapitals: Nettovermögen VHH[C] hat die Gemeinde selbst erarbeitet, Eigenkapital in Form von Sonderposten VHH[D] wurde der Gemeinde von anderen geschenkt. Einnahmen aus Investitionszuschüssen laufen im Vermögenshaushalt also nicht in das VHH[C.II] hinein, sondern in die Position VHH[D.I]. Aus dieser Logik ergibt sich die Tatsache, dass ein nicht rückzahlbarer Investitionszuschuss keine Einnahme zu Gunsten des Ergebnishaushaltes sein kann. Der Ergebnishaushalt stellt die Veränderung des Nettovermögens dar, nicht jedoch die Veränderung anderwärtig geschenkten Eigenkapitals.

Damit tut sich noch eine letzte Frage auf: was passiert dann mit dem Sonderposten VHH[D] in den Jahren nach dem Investitionszuschuss? Bleibt dieser ewig so stehen? Oder wird dieser ständig mehr, mit jedem weiteren Investitionszuschuss?

Der Sonderposten VHH[D] steht wie jeder Passiv-Posten des Vermögenshaushaltes, für die Finanzierung von Vermögen der Aktivseite, per Definition der VRV lediglich eingeschränkt auf Investitionen. Dieses wird in aller Regel Sachanlagen umfassen, auch wenn die VRV diese letzte Spezialisierung nicht normiert und Sonderposten somit auch die Anschaffung von Warenvorräten sein könnten - welche ja zweifelsfrei auch Investitionen sind. In der Praxis wird dieser Spielraum wenig Bedeutung haben und es darf daher die Gleichung Investitionen gleich Sachanlagen zum besseren Verständnis näherungsweise aufgestellt werden. Wie schon mehrmals erwähnt, unterliegen Sachanlagen dem Werteverzehr über die Zeit: der Afa. Daraus ergibt sich zwingend logisch: Im gleichen Ausmaß, in dem das mit dem Sonderposten finanzierte Vermögen weniger wert wird, muss auch der Sonderposten abgeschrieben werden. Denn immaterieller Werteverzehr auf der Aktivseite kann immer nur Eigenkapitalverzehr auf der Passivseite sein. Der aliquote Anteil des Investitionszuschusses an der gesamten Investitionssumme, wird als aliquote Afa von der Position Sonderposten VHH[D] in Abzug gebracht.

In der Praxis muss dies in zwei Schritten geschehen: Die Abschreibung der Sachanlage im jeweiligen Haushaltsjahr ist zunächst „nicht finanzierungswirksamer Sachaufwand“ und somit eine Ausgabe im EHH[2226]. Für den Ergebnishaushalt ist dieser Wert dann aber zu hoch, denn ein Teil dieser Abschreibung soll ja vom Sonderposten VHH[D] getragen werden und den Ergebnishaushalt nicht belasten. Es benötigt eine weitere Buchung, um zum für den Ergebnishaushalt richtigen Saldo zu gelangen. Dem Sonderposten VHH[D] wird zunächst der aliquote Afa-Wert abgezogen, im Gegenzug wird genau dieser Wert dem Ergebnishaushalt als Einnahme gutgeschrieben. Damit ist die zu hohe Afa im Ergebnishaushalt zumindest im Ergebnis EHH[SA0] korrigiert. Allerdings ergibt sich dadurch eine sogenannte „Haushaltsverlängerung“: Einnahmen und Ausgaben sind in Summe höher als tatsächlich, denn die aus dem Sonderposten stammende „Afa-Gutschrift“ ist ja nur eine interne Umbuchung. Es entsteht kein neuer Substanzwert, und selbstverständlich fließt schon gar kein Geld. Es entspricht aber dem Wesen der Doppik, dass immer auf zwei Seiten mit positiven Werten gebucht wird. Eine „Minus-Afa“ und damit von vornherein auf den richtigen Wert korrigierte Summe wäre im EHH[2226] zwar verständlicher, entspricht aber nicht den Buchführungsprinzipien.

Die Korrekturen der Afa durch die Sonderposten sind separat ausgewiesene (nicht finanzierungswirksame) Einnahmen, im Detailnachweis erkennbar unter der Bezeichnung „Erträge aus der Auflösung von Investitionszuschüssen (Kapitaltransfers)“. Es sind dies jene Haushaltsstellen, deren Konto mit der Ziffer 813 beginnen.

Noch spezieller wird es mit den sogenannten Bedarfszuweisungen (BZ). Diese sind keine Investitionszuschüsse nach VRV, so regeln dies die Erläuterungen zur VRV des Finanzministeriums ziemlich eindeutig. Fachlich wird dies nicht begründet und ist auch de facto nicht zu begründen. Vor allem dann nicht, wenn die Bedarfszuweisung, wie in den meisten Fällen gemäß Förderrichtlinien oder Förderzusagen der Länder, an bestimmte Investitionen gebunden und somit zweifelsfrei Investitionszuschüsse sind. Diese Regelung ist offensichtlich politischen Ursprungs zu Lasten der Haushaltsklarheit und -tranparenz.

3.2.2.3.3 Forderungen

Forderungen sind finanzierungswirksame Wertzuwächse (Einnahmen), bei denen die zugehörige Geldzahlung (Einzahlung) noch nicht erfolgt ist. Dies trifft bei jeder Art von „Rechnung innerhalb Zahlungsfrist“ zu, ist also ein normaler Vorgang. Die Höhe der im Vermögenshaushalt ausgewiesenen, in diesem Fall kurzfristigen Forderungen, muss aber in angemessenem Rahmen bleiben. Zu hohe Rückstände deuten auf fehlende Nachdrücklichkeit seitens der Gemeinde gegenüber den Schuldnern hin.

Die Gemeinde kann aber grundsätzlich auch längere Zahlungsaufschübe und sogar Kredite aus unterschiedlichsten Gründen vergeben. Derartige langfristige Forderungen sind im Vermögenshaushalt getrennt ausgewiesen. Und nur dort. Es gibt keine Beilage, die auf Details hinweist, derartige Fragen müssen an anderer Stelle (z.B. im Prüfungsausschuss) beantwortet werden. Grundsätzlich gilt, wie bei allem: der Anlass der

Forderung muss dem Organisationszweck entsprechen. Eine Gemeinde ist kein Kreditinstitut, vergibt also keinesfalls Kredite bloß so.

Ein legitimer Fall einer betragsmäßig hohen Forderung könnte das Warten auf den Verkaufserlös eines Vermögensgegenstandes sein. Investitionen sind wie deren Gegenteil, der Vermögensverkauf, nicht Bestandteil des Ergebnishaushaltes. Ist der im Verkauf vereinbarte Geldbetrag noch nicht geflossen, findet sich dieser Vorgang auch nicht im Finanzierungshaushalt. Handelt es sich um ein Tauschgeschäft, bei dem nie Geld fließt, würde dieser Vorgang in keinem der beiden Haushalte je Eingang finden. Erst wenn der Käufer den Preis tatsächlich bezahlt hat, erscheint die Einzahlung im FHH und verschwindet die Forderung wieder.

3.2.2.3.4 Verbindlichkeiten

Wenn von den Schulden der Gemeinde die Rede ist, sind praktisch immer die langfristigen Verbindlichkeiten bei Kreditinstituten gemeint. Nur diese sind auch im Schuldennachweis angeführt. Letzterer ist zwar deutlich detaillierter als der Vermögenshaushalt, aber eben nicht vollständig.

Auch kurzfristige Verbindlichkeiten sind selbstverständlich Schulden oder Fremdkapital und daher gesondert an dieser Stelle im Vermögenshaushalt ausgewiesen. Zu diesen gehören die bereits erwähnten Kassastärker, in tatsächlich aktuell ausgenützter Höhe. Dieser Betrag muss also immer niedriger als der im Voranschlag genehmigte Maximalbetrag sein. Auch nicht bezahlte Rechnungen der Gemeinde (Verbindlichkeiten bei Lieferanten) gehören zu den kurzfristigen Verbindlichkeiten.

Die letzte Kategorie der Verbindlichkeiten umfasst schließlich die Rückstellungen, innerhalb derer es wieder kurz- und langfristige geben kann.

3.2.2.4 Querschnitt

Der Haushaltsquerschnitt war vor der VRV 2015 das wichtigste Instrument des gesamten Haushaltes. Nur mit ihm war es möglich, in die Nähe von qualitativen Substanzwertschätzungen zu kommen. Mit den nunmehr vorliegenden Ergebnis- und Vermögenshaushalten ist die Bedeutung des Querschnittes als Ersatzinstrument für Lücken des Haushaltsrechts komplett verschwunden. Dass es den Querschnitt weiterhin gibt, liegt an seiner ursprünglichen gesamteuropäischen Aufgabe, die weiterhin besteht und sich nie geändert hat.

Das Ergebnis des Querschnittes ist der sogenannte Finanzierungssaldo, der vor allem als „Maastricht-Kennzahl" bekannt geworden ist. Tatsächlich entstammt der Finanzierungssaldo dem europäischen System volkswirtschaftlicher Gesamtrechnungen (ESVG), welches im allseits bekannten Vertrag von Maastricht[92] festgelegt worden ist. Über die VRV wurde den Gemeinden anschließend eine in das nationale Recht passende Formel vorgegeben. Im Jahr der Einführung im Jahr 1997 war der Begriff „Maastricht-Defizit" in aller Munde, weil in der Praxis fast alle Gemeinden einen negativen Wert offenlegen mussten. Das öffentliche Interesse hat seither stark nachgelassen, und selbstverständlich gibt es auch Gemeinden mit „Maastricht-Überschüssen", sodass korrekterweise von einem „Maastricht-Ergebnis", oder der formaljuristischen Bezeichnung „Finanzierungssaldo" gesprochen werden muss.

Der Finanzierungssaldo erlaubt nur den Gemeindebetrieben und Betrieben mit marktbestimmter Tätigkeit (zusammen der „private Sektor"), Schulden zum Haushaltsausgleich aufzunehmen (sich mit Schulden zu finanzieren). Im verbleibenden, übrigen öffentlichen Sektor dagegen wird eine solche Schuldenfinanzierung wieder heraus gerechnet. Damit fehlen diesem jene Einzahlungen, die aus der Darlehensaufnahme resultieren. Die so entstandene Lücke wird als Defizit sichtbar. Der Finanzierungssaldo hat somit reale Aussagekraft: er ist die Eigenfinanzierung des öffentlichen Sektors.[93]

Um die Unterscheidung der beiden Sektoren vornehmen zu können, besteht der Querschnitt aus drei Spalten:

- der Gesamtsumme, bezeichnet als „Summe Haushalt",
- der ersten Teilsumme für den privaten Sektor, bezeichnet als „davon A85-89", also

[92] Maastricht: Stadt im Süden der Niederlande, Hauptstadt der Provinz Limburg, rd. 130.000 Einwohner. Der 1992 ratifizierte Vertrag von Maastricht gilt als Gründungsvertrag der EU. Zuvor war diese wesentlich lockerer organisiert und nannte sich „europäische Gemeinschaft" (EG). Österreich trat 1995 der EU bei, war also nie Mitglied in der EG.

[93] Unter Hinzuziehung des Ergebnis Gesamthaushalt privater Sektor. Letzterer unterstützt also die Eigenfinanzierung des öffentlichen Sektors bei Überschüssen. Ist der private Sektor im Gesamthaushalt negativ (nicht ausgleichsfähig), belastet er die Maastricht Kennzahl zusätzlich.

Abschnitt 85 bis 89. Diese Spalte wird in manchen Haushalten nicht VRV-konform als „quasi-KG"[94] bezeichnet,

- der zweiten Teilsumme für den öffentlichen Sektor, bezeichnet als „Summe ohne A85-89", also Summe aller übrigen Abschnitte.

In dieser Form listet der Querschnitt zahlreiche Finanzströme auf, wobei die Hauptgliederung genau dem Finanzierungshaushalt entspricht: Die erste Tabelle umfasst den „laufenden Haushalt", entsprechend dem operativen Haushalt des Finanzierungshaushaltes. Die zweite Tabelle nennt sich „Vermögensgebarung und Kapitaltransfers ohne Finanztransaktionen" und entspricht dem investiven Haushalt des Finanzierungshaushaltes. Die dritte Tabelle schließlich, die „Finanztransaktionen", entsprechen der Finanzierungstätigkeit im Finanzierungshaushalt. Der Querschnitt ist vom Grundtyp her eine andere Form der Finanzierungsrechnung. Die Salden des Querschnitts werden daher den entsprechenden Salden des Finanzierungshaushalt ähneln, und können durchaus ident sein. Aufgrund abweichender Detaildefinitionen sind Abweichungen aber jederzeit möglich.

II. Ableitung des Finanzierungssaldos

70	Jahresergebnis Haushalt ohne A 85 - 89 und ohne Finanztransaktionen	Saldo 1 plus Saldo 2	-3 416 086,35
71	Überrechnung Jahresergebnis A 85 - 89	Saldo 4 der Spalte "nur A 85 - 89"	3 197,39
95	**Finanzierungssaldo ('vorläufiges Maastricht-Ergebnis')**		**-3 412 888,96**

Abbildung 25: Faksimile Ableitung des Finanzierungssaldos im Querschnitt

Der Querschnitt schließt mit der sogenannten „Ableitung des Finanzierungssaldos", dargestellt unter der Randziffer 95, bezeichnet als Maastricht-Ergebnis. Der Querschnitt im Voranschlag wird „Voranschlagsquerschnitt" genannt, jener im Rechnungsabschluss

[94] „Quasi-Kapitalgesellschaft" ist der im ESVG verwendete Begriff für den privaten Sektor: „Einheiten, die über eine vollständige Rechnungsführung verfügen, aber keine Rechtspersönlichkeit haben. Ihr wirtschaftliches und finanzielles Verhalten unterscheidet sich von dem ihrer Eigentümer und entspricht in etwa dem von Kapitalgesellschaften. Es wird davon ausgegangen, dass sie Entscheidungsfreiheit besitzen. Sie werden als getrennte institutionelle Einheiten angesehen." In der Gesetzgebung für Gemeinden findet sich dieser Begriff nicht mehr – was auch Sinn macht um der Verwechslungsgefahr mit KG = Kommanditgesellschaft zu entgehen.

„Rechnungsquerschnitt". Die genaue Gliederung ist in der Anlage 5b der VRV[95] ausgeführt.

Der Finanzierungssaldo ist eines von mehreren Elementen, mit denen im österreichischen Stabilitätspakt finanzpolitische Rahmen gesetzt werden.[96] Er ist jene Kennzahl, die in Richtung europäische Union für die Bezeichnung „ausgeglichener Haushalt" heranzuziehen ist: „Aus praktischer Sicht sind Gemeinden durch den Österreichischen Stabilitätspakt insofern betroffen, als sie einen ausgeglichenen Haushaltssaldo nach ESVG („Maastricht-Saldo") zu erwirtschaften haben. Die übrigen Regeln, wie der strukturelle Saldo, sind für eine einzelne Gemeinde nicht oder nur schwer direkt anwendbar und spielen daher aus praktischer Sicht im kommunalen Finanzmanagement eine untergeordnete Rolle".[97]

3.2.3 Detailnachweis

Der Detailnachweis ist im Sinne der VRV „der Haushalt" an sich. Die genaueste gesetzlich vorgeschriebene Aufstellung, welche der Öffentlichkeit zur Verfügung steht. Detaillierter wären nur noch Kontenblätter und Belege, die aber nicht veröffentlicht werden - und meistens auch wenig allgemeinen Wert hätten. Noch mehr Detailreichtum trägt kaum noch zu höherer Klarheit bei. Der Detailnachweis entspricht in etwa der Saldenliste einer Unternehmensbuchhaltung, zusätzlich untergliedert in Sachbereiche (Ansätze) und weitere Haushaltssummen bildend.

Da es mit der Formalisierung der Bereichsbudgets in der Praxis unmöglich geworden ist, dem Haushalt eine praxisorientierte sachliche Gliederung zu geben (Globalbudget, Detailbudget), bietet der Detailnachweis die Chance, dies durch entsprechende Gliederung ein wenig zu korrigieren. Kostenrechnungen zu einzelnen Projekten und Vorhaben (Schulen, Straßenpflege o.ä.) können bei entsprechend sorgsamer Gliederung der Gemeinde im Detailnachweis gut dargestellt werden.

Die Detailnachweise der Gemeinden zeigen andererseits recht anschaulich, dass fehlende

---

[95] Anlage 5a der VRV beschreibt den Querschnitt der Länder und ist daher für Gemeinden nicht relevant.

[96] Siehe Kapitel „VGR und ESVG", Seite 62

[97] (Meszarits, 01/2017), Seite 8

Transparenz im öffentlichen Raum in vielen Fällen weniger von fehlender Datenmenge, als vielmehr von fehlender Klarheit des offengelegten Datenmaterials ausgeht. Vom Umfang her macht dieser Teil des Haushaltes nach in etwa ein weiteres Drittel des Gesamtwerkes aus.

		MVAG EH	MVAG FH	QU	Ergebnisvoranschlag VA 2021	Finanzierungsvoranschlag VA 2021
6 Straßen- und Wasserbau, Verkehr						
61	**Straßenbau**					
612	**Gemeindestraßen**					
612000	**STRASSENBAU**					
Operative Gebarung						
6/612000+829000	Zuführung operative Gebarung	2116	3116	18	0,00	0,00
2/612000+861150	Zinsenersatz Darlehen Straße 2018 3017/46	2121	3121	15	900,00	900,00
6/612000+871000	Bedarfszuweisung	2121	3121	33	0,00	0,00
SU 21 / 31	**Summe Erträge / Einzahlungen operative Gebarung**				**900,00**	**900,00**
1/612000-614000	Instandhaltg.Streugeräte	2224	3224	24	1.000,00	1.000,00
1/612000-650150	Zinsen Darlehen 3017/46 Straßenbau 2018	2241	3241	25	1.000,00	1.000,00
1/612000-680000	Planmäßige Abschreibung	2226			198.000,00	0,00
SU 22 / 32	**Summe Aufwendungen / Auszahlungen operative Gebarung**				**200.000,00**	**2.000,00**
SA 0 / SA 1	**(0) Nettoergebnis (21 - 22) / (1) Geldfluss operative Gebarung (31 – 32)**				**-199.100,00**	**-1.100,00**
SU 23	**Summe Haushaltsrücklagen**				**0,00**	**0,00**
SA00	**Nettoergebnis nach Zuw./Entn. Haushaltsrücklagen (Saldo 0 +/- SU23)**				**-199.100,00**	
Investive Gebarung						
SU 33	**Summe Einzahlungen investive Gebarung**					**0,00**
5/612000-002100	Neuanschaffungen		3412	40	0,00	0,00
1/612000-020000	Ankauf Streugeräte		3414	41	0,00	1.000,00
SU 34	**Summe Auszahlungen investive Gebarung**					**1.000,00**
SA2	**Saldo (2) Geldfluss aus der investiven Gebarung (33 – 34)**					**-1.000,00**
SA3	**Saldo (3) Nettofinanzierungssaldo (Saldo 1 + Saldo 2)**					**-2.100,00**
Finanzierungstätigkeit						
6/612000+346000	Darlehen Bank FSA		3514	55	0,00	100.000,00
SU 35	**Summe Einzahlungen aus der Finanzierungstätigkeit**					**100.000,00**
1/612000-346150	Tilgung Darlehen 3017/46 Straßenbau 2018		3614	65	0,00	10.000,00
SU 36	**Summe Auszahlungen aus der Finanzierungstätigkeit**					**10.000,00**
SA4	**Saldo (4) Geldfluss aus der Finanzierungstätigkeit (35 – 36)**					**90.000,00**
SA5	**Saldo (5) Geldfluss aus der voranschlagswirksamen Gebarung (Saldo 3 + Saldo 4)**					**87.900,00**

Abbildung 26: Faksimile Detailnachweis Rechnungsabschluss, nur 1 Zahlenspalte

Im Detailnachweis werden alle Haushaltsstellen, gegliedert nach den tatsächlich verwendeten Ansätzen dargestellt. Im Detailnachweis sind Ergebnis- und Finanzierungshaushalt gemeinsam enthalten, und zwar wie bei den Zusammenstellungen mit jeweils drei Zahlenspalten zum Vorjahresvergleich im Budget bzw. zum Budgetvergleich im

Rechnungsabschluss.

Diese in Summe zahlenmäßige 6-spaltigkeit des Detailnachweises entspringt den Vorschriften zur Voranschlagsvergleichsrechnung der VRV. In der Abbildung sind zur Verbesserung der Übersichtlichkeit jeweils zwei Zahlenspalten des Ergebnis- und Finanzierungshaushaltes entfernt. Für die reine Beschreibung der Elemente dieser Tabelle genügt je eine Spalte für Ergebnis- und Finanzierungshaushalt.

Die Abbildung zeigt einen vertikal kompletten Detailnachweis aus einem Voranschlag des Jahres 2021 für den Unterabschnitt 612 - Gemeindestraßen, enthalten im Abschnitt 61 - Straßenbau, dieser wiederum enthalten in der Gruppe 6 - Straßen- und Wasserbau, Verkehr. Gruppe 6 ist identisch mit Bereichsbudget 6. Diese Gliederungen zeigen die Überschriften im linken oberen Bereich der Abbildung.

Danach folgen die Teile der Haushalte, beginnend mit der Überschrift „operative Gebarung" und der Auflistung zunächst jener Haushaltsstellen, welche die Erträge bzw. Einzahlungen der operativen Gebarung bilden. Zu jeder Haushaltsstelle gibt es als Text die gesetzlich festgelegte Kontenbezeichnung (entsprechend der Zahlengruppe rechts des Plus- oder Minuszeichens in der Haushaltsstelle). Noch weiter nach rechts gehend finden sich neben der Kontenbezeichnung Hinweisziffern, in welcher Zusammenstellung die Beträge dieser Haushaltsstelle enthalten sind:

- Die MVAG in den Zusammenstellungen der Ergebnishaushalte (MVAG EH),
- Die MVAG der Zusammenstellungen der Finanzierungshaushalte (MVAG FH),
- Die Kennziffer im Querschnitt (QU).

Rechts der Hinweisziffern schließlich die Beträge in Euro, je nachdem ob zutreffend, für den Ergebnis- oder den Finanzierungshaushalt.

Nach der Summe der Erträge / Einzahlungen des operativen Haushalts folgen in vertikaler Richtung die Haushaltsstellen für die Aufwendungen / Auszahlungen, nach deren Summe das Nettoergebnis SA0 für den Ergebnishaushalt und SA1 für den Finanzierungshaushalt errechnet wird. Beide Salden in einer Zeile, um auch die Äquivalenz der Gebarungsvorgänge nochmal schön darzustellen. Wie schon bei den Zusammenstellungen erkennbar, splitten sich die Haushalte ab hier. Im Ergebnishaushalt folgen nur noch allfällige Rücklagenbewegungen, der Finanzierungshaushalt setzt dagegen fort mit der investiven Gebarung - Einzahlungen und Auszahlungen. Danach folgt die Finanzierungstätigkeit, und wie schon die Zusammenstellungen schließt auch jeder Detailnachweis mit einem Geldflusssaldo SA5.

Eine nicht voranschlagswirksame Gebarung gibt es im Detailnachweis grundsätzlich nicht. Zahlungen, die die Gemeinde nur treuhändisch erledigt, sind nicht Bestandteil des Wirkungskreises und können daher auch nicht zu einem Ansatz gehören. Der Detailnachweis endet immer mit dem SA5.

Unbenommen der ziffernmäßigen Aussage sieht man im Detailnachweis sehr schön, welche Haushaltsstellen in welchen Teilen vorkommen. Die Haushaltsstelle „planmäßige Abschreibung" hat nur in der Spalte MVAG-EH die Ziffer 2226 stehen und einen Betrag in der Spalte Ergebnishaushaltes. Das muss genau so sein: Abschreibungen kommen im Finanzierungshaushalt und auch im Querschnitt nicht vor.

Schuldaufnahmen - siehe Haushaltsstelle „Darlehen Bank FSA" in der Abbildung - sind Zahlungsmittelzuflüsse, aber keine Änderung des Nettovermögens. Richtigerweise findet sich daher nur in den Spalten MVAG-FH und QU eine Zahl für die dazugehörende MVAG, und bei den Geldbeträgen nur ein Betrag in den Spalten für den Finanzierungshaushalt, niemals aber in Spalten für den Ergebnishaushalt.

Die Haushaltsstellen der operativen Gebarung, die sowohl im Ergebnishaushalt wie auch im Finanzierungshaushalt vorkommen, sollten zumindest im Rechnungsabschluss gelegentlich auch unterschiedliche Zahlen beinhalten. Finden sich im gesamten Haushalt sowohl für Ergebnis- wie für Finanzierungshaushalt ausschließlich gleiche Beträge, bedeutet dies, dass es in dieser Gemeinde niemals offene Forderungen oder Verbindlichkeiten gibt. Ein in der Praxis kaum mögliches Szenario. Viel eher deutet eine derartige vollständige Übereinstimmung darauf hin, dass die Buchungen immer erst im Zeitpunkt der Zahlung (VZP3) stattfinden, also gemäß VRV viel zu spät und damit unvollständig.

Da sich diese Struktur in jedem Unterabschnitt in voller Länge wiederholt, wirkt der Detailnachweis an manchen Stellen enorm unübersichtlich. Selbst bei nur einer einzigen Haushaltsstelle werden sämtliche Teile, Summen und Salden usw. wie hier abgebildet wieder gegeben, auch wenn bei den meisten Beträgen nur Nullwerte zu finden sind.

3.2.4 Beilagen

Die VRV eröffnet mit der Formulierung „der Voranschlag / Rechnungsabschluss hat weiters folgende Beilagen zu enthalten“ den letzten Teil des Haushaltes. Wenn es einen Grund gibt, dem neuen Haushaltsrecht nicht bewältigbaren Aufwand oder sinnlose Bürokratie vorzuwerfen, dann an dieser Stelle. Nicht alles, was hier aufgelistet ist, erleichtert die Arbeit oder erhöht die Transparenz. Die substanziellen Verbesserungen, die die VRV 2015 gebracht hat, stehen mit diesen Mängeln aber nicht in Frage.

3.2.4.1 Nettovermögensveränderungsrechnung (1d)

Hinter diesem Wortungetüm versteckt sich eine Liste gem. Anlage 1d der VRV, in welcher die Veränderungen des Nettovermögens detaillierter als im Vermögenshaushalt dargestellt werden. Diese Liste besitzt einen informellen Mehrwert dann, wenn in der Gemeinde:

- Veränderungen aus der Folgebewertung von Beteiligungen vorliegen, folglich Neubewertungsrücklagen anzulegen sind,
- Differenzen aus der Fremdwährungsumrechnung von in fremder Währung gehaltener Vermögenswerte und Fremdmittel vorliegen,
- Kurswertkorrekturen bei Veräußerung von Finanzinstrumenten zu erwarten sind,
- eine Korrektur an der Eröffnungsbilanz vorgenommen wird (nur bis 2025 möglich),
- Vermögenswerte nacherfasst oder die Bewertungsmethoden geändert werden.

All diese Fälle sind im Ergebnishaushalt nicht abgebildet und führen lediglich im Vermögenshaushalt zu Veränderungen. Diese Beilage präzisiert diese Vorgänge ein wenig. Alle übrigen Zahlen dieser Beilage wie kumuliertes Nettoergebnis oder Haushaltsrücklagenbewegungen finden sich auch an anderer Stelle des Haushaltes. Sie tragen für die weitere Haushaltsanalyse nichts Neues bei.

Detaillierte Hintergründe dieser nicht in den Haushaltszusammenstellungen angeführten reinen Bilanzbuchungen sind allerdings nicht erkennbar. Es ist weiterhin möglich, dass der eigentliche Grund der Bewertungsänderungen nicht erkennbar ist. Da diese Umbewertungen nicht im Voranschlag enthalten und daher auch keine Haushaltsstellen sind, können nähere Informationen aus dem Zahlenwerk nach VRV nicht gezogen werden. Hier müssen dann die jeweiligen Lageberichte Auskunft geben.

3.2.4.2 Nachweis Transferzahlungen (6a)

Transferzahlungen sind Einzahlungen von und Auszahlungen an andere Körperschaften öffentlichen Rechts. Dies sind Bund, Länder, andere Gemeinden, Gemeindeverbände, Sozialversicherungen, Kammern und viele mehr. Es wird dabei nicht unterschieden, ob es sich um regelmäßige oder einmalige Transferzahlungen (Investitionszuschüsse) handelt. Diese Beilage listet die Arten von Rechtsträgern und deren Summen auf, zwischen denen Transferzahlungen stattfinden.

3.2.4.3 Haushaltsrücklagen und Zahlungsmittelreserven (6b)

In diesem Nachweis finden sich Details zu zwei grundverschiedenen Substanzwerten: den auf der Passivseite gebildeten speziellen Widmungen des Nettoergebnisses (Haushaltsrücklagen) und den auf der Aktivseite gebildeten, der Rücklage zugeordneten Bindungen von Bargeld (Zahlungsmittelreserven).

Obwohl beides nichts miteinander zu tun hat, und aufgrund der gängigen Praxis der „inneren Darlehen“ nicht mal gewährleistet ist, dass die Zahlungsmittelreserve überhaupt existiert, erlaubt der Gesetzgeber eine virtuelle Kopplung. In manchen Bundesländern ist diese für bestimmte Vorhaben (Förderanträge) sogar vorgeschrieben oder werden die Gemeinden mittels Buchungsrichtlinien zu dieser Praxis gedrängt. Rücklagen können also mit Zahlungsmittelreserven bedeckt sein.

Würde die gesetzliche Definition: Zahlungsmittelreserve ist immer ein real existierendes Zahlungsmittelguthaben, lückenlos eingehalten, wäre der erwartbaren Information: „die Rücklage ist sofort aus eigener Substanz flüssig, wenn sie benötigt wird“, durchaus etwas abzugewinnen. Die Zahlungsmittelreserve könnte den „liquiden Teil“ der Rücklage angeben, woraus der Rest als möglicherweise nicht liquide identifiziert werden kann.

Die Tabelle dieser Beilage muss enthalten:

- Art der Rücklage,
- Verwendungszweck,
- Ansatz/Konto des Detailnachweises,
- Rücklagenstand zum Jahresbeginn,
- Zuflüsse während des Jahres,

- Abflüsse während des Jahres,
- Rücklagenstand am Jahresende,
- Wenn vorhanden: die Rücklage bedeckende Zahlungsmittelreserve am Jahresanfang,
- Höhe selbiger Zahlungsmittelreserve am Jahresende,
- Nachweis der Zahlungsmittelreserve: Konto- oder Sparbuchnummer, Kreditinstitut, oder Buchhaltungskonto o.ä.

Neubewertungs- und Fremdwährungsumrechnungsrücklagen sind nicht Bestandteil dieser Beilage.

3.2.4.4 Schuldennachweis (6c/6d)

Der Schuldennachweis besteht aus zwei Listen, geregelt in Beilage 6c und 6d der VRV. Diese Listen sind vom Inhalt er weitgehend identisch – der wesentliche Unterschied besteht darin, dass die Beilage 6c im Voranschlag enthalten sein muss, die Beilage 6d nicht.

Schuldenart	**Beilage**	**Nachweis**
Klassische Kredite: „Geldverbindlichkeiten, die zu dem Zwecke eingegangen werden, der Gebietskörperschaft die Verfügungsmacht über Geld zu verschaffen." VRV § 32. (1)	6c	VA + RA
Kassenstärker werden auch zu darstellungspflichtigen Finanzverbindlichkeiten „[...] soweit sie nicht innerhalb desselben Finanzjahres getilgt werden." VRV § 32. (2)	6c	VA + RA
Forderungskäufe: Finanzschulden, die ein Dritter im Namen der Gemeinde bedient und die Gemeinde selbst frühestens erst im nächsten Jahr Rückzahlungen leisten muss. VRV § 33. (1)	6d	RA
Kaufpreisstundungen: Finanzschulden, die dadurch entstehen, dass die Gemeinde eine Leistung sofort erhält, aber frühestens in 10 Jahren erst bezahlen muss. VRV § 33. (2)	6d	RA

Die Tabelle zeigt die gesetzliche Definition von „Schulden" - und es ist leicht erkennbar, dass dies nicht alle Schulden sind, die eine Gemeinde machen kann. Kurzfristige Schulden (Kassastärker) finden sich hier nur, wenn sie das Jahr übergreifend aufgenommen werden.

Schulden gemäß Schuldennachweis werden daher in der Praxis nicht identisch sein mit den Werten der Verbindlichkeiten im Vermögenshaushalt. Sie sollten aber der Größenordnung nach nicht wesentlich abweichen. Zu jedem Darlehensvertrag gemäß diesen vier Darlehensarten der Tabelle muss in der entsprechenden Liste angeführt sein:

- Kreditgebende Institution,
- Ursprüngliche Darlehenshöhe,
- Höhe des Schuldenstandes zum Jahresbeginn,
- Zugänge, also Erhöhungen des Schuldenstandes während des Jahres,
- Abgänge, also Tilgungen des Schuldenstandes während des Jahres,
- Zinsleistungen während des Jahres,
- Schuldendienst, bestehend aus Summe von Tilgung und Zinsen,
- Schuldendienstersätze bestehend aus Zuzahlungen von Dritten zum zu leistenden Schuldendienst,
- Höhe des Schuldenstandes zum Jahresende,
- Nettoschuldendienst bestehend aus Gesamtschuldendienst minus Ersätzen,
- Laufzeit des Kredites von – bis.

Alle Angaben müssen natürlich nur gemacht werden, wenn sie sachlich zutreffend sind. Bei der Offenlegung von Kassenstärkern, die über das Jahr hinaus bestehen und daher ebenfalls in diesem Nachweis aufscheinen müssen, genügen Angaben zum Kreditinstitut, Schuldhöhe am Jahresanfang und Jahresende.

3.2.4.5 Nachweis haushaltsinterner Vergütungen (6f)

In diesem sind „Entgelte für tatsächlich erbrachte Leistungen von wirtschaftlichen Unternehmungen, Betrieben und betriebsähnlichen Einrichtungen, oder an solche […]“[98] darzustellen. Die internen Vergütungen stellen die Geschäftstätigkeit zwischen Organisationseinheiten innerhalb der Gemeinde dar, die zwar keine eigenen Rechtspersönlichkeiten haben (dann wären es Beteiligungen), denen aber eine hohe organisatorische Eigenständigkeit zukommt. In diesem Fall sind interne Vergütungen lt. VRV verpflichtend.

---

[98] (VRV 2015, 2021) §7(5)

Darüber hinaus ist es durchaus empfehlenswert, interne Vergütungen auch dort zu verwenden, wo eine vollständige Kostenwahrheit innerhalb der Gemeindeverantwortlichen gewünscht ist. Ganz allgemein könnte man sagen: je größer die Gemeinde, desto mehr interne Vergütungen müsste es eigentlich geben. Denn in der Praxis ist es kaum vorstellbar, dass ab einer gewissen Organisationsgröße eine einzige Leitungsperson die gesamte budgetäre Vollzugsverantwortung übernimmt.

Der Nachweis selbst ist eine Tabelle mit folgenden Inhalten:

- Bedarfsträger (zumindest die zehn Gruppen des Ansatzverzeichnisses oder darunter detaillierter aufgezählt die jeweilige Organisationseinheit),
- Erträge für den Bedarfsträger (Erträge für Leistungen, die dieser Bedarfsträger anderen solchen erbracht hat),
- Aufwände für den Bedarfsträger (Aufwände für Leistungen, die dieser Bedarfsträger von anderen konsumiert hat).

Es ergibt sich zwingend logisch, dass die Summe beider Zahlenspalten gleich hoch sein muss. Interne Vergütungen sind weder Erträge noch Aufwände der Gemeinde an sich und verändern die Gesamtlage der Gemeinde nicht. Sie sind interne Verrechnungen mit immer einer gebenden und einer nehmenden Stelle.

3.2.4.6 Anlagenspiegel (6g)

Der Anlagenspiegel ist neben dem Ergebnis- und dem Finanzierungshaushalt die dritte Komponente, die den Vermögenshaushalt zwischen Jahresanfang und Jahresende verändert. Da in dieser Aufstellung sowohl Bestands- als auch Stromgrößen vorkommen, ist sie ein „Zwitter“ und wird in der offiziellen Begriffsbestimmung nicht als eigene Komponente des Haushaltes gesehen. Nichtsdestotrotz sehen wir nur in dieser Aufstellung präzise die Abschreibungen (Afa) des Anlagevermögens. Konkret enthält die in dieser Beilage vorliegende Tabelle:

- Den Vermögens-Code gem. der Beilage 1c der VRV,
- Den Ansatz des Detailnachweise, zu dem diese Anlage gehört,
- Bezeichnung,
- Buchwert zum Jahresanfang,
- Zugänge,

- Abgänge bestehend aus Wertminderungen durch z.B. Verkauf, Vernichtung, Schädigung,
- Umbuchungen von einem Vermögenswert zu einem anderen (nur in begründeten Ausnahmenfällen),
- Zeitbedingter Wertverlust (Abschreibung),
- Wertaufholung/ Wertminderung,
- Buchwert zum Jahresende.

Die Spalte Wertminderung stellt so etwas wie die „Risikorückstellung eines Anlagevermögens" dar. Hier ist der vorhandene Buchwert zu vermindern, wenn „Vorgänge bekannt werden, die eine wesentliche Wertminderung bzw. eine über die lineare Abschreibung hinausgehende wesentliche Wertminderung eines Vermögenswertes vermuten lassen."[99] Dem entsprechend findet eine Wertaufholung, also eine „Wieder-Erhöhung" des Anlagewertes statt, wenn das zuvor abgeschriebene Risiko nicht eingetreten ist oder wegfällt. Wertaufholungen dürfen niemals größer sein als zu vor vorgenommene Wertminderungen.

Anlage 7 der VRV regelt die Nutzungsdauern und somit die vorgesehenen Jahre der Abschreibung. Die Gemeinde darf mit Begründung diese Nutzungsdauern auch verändern, muss dies aber im Gemeinderat gesondert beschließen.

3.2.4.6.1 Zweckmäßigkeit der Anlagenspiegel

Die Gestaltung eines Anlagenspiegels im Sinne des verfassungsmäßig vorgeschriebenen Prinzips der Zweckmäßigkeit stellt viele Gemeinden vor Verständnisschwierigkeiten. Insbesondere erliegen viele der Versuchung, selbst kleinste Wirtschaftsgüter wie einzelne Bürosessel als Anlagevermögen zu definieren. Derartiger Verwaltungsaufwand darf nicht der VRV 2015 angelastet werden, sondern weist eher darauf hin, dass vielen Verwaltungsverantwortlichen der Unterschied zwischen einer Inventarliste und einem Anlagenspiegel nicht klar ist. Die Lesbarkeit und Sinnhaftigkeit des Inhaltes leiden in solchen Verzeichnissen erheblich.

Das Prinzip der Zweckmäßigkeit der Anlagenspiegel berücksichtigt der §19(3) der VRV:

---

[99] (VRV 2015, 2021) §19 (14 + 15)

es „[…] können Gegenstände mit gleicher Nutzungsdauer zu einer Sachanlage zusammengefasst werden, wenn diese üblicherweise zusammen genutzt werden". Es ist also zulässig und sinnvoll, viele kleinere Gegenstände gemeinsam in einer Gesamtposition, beispielsweise „Amtsausstattung" zu erfassen. Im Übrigen sei auf die allgemeine Definition von „Vermögen" verwiesen: Gegenstände, welche am Jahresende praktisch keinen realen Wert haben, werden auch im Anlageverzeichnis nicht erfasst. Die VRV verwendet hierfür den allgemein anerkannten Begriff der „geringwertigen Wirtschaftsgüter" und erlaubt ausdrücklich, dass Gegenstände, die in ihrer Anschaffung den im jeweiligen Jahr dafür vorgeschriebenen Geringfügigkeitswert nicht überschreiten, nicht in den Anlagenspiegel eingehen, sondern an Stelle operativer (laufender) Aufwand im Ergebnishaushalt sind.

Nur im Anlagenspiegel sind die reinen Abschreibungen für Abnützung ablesbar. In der Summe der MVAG 2226 in den Haushaltszusammenstellungen sind diese zwar vollständig enthalten, es finden sich dort aber eventuell auch andere Substanzwertverbräuche, wie beispielsweise der Wareneinsatz und Rückstellungen. So weit, so einfach. Zu schön, wenn es dabeibliebe.

3.2.4.6.2 Vermischung von Aktiva und Passiva weist falsche Ergebnisse aus

Wie im vorangegangenen Kapitel „Vermögenshaushalt" vorgestellt, gibt es in Gemeindehaushalten zwei Arten von Eigenkapital: das „selbst erarbeitete Eigenkapital", „Nettovermögen" genannt, sowie das durch Dritte geschenkte Eigenkapital, „Sonderposten Investitionszuschüsse" genannt. Je nach Ausführung des Anlagenspiegels passieren dadurch in vielen Gemeinden scheinbar sonderbare Dinge in der Gestalt, als zwischen den einzelnen Haushaltsstellen des Anlagenspiegels plötzlich negative Werte auftauchen. Es werden auf diese Weise Vermögenswerte vom eigentlichen Wert wieder abgezogen, und zwar nicht nur bei der Anschaffung, sondern auch bei der Afa. Wie kann das sein? Anlagevermögen kann doch niemals negativ sein?

Stimmt. Es ist auch kein Anlagevermögen, welches sich hier wie ein Kuckucksei unters Anlagevermögen schleicht. Es sind die Haushaltsstellen der (passiven) „Sonderposten Investitionszuschüsse", welche in einer Liste auftauchen, die eigentlich nur aktives Vermögen (Sachanlagen) darstellen sollte. Mathematisch gesehen ist es zwar logisch schlüssig, bei einer derartigen Kombination passive Posten als negative Werte auszuweisen.

In der Praxis entstehen dadurch aber reduzierte Summen, die plötzlich etwas völlig anderes bedeuten und dem realen Wert des Anlagevermögens nicht mehr entsprechen. Und in jedem Fall ist es auch buchhalterisch falsch, Aktiva und Passiva zu vermischen und so zu tun, als ob es dasselbe wäre. Die Summe eines derart dargestellten Anlagenspiegels gibt also nicht den Sachanlagenwert des Gemeindevermögens und deren Wertveränderung im Laufe des Darstellungsjahres wieder, sondern nur jenen Anteil davon, der mit Nettovermögen finanziert wurde. Eine Sachanlage, die zu 100% durch einen Investitionszuschuss finanziert wurde, verschwindet wertmäßig vollständig aus dem Anlagenspiegel.

Das gilt auch für die Abschreibungen. Der Anlagenspiegel wirft in so einem Fall nicht die Summe der Abschreibungen aller Sachanlagen der Gemeinde aus, sondern nur jenen aliquoten Anteil, der das Nettovermögen schmälert. Auch hier wird ein in der Realität rein passiver Anteilswert ausgewiesen, obwohl das Gesetz eine Aufstellung des Aktivvermögens verlangt.

Für den in die Zukunft blickenden Finanzmanager sind derart veränderte Zahlen wertlos. Für die Zukunft muss der gesamte Werteverzehr (Abschreibungen) des Anlagevermögens bekannt sein, inklusive jenem Werteverzehr, dessen Anschaffung durch Investitionszuschüsse finanziert wurde. Denn niemand der seinerzeitigen Zuschussgeber garantiert der Gemeinde, die dereinst in Zukunft notwendigen Instandsetzungen neuerlich zu subventionieren. Das „nächste Mal" ist die Gemeinde auf sich gestellt, und das muss in den Abschreibungszahlen leicht erkennbar sein.

In vielen Gemeinden (aber bei weitem nicht allen) ist dieser Umstand dahingehend berücksichtigt, als es zwei Anlagenspiegel gibt:

- Anlagenspiegel Einzelkonten (Anlage 6g),
- Anlagenspiegel Einzelkonten Kapitaltransfer (Anlage 6g).

Der Hinweis auf die gleiche VRV-Anlage 6g zeigt schon an, dass beide Listen gleich aussehen. Im ersten Anlagenspiegel sind die tatsächlichen Anlagewerte abzüglich der durch Investitionszuschüsse finanzierten Teilbeträge enthalten, im zweiten nochmals nur die durch Investitionszuschüsse finanzierten Anlagewerte.

Die tatsächlichen Anlagewerte, Wertveränderungen und Abschreibungen lassen sich durch Bildung des vorzeichenrichtigen Saldos aus den Gesamtsummen der jeweiligen Liste bilden. Vorzeichenrichtig bedeutet in diesem Zusammenhang: die durch die Aktiva- bzw. Passiva-Vermischung im ersten Anlagenspiegel subtrahierten Werte müssen wieder hinzugefügt werden, um die gewünschte Gesamtaussage zu erhalten („addieren"). Eine durchaus übliche und hier ebenfalls zur Anwendung kommende Darstellungsform von Passiva ist jene in Form von negativen Zahlen. Das hat nichts mit „etwas vermindert sich" zu tun, sondern damit, dass die Grundlogik der Doppik jene ist, dass Passiva den Aktiva gegenüberstehen und in Summe Null ergeben müssen.[100]

$$\text{Abschreibungen Anlagevermögen}_{\text{in €}} = \text{Summe Abschreibungen}_{\text{Anlagensp. Einzelkonten in €}} + \text{Absolut (Summe Abschreibungen}_{\text{Anlagensp. E. Kapitaltransfer in €}})$$

Der „Anlagenspiegel Einzelkonten Kapitaltransfer" besteht also aus ausschließlich negativen Zahlen, die damit beschriebenen Substanzwerte sind aber keineswegs „negativ". Um deshalb das gewünschte, logisch richtige Ergebnis zu erhalten, muss der jeweilige Absolutbetrag des zweiten Anlagenspiegels zu den jeweiligen Werten des ersten addiert werden. Andernfalls würde die Addition einer negativen Zahl per Saldo wieder eine Subtraktion ergeben.

In Gemeinden, die nur einen „Anlagenspiegel Einzelkonten" ausweisen, ist die Errechnung des tatsächlichen Aktivvermögens und der Afa und somit die Anwendung der obigen Formel de facto nicht möglich. Jeder einzelne absolut gesetzte Negativwert müsste händisch aufaddiert werden - das widerspricht eindeutig der gesetzlich geforderten Haushaltsklarheit. Hier kann nur näherungsweise mit dem EHH[2226] gerechnet werden,

---

[100] Dieser Logik folgend sind in den direkt aus der Buchhaltung gewonnenen Gewinn- und Verlustrechnungen von Unternehmen negative Zahlen Einnahmen und positive Zahlen Ausgaben. Ein Gewinn ist daher eine negative Zahl, ein Verlust eine positive. Werden diese Zahlen nicht aufbereitet, kann dies auch in einem Abschlussbericht schon mal so stehen – z.B. in einem dem Gemeinderat vorgelegten Beteiligungsbericht. Vorsicht also beim ersten Eindruck: eine wie ein Verlust aussehende, negative Zahl, könnte ein Gewinn sein.

wohl wissend dass diese Zahl zu hoch sein könnte, weil mehr als Abschreibungen darin enthalten sein können.

Die VRV sagt dagegen eindeutig: „Die vorhandenen Vermögenswerte sind einzeln zu erfassen und gemäß der Anlage 6g in den Anlagenspiegel und die Vermögensrechnung aufzunehmen beziehungsweise überzuleiten."[101] Es ist nicht die Rede von „Die vorhandenen Vermögenswerte abzüglich deren Anteile aus Investitionszuschüssen sind einzeln zu erfassen [...]." Diese Art der vermischten Darstellung ist also nicht nur unzweckmäßig, sondern auch nicht gesetzeskonform.

Rechnungsabschluss 2021 — **Anlagenspiegel nach MVAG (Anlage 6g)**

Stadtgemeinde Baden

MVAG	Bezeichnung	Buchwert 31.12.2020	Zugänge/ + Umbuchungen	Abgänge/ -	Wertaufholung+/ Wertminderung-	Abschreibung	Buchwert 31.12.2021
1010	Immaterielle Vermögenswerte	58.231,57	17.256,00	0,00	0,00	29.594,57	45.893,00
1021	Grundstücke, Grundstückseinrichtungen und Infrastruktur	109.531.099,84	1.163.059,21	17.746,05	0,00	1.246.333,34	109.430.079,66
1022	Gebäude und Bauten	21.367.183,49	90.985,37	0,00	0,00	910.997,79	20.547.171,07
1023	Wasser- und Abwasserbauten und -anlagen	24.288.720,49	479.752,08	0,00	0,00	980.158,41	23.788.314,16
1024	Sonderanlagen	8.631.696,29	1.210.883,78	35.079,20	0,00	998.916,96	8.808.583,91
1025	Technische Anlagen, Fahrzeuge und Maschinen	3.455.112,55	1.622.170,02	15.544,49	0,00	763.952,13	4.297.785,95
1026	Amts-, Betriebs- und Geschäftsausstattung	2.011.990,23	554.705,25	32.799,74	0,00	472.168,94	2.061.726,80
1027	Kulturgüter	886.155,78	1.450,00	7.462,18	0,00	0,00	880.143,60
1028	Geleistete Anzahlungen für Anlagen und Anlagen in Bau	570.583,51	1.213.408,44	193.851,00	0,00	0,00	1.590.140,95
	Summe Aktiva	**170.800.773,75**	**6.353.670,15**	**302.482,66**	**0,00**	**5.402.122,14**	**171.449.839,10**
1311	Investitionszuschüsse von Trägern öffentlichen Rechts	-1.724.103,18	0,00	1.699.555,37	0,00	-111.544,84	-3.312.113,71
1312	Investitionszuschüsse von Beteiligungen	0,00	0,00	0,00	0,00	0,00	0,00
1313	Investitionszuschüsse von übrigen	-8.935.600,11	0,00	529.253,71	0,00	-284.143,84	-9.180.709,98
	Summe Passiva	**-10.659.703,29**	**0,00**	**2.228.809,08**	**0,00**	**-395.688,68**	**-12.492.823,69**
	Saldo Aktiva/Passiva	**160.141.070,46**	**6.353.670,15**	**2.531.291,74**	**0,00**	**5.006.433,46**	**158.957.015,41**

Abbildung 27: Sinnvoller, gesetzeskonformer Anlagespiegel nach VRV Anlage 6g

Dass es technisch möglich ist, klar, transparent und letztendlich gesetzeskonform darzustellen, beweisen viele andere Gemeinden, wie die Abbildung zeigt.

Aktiva (Sachanlagen) und Passiva (Sonderposten Investitionszuschüsse) sind klar getrennt, damit ist der Gesamtwert des Anlagevermögens direkt mit dem Vermögenshaushalt abstimmbar. Die gesamten, vollen und ungekürzten Anlagenwerte und -abschreibungen sind leicht auffindbar (Zeile „Summe Aktiva"). Es ist kein mühsames, manuelles Nachrechnen erforderlich. Mit so einer Aufstellung sind die Notwendigkeiten des Finanz-

---

[101] (VRV 2015, 2021) §38 (2)

managements, genau wie die gesetzlichen Vorschriften vollkommen erfüllt.

Der in der Abbildung gezeigte Anlagenspiegel ist im Übrigen der gesamte der Stadtgemeinde Baden, also einer Bezirkshauptstadt mit ordentlich Vermögen, wie an den Summen ja leicht erkennbar ist. Er enthält alles, was es braucht, auf genau einer Seite! Eben auch - und das ist nicht zu unterschätzen - keinerlei Scheintransparenz oder Scheingenauigkeit in Form von nichts aussagenden, endlosen Tabellen, die über dutzende Seiten hinweg Buchwert und Abschreibung von Papierkörben und Schirmständern unter Abzug allfälliger Investitionszuschüsse listen.

Die schlimmste Form der Intransparenz ist die totale Offenlegung, der Zahlenfriedhof, aus dem wirklich nichts essenzielles mehr herauslesbar ist.

3.2.4.7 Nicht bewertete Kulturgüter (6h)

Diese Beilage ist die „Ausnahmeliste zum Anlagespiegel". Sie beinhaltet alle Vermögensgegenstände, deren Wert insofern nicht bezifferbar ist, als diese so nicht mehr herstellbar sind. Die VRV ist dabei aber streng. Es muss sich um besondere, einmalige historische Kulturbauten oder niemals für den Markt bestimmte Kunstwerke handeln. Eine bloße Umgehung der Abschreibung zur Verbesserung des Ergebnishaushaltes darf mit dieser Aufstellung nicht betrieben werden.

3.2.4.8 Leasingspiegel (6i)

Ähnelt sehr dem Anlagespiegel. Diese Beilage soll jene Vermögenswerte darstellen, welche aufgrund des gewählten Anschaffungsvertrages (Leasing) nicht im Eigentum der Gemeinde und daher nicht im Anlagespiegel stehen. Von der Gemeinde aber wie diesen solches genützt wird und letztendlich auch bezahlt werden muss.

3.2.4.9 Beteiligungsspiegel und verwaltete Einrichtungen (6j/k/l)

Passend zu den drei Definitionen von Beteiligung gemäß VRV sind in Summe drei Beilagen im Rechnungsabschluss anzuführen:

- Beteiligungsspiegel für sämtliche unmittelbare Beteiligungen (=Tochterunternehmen) gem. der Anlage 6j der VRV,
- Beteiligungsspiegel für mittelbare Beteiligungen (=Enkelunternehmen) mit einer durchgerechneten Beteiligungshöhe größer 50% gem. der Anlage 6k der VRV,

- Nachweis der verwalteten Einrichtung (Anstalten, Stiftungen, Fonds o.ä.) gem. der Anlage 6l der VRV.

Sofern eine mittelbare Beteiligung in einem Konzernabschluss (einer gemeinsamen Bilanz) einer unmittelbaren Beteiligung im Nachweis 6j mit enthalten ist, muss diese mittelbare Beteiligung nicht mehr im Nachweis 6k angeführt werden, auch wenn diese mehr als durchgerechnet 50% beträgt. Ein entsprechender Hinweis im Bericht muss aber enthalten sein. Über die Beteiligungsnachweise lässt sich ermitteln, ob die Nettovermögensveränderungen korrekt in den Ergebnis- bzw. den Vermögenshaushalt der Gemeinde in Form von Neubewertungsrücklagen eingeflossen sind.

In den Beteiligungsnachweisen ist nur der nominelle Wert der Beteiligung dargestellt, beispielsweise das geleistete Stammkapital für eine GmbH. Darüberhinausgehende Verpflichtungen müssen, je nach Art derselben, im Haftungsnachweis oder als Rückstellung angeführt sein. In diesem Punkt ist die VRV sehr klar geworden: auch wenn es manchmal einer Überlegung bedarf, wo genau jetzt ein bestimmtes Risiko offengelegt sein muss, es gibt jedenfalls keine Risikoform mehr, die nicht mehr dargestellt werden muss. Derartige, nach wie vor immer wieder gerne kolportierte Äußerungen („erst wenn tatsächlich gezahlt werden muss, kommt es in den Gemeindehaushalt") entsprechen nicht mehr dem Gesetz.

3.2.4.10 Aktive und derivative Finanzinstrumente (6m/n/o)

Aktive Finanzinstrumente im Sinne der VRV sind alle Geldveranlagungen, wenn sie nicht liquide Mittel, Forderungen oder Beteiligungen sind. Als solches sind sie in diesem Nachweis anzuführen, wobei mindestens folgende Informationen enthalten sein müssen:

- Ursprünglicher Anschaffungswert,
- Buchwert zum Jahresanfang des vorliegenden Rechnungsabschlusses,
- Zugänge,
- Abgänge,
- Buchwert zum Jahresende des vorliegenden Rechnungsabschlusses,

- Wechselkurs[102] zum Zeitpunkt der Anschaffung, zum Jahresanfang und Jahresende des vorliegenden Rechnungsabschlusses.

Die Gemeinde muss außerdem die Zielsetzung und Methoden des Risikomanagements für aktive Finanzinstrumente, Finanzschulden und derivative Finanzinstrumente schriftlich beschreiben.

Über die reine Berichterstattung hinaus stellt sich nun die Frage: Welche Finanzinstrumente sind der Gemeinde eigentlich erlaubt?

Auch hier gilt das Prinzip: erlaubt ist, was nicht verboten ist. Dies führte vor allem in den anfänglichen 2000er-Jahren in Gemeinden zu immer höherer Risikobereitschaft bei Finanzgeschäften und nicht selten zu herben Verlusten. Auch wenn hier der große Trend - hervorgerufen durch dramatische Fälle des Scheiterns - vorbei ist, fehlen weiterhin bundesweite Verbote oder Einschränkungen für Risiko- und Spekulationsgeschäfte seitens des Gesetzgebers. Gemeindeautonomie und die Rechtsfiktion der Einheitsgemeinde werden in dieser Frage höhergestellt.

Spekulationsgeschäften, insbesondere Finanzspekulationen (Swaps, Fremdwährungs- und Termingeschäfte) umgibt seit jeher eine zwiespältige Aura. Viele sehen sie als unabdingbare Ergänzung zur Realwirtschaft, nicht wenige dagegen als Inbegriff des Glücksrittertums oder kapitalistischer Machtansprüche. Das Problem des Begriffes "Spekulation" ist, eine genaue Grenze zu finden, denn diese existiert - ähnlich dem Begriff der Nachhaltigkeit - weder in der Wissenschaft, geschweige denn in unserem Rechtssystem.

Spekulation ist jede in die Zukunft gerichtete, vorausschauend getätigte Vermögensdisposition (Bewegung), welche so gestaltet wird, dass die eigenen Zukunftserwartungen einen wirtschaftlichen Nutzen versprechen. Eine wichtige Funktion der Spekulation besteht in der Möglichkeit, bestimmte Risiken des Arbeits- oder Kapitalmarktes, des Unternehmens oder des eigenen Lebens, gegen eine angemessene Gebühr an die Gruppe der Spekulanten zu übertragen. Also jene, die das Eintreten des Risikos für nicht so wahrscheinlich halten oder bereit sind, durch Sammeln vieler Einzelrisken den dadurch

[102] Welcher Wert als Wechselkurs verwendet wird hängt von der Art der Veranlagung ab. Näheres regelt dazu (VRV 2015, 2021) §33 und §34

in der Masse selten werdenden Einzelfall tragen zu können. Diese Form der Absicherung beschreibt auch der aus der Finanzwirtschaft stammende Begriff "Hedging" (wörtlich: Einzäunen, Eingrenzen).

Man ist also schlecht beraten, Spekulation per se zu verteufeln, denn wirklich spekulationsfrei will niemand sein. Auch eine Lebensversicherung, ja selbst gesell-

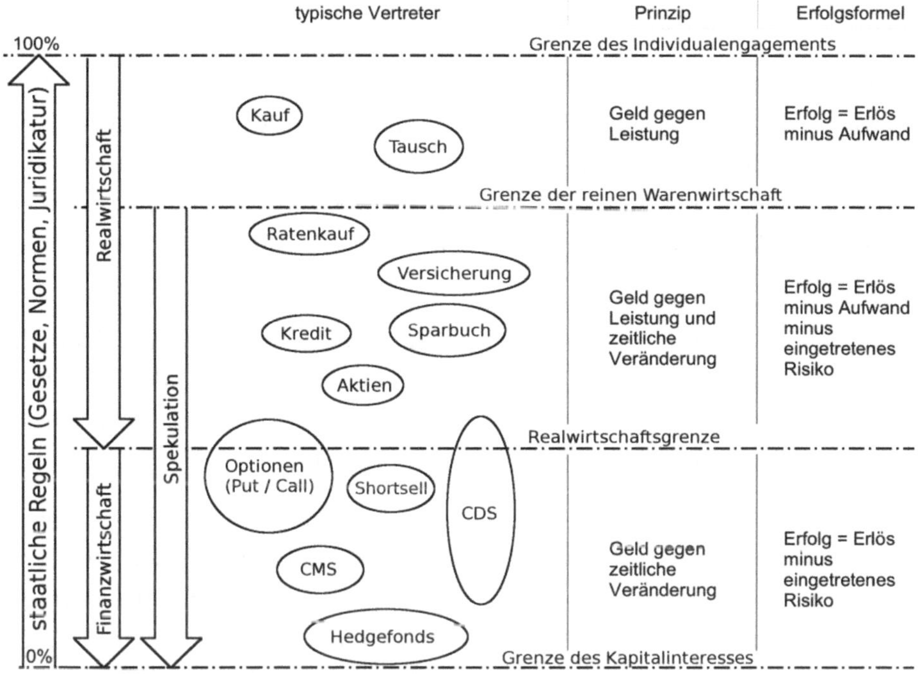

Abbildung 28: Steigerungsskala und Rechtsrahmen für Spekulation

schaftliche Solidarität in Form von Arbeitslosengeld oder Sozialhilfe ist, rein auf das finanztechnische beschränkt, die Vergemeinschaftung von Risken und somit Spekulation. Jeder leistet einen Beitrag in einen gemeinsamen Topf, damit jenen wenigen, die es trifft, geholfen werden kann. Keiner weiß, wer das sein wird, die TeilnehmerInnen dieses Systems sind SpekulantInnen auf ein mögliches, aber ungewisses Ereignis.

Die Abbildung zeigt ohne Anspruch auf Vollständigkeit die ganze mögliche Palette des „Geschäftslebens" auf einer Skala des staatlichen Regelsystems. 0% bedeutet, dass der Staat überhaupt keine Regeln setzt oder setzen kann (alles ist erlaubt), 100% bedeuten, gesetzliche Regelung bis hin zu exakten Produktionsvorgaben (Planwirtschaft). In unserem derzeitigem Rechtssystem sind Individualengagement und Realwirtschaft im oberen Bereich der Grafik durch bestimmte Regeln eingefasst. Am unteren Ende dagegen ist, platt gesagt, alles erlaubt, was nicht Insiderhandel, Korruption oder Diebstahl ist. Hier öffnen sich mit steigender Kreativität der Menschen schon ein paar Probleme. Die Geschäfte im Bereich der Spekulation unterscheiden sich hinsichtlich Qualität und Ethik erheblich.

Der wesentliche Paradigmenwechsel passiert an der Grenze der Realwirtschaft. Bis dahin sind alle Geschäfte mit Spekulationskomponente noch Absicherungsgeschäfte. Der Kreditgeber A versichert sich beispielsweise bei einem Risikonehmer B dagegen, dass sein Kredit, den er C gegeben hat, ausfällt. B muss also A den restlichen Kredit zahlen, wenn C pleitegeht und erhält für dieses Risiko eine Gebühr von A oder von C, je nachdem wie dies vereinbart ist.

Hinter der Realwirtschaftsgrenze gibt es keinen Bezug zum Ursprungsgeschäft mehr. Hier versichert sich jeder Beliebige X bei B gegen Zahlungsausfall von C, also auch Personen, bei denen C gar keine Schulden hat. Derartige Geschäfte finden also ohne jegliche Beteiligung der eigentlichen Geschäftsinhaber A und C statt.

Ähnlich ist es bei den berühmt gewordenen Aktienleerkäufen, dem sogenannten „Shortselling". Hier wird Geld verdient, wenn die in diesem Deal integrierte Aktie an Wert verliert. Das eherne Grundprinzip des Geschäfts an sich - der direkte wechselseitige Nutzen - existiert hier nicht mehr. Klingt absurd, ist aber genau jene Art von Geschäften, die weltweit mittlerweile das 90-fache Volumen der gesamten Realwirtschaft ausmachen. Der ethische Aspekt solcher Geschäfte soll hier nicht zur Diskussion stehen, denn er ist nicht immer eindeutig, wie das folgende Beispiel zeigt.

Der berühmte Betrugsfall des deutschen Unternehmens „Wirecard AG", der tausende Kleinanleger um ihr Kapital brachte, wurde durch Shortseller aufgedeckt. Politik und Finanzaufsicht versagten in diesem Fall völlig und die juristische Aufarbeitung wird noch viele Jahre dauern. Jene Form der Spekulation, die im Wesentlichen damit Profit macht, vor anderen zu erkennen, dass ein Unternehmen überbewertet ist oder aufgrund illegaler Machenschaften fallen wird, war in diesem Fall schneller. Ohne sie hätte es möglicherweise noch weitere Opfer unter vertrauensvollen Kleinanlegern gegeben.

Unbenommen solcher Ausnahmegeschichten erläutert der Gesetzgeber allerdings nicht, welches dem Gemeinwohl dienende Interesse die steuerzahlende Bevölkerung an derartigen Geschäften hat. Warum Spekulationsgeschäfte überhaupt zum legalen Wirkungskreis der Gemeinde gehören sollen, ist nicht definiert. Somit ist Tatsache: es ist jeder Gemeinde erlaubt, mit Steuergeld im Bereich jenseits der Realwirtschaft zu spekulieren. Nur auf Landesebene gibt es Verbote oder Einschränkungen. Klassische und in Bezug auf den Kapitalmarkt risikolose, also nicht spekulative Finanzgeschäften sind:

- Spareinlagen, Festgeld, Kassenobligationen,
- Veranlagungen mit hundertprozentiger Kapitalgarantie,
- Euro-Darlehen und Euro-Leasing (also ohne Fremdwährungsrisiko),
- Cashpooling.

Das sollte für eine Gemeinde eigentlich reichen, die hier beschriebenen Beilagen sind also idealerweise leer. Die meisten Gemeinden halten sich mittlerweile auch daran.

3.2.4.11 Rückstellungsspiegel (6q)

Neben den allgemeinen Definitionen der VRV, welche Ereignisse mittels Rückstellung abgesichert sein müssen,[103] gilt ein weiterer Hinweis: „Für Haftungen der Gebietskörperschaft, bei denen eine Inanspruchnahme zumindest von überwiegender Wahrscheinlichkeit angenommen wird, sind Rückstellungen anzusetzen." Im Rückstellungsspiegel ist für jede derart erforderliche Rückstellung anzugeben:

- Höhe der Rückstellungen zum Jahresbeginn,
- Dotierung, also Erhöhungen der Rückstellung während des Jahres,
- Verbrauch, Auszahlungen aus der Rückstellung während des Jahres (Rechtskräftig gewordene Ansprüche),
- Auflösung, also Rückführungen von Rückstellungen in das Nettovermögen, da das Risiko der Rückstellung weggefallen ist,
- Höhe der Haftungen zum Jahresende.

[103] Siehe Kapitel „Rückstellungen", Seite 110

3.2.4.12 Haftungsnachweise (6r)

Im Haftungsnachweis sind alle Haftungen darzustellen, die die Gemeinde eingegangen ist. Darin unterscheidet sich dieser Nachweis vom Rückstellungsspiegel, wo ein konkretes finanzielles Risiko dargestellt wird. Eine Haftung dagegen ist eine Sicherstellung, die im besten Fall kein Risiko darstellt und daher auch nicht im Rückstellungsspiegel aufscheint. Sehr wohl aber besteht eine rechtliche Verpflichtung, die unter sich verändernden Umständen eine rechtlich bindende, finanzielle Konsequenz auslöst. Eine Haftung kann also zu einer Rückstellung und anschließend zu einer Zahlungsverpflichtung führen, sobald das Risiko in der Realität eintritt. Das Aussehen eines Haftungsnachweises regelt die Beilage 6r der VRV. Für jede Haftung ist, ähnlich einem Anlageverzeichnis, anzugeben:

- Höhe der Haftungen zum Jahresbeginn,
- Zugänge, also Erhöhungen der Haftung während des Jahres,
- Abgänge, also Minderungen der Haftung während des Jahres,
- Höhe der Haftungen zum Jahresende.

Da es in der VRV keine Geringfügigkeitsgrenzen gibt, muss der Haftungsnachweis umfassend sein. In der Praxis ist es also kaum möglich, dass dieser Nachweis leer ist. Die Maximalhöhe zulässiger Haftungen ist mittels §15a-Vereinbarung bundesweit einheitlich gesetzlich geregelt. Die Haftungsobergrenze HOG(t) wird, diesem Gesetz folgend, wie nebenstehend angeführt berechnet. Als Bemessungsgrundlage gelten die Einnahmen der Gemeinden an öffentlichen Abgaben, ablesbar im Abschnitt 92 und 93 im Detailnachweis, Zeile „Summe 21", des jeweils zweitvorangegangenen Jahres (t-2). Allfällig zu zahlende Landesumlagen müssen davon noch abgezogen werden.

$$HOG_{(t)} = (\text{Einnahmen Absch. } 92 + 93 \text{ minus Landesumlagen})_{(t-2)} * 0{,}75$$

3.2.4.13 Pensionen und Personal (6s + Anlage 4)

In zwei weiteren Beilagen müssen Anzahl der Ruhe- und Versorgungsgenussempfänger sowie pensionsbezogene Aufwendungen („Gemeindepensionen") angeführt werden, sowie Personaldaten laut letztgültigem österreichischen Stabilitätspakt („Dienstpostenplan").

3.2.4.14 nicht voranschlagswirksame Gebarung (6t)

Diese Beilage besteht aus einer Auflistung der Veränderungen der nicht voranschlagswirksamen Forderungen einerseits und der Veränderungen der nicht voranschlagswirksamen Verbindlichkeiten andererseits.

3.3 Jahreszyklus eines Haushaltes

Der Haushalt einer Gemeinde besteht immer aus einem vorausschauenden Plan, dem Voranschlag, und einem rückschauenden Tatsachenbericht, dem Rechnungsabschluss.

3.3.1 Voranschlag

Der Voranschlag ist eine Verordnung des Gemeinderates. Meist konzentriert sich die Arbeit auf das umfangreiche Zahlenwerk, welches aber eigentlich nur die Beilage zur Verordnung an sich ist. Nachfolgende Abbildung zeigt, wie eine kurze, knappe Budgetverordnung aussehen könnte. Viele Gemeinden kombinieren im Voranschlag den Vorbericht mit der Verordnung. Das ist streng formal in Ordnung und allemal besser als die Praxis anderer Gemeinden, gar keinen Verordnungstext vorzulegen. Aus Transparenzgründen ist aber auf eine klare funktionale Trennung innerhalb des Textes zu achten:

- Eine Verordnung ist ein Beschluss (= eine Anweisung mit unmittelbaren Rechtsfolgen),
- Ein Bericht wird zur Kenntnis genommen (= die Feststellung eines Sachverhaltes, keine unmittelbaren Rechtsfolgen).

Berichte und Verordnungen sind nicht dasselbe: In der Verordnung sind Beschlüsse zu dokumentieren, die im Zahlenwerk nicht enthalten sind:

- Steuer- und Hebesätze,
- Höhe der Kassenkredite,
- Deckungsfähigkeitserklärungen,

- Kreditsperren,
- Leermeldungen zu gem. VRV und Landes-VO vorgesehenen, aber in der Gemeinde nicht relevanten Beilagen,
- Weitere besondere Bedingungen.

Zu beachten sind weiters Bestimmungen hinsichtlich:

- Art und Weise der Kundmachung und der öffentlichen Auflage am Gemeindeamt,
- Äußerungsrechte der BürgerInnen,
- Beschlussfassung rechtzeitig vor Beginn des Haushaltsjahres.

Gelingt es dem Gemeinderat bis zum Jahresbeginn nicht, ein Budget korrekt zu beschließen, tritt eine Fortführungsbestimmung in Kraft. Diese regelt in allen Bundesländern praktisch ident, dass für jedes Monat ohne Budget das jeweilige Monat des Vorjahres fortgeführt werden muss. Speziell für Investitionen hat dies schwere Folgen: diese sind damit de facto blockiert.

Die Abbildung zeigt ein mögliches Aussehen einer Budgetverordnung. Die Punkte II. bis VII. sind natürlich konkret auszuführen, eine vollständige Verordnung wird daher in aller Regel nicht auf einer Seite allein Platz finden.

Verordnung des Gemeinderates über

I. Festsetzung des Voranschlages des Jahres 20xx

a) Ergebnishaushalt

Summe der Einnahmen	€ ....
Summe der Ausgaben	€ ....
Überschuss (oder) Abgang	€ ....

b) Finanzierungshaushalt

Summe der Einzahlungen	€ ....
Summe der Auszahlungen	€ ....
Überschuss (oder) Abgang	€ ....

Gegenseitig deckungsfähige_Haushaltsstellen/Unterabschnitte:
(Angabe der Haushaltsstellen/Unterabschnitte)

Kreditsperren für Haushaltsstellen bzw. Unterabschnitte:
(Angabe der Haushaltsstellen/Unterabschnitte, Höhe und Auflösungsbedingung der Kreditsperre)

II. Festsetzung der Steuerhebesätze
(z.b. Hebesätze für die Grundsteuer)

III. Festsetzung der Gemeindeabgaben
(z.b. Hunde-, Gebrauchs- oder Lustbarkeitsabgabe)

IV. Gebühren für die Benützung von Einrichtungen
(z.b. Kanal, Wasser, Bibliothek, Gemeindesaal ...)

V. Kassenkredite
Rechtsgrundlagen, Höchstbetrag € ....

VI. Aufnahme neuer Darlehen
Für (Vorhaben 1) € ....
Für (Vorhaben 2) € ....

VII. Dienstpostenplan
(Verweise auf die entsprechende Voranschlagsbeilage)

Ort, Datum Bürgermeister

Abbildung 29: Kompaktes Beispiel einer Budgetverordnung

Punkt I. kann außerdem zur Flexibilisierung der täglichen Verwaltungsarbeit zwei weitere Anordnungsinstrumente einsetzen:

Eine sogenannte „Deckungsfähigkeitserklärung". Dies ist eine Beschreibung jener Haushaltsstellen, die ohne gesonderten Beschluss „füreinander einstehen" dürfen. Praktisch gesprochen: bleibt auf einer Haushaltsstelle ein Betrag über, darf eine andere, in der Verordnung als deckungsfähig erklärte Haushaltsstelle in gleicher Höhe überzogen werden. Deckungsfähigkeitserklärungen dürfen nicht pauschal über den ganzen Haushalt oder ganze Ansatzgruppen formuliert werden. Ist alles für jedes gegenseitig deckungsfähig, bräuchte es keinen Voranschlag mehr. Das gesetzliche Prinzip der Genauigkeit und Wahrheit des Haushaltsplanes darf nicht darunter leiden.

Eine sogenannte „Kreditsperre". Dies sind teilweise oder auch gänzliche Blockaden einzelner Haushaltsstellen oder Ansatz-Unterabschnitte. Derart gesperrte Haushaltsstellen dürfen so lange nicht zur Bedeckung von Ausgaben herangezogen werden, bis die Kreditsperre aufgehoben wird oder die zur Kreditsperre führenden Gründe nicht mehr gegeben sind. So lässt sich beispielsweise sehr gut dem „kameralen Dilemma" begegnen, wonach Ausgaben nur mit Bedeckung veranschlagt werden dürfen.

Besteht die Bedeckung aus einer der Art und Höhe nach nicht gewissen Förderung oder einem nicht genehmigten Kredit, wäre entsprechend fundamental streng argumentiert, auch die Veranschlagung der Ausgabe nicht zulässig, die Veranschlagung von Investitionsprojekten somit generell ziemlich unmöglich. Mit einer Kreditsperre kann diese Unsicherheit ausgeräumt werden, in dem die entsprechenden Bedingungen in der Verordnung mit formuliert werden, welche erfüllt sein müssen, um die Haushaltsstelle für die Ausgabe freizugeben.

3.3.2 Nachtragsvoranschlag

Stehen Abweichungen vom gültigen Voranschlag an, welche nicht durch die Deckungsfähigkeit zu regeln sind, muss ein Nachtragsvoranschlag (NVA) beschlossen werden. Der Begriff Nachtragsvoranschlag legt dabei schon selbsterklärend fest, dass dieser zwar nachträglich zum Beschluss des ursprünglichen Voranschlags erstellt wird, aber vor der tatsächlichen Handlung (Auftragserteilung o.ä.) welche zu den abweichenden Erträgen oder Aufwänden führt (Voranschlag eben). Eine viel geübte Praxis in Gemeinden, mit dem

Nachtragsvoranschlag bereits getätigte Aufwände im Nachhinein zu sanktionieren, ist nicht gesetzeskonform, es gibt nun mal keinen Nachanschlag.

Manche Gemeinden vermeiden Nachtragsvoranschläge. Dabei sind sie an sich nichts Schlechtes und stellen keineswegs ein Versagen der Gemeindeführung dar. Richtig und gesetzeskonform angewandt, sind sie Ausdruck eines zeitnahen und flexiblen Finanzmanagements. Es kommt, wie bei so vielem, auf den Inhalt an und nicht auf die Form.

Es steht der Gemeinde frei, Anzahl und Zeitpunkt der NVA festzulegen. Ein empfohlener Zeitpunkt ist 1-2 Monate nach dem Rechnungsabschluss, da zu diesem Zeitpunkt die neuesten IST-Zahlen vorliegen. Einen NVA im September, Oktober oder noch später im Laufe des Jahres zu beschließen erscheint dagegen weniger zweckmäßig. Ein VA soll Maßnahmen beinhalten, die in dem jeweiligen, noch verbleibenden Jahr auch tatsächlich stattfinden. So spät erst beschlossene Änderungen stehen im Verdacht, von vornherein gar nicht zur Umsetzung zu gelangen oder eben schon ohne Voranschlag umgesetzt worden zu sein. Beides entspricht nicht dem Gesetz.

Selbstverständlich darf in einem Nachtragsvoranschlag auch der MHP geändert werden. Weist der Rechnungsabschluss ein sehr gutes oder eben auch ein sehr schlechtes Ergebnis gegenüber dem seinerzeitigen Voranschlag aus, können die daraus zu ziehenden Konsequenzen auch über mehrere Jahre wirken.

Ein Nachtragsvoranschlag hat den gleichen Fristenlauf wie der reguläre Voranschlag.

3.3.3 Rechnungsabschluss

Der Rechnungsabschluss ist keine Verordnung, sondern ein Bericht. Dem Gemeinderat kommt an diesem Punkt der Haushaltsführung keine Gestaltungshoheit zu. Die Zahlen eines Rechnungsabschlusses sind vom Gemeindeamt so zu erstellen, wie die Realität nun mal ist und nicht, wie der Gemeinderat es gerne hätte. Das ist beim Voranschlag anders, hier können und sollen durch die Leitungsorgane auch subjektive Kriterien einfließen.

Der Rechnungsabschluss wird daher vom Gemeinderat nicht beschlossen, sondern genehmigt. Das bedeutet allerdings nicht, dass der Gemeinderat als politisches Aufsichtsorgan dem Rechnungsabschluss seine willenlose Zustimmung geben muss, solange dieser bloß keine erkennbaren Formalfehler enthält. Der Gemeinderat ist sehr wohl berechtigt, dem Rechnungsabschluss die Genehmigung zu verweigern, wenn er mit der darin dargestellten Tätigkeit des Gemeindeamtes nicht zufrieden ist.

Der Rechnungsabschluss wird zu Recht oft als Rechenschaftsbericht bezeichnet, denn genau das ist er: das Gemeindeamt unter Führung der obersten anordungsbefugten (BGM) und der obersten auszahlungsbefugten Person (GemeindekassierIn) legt Rechenschaft ab gegenüber dem obersten Aufsichtsorgan, dem Gemeinderat. Dieser Vorgang lässt sich durchaus vergleichen mit der weithin üblichen Praxis in Vereinen, dem Vorstand auf der Mitgliederversammlung nach dessen Rechenschaftsbericht die Entlastung auszusprechen. Die Genehmigung des Rechnungsabschlusses durch den Gemeinderat ist die einzig gesetzlich vorgesehene Möglichkeit der Wirkungskontrolle. Dieser Verantwortung sollte dieses Organ gerecht werden.

An formalen Bestimmungen sind für den Rechnungsabschluss ähnlich wie beim Voranschlag einzuhalten die:

- Kundmachung und öffentliche Auflage am Gemeindeamt,
- Äußerungsrechte der BürgerInnen,
- Prüfung im Prüfungsausschuss,
- Beschlussfassung bis zum 31.3. des Folgejahres.

Der Prüfungsausschuss prüft den Rechnungsabschluss nach rechtlicher und sachlicher Richtigkeit (Norm gegen Wirklichkeit), und im Gegensatz zum Gemeinderat unbenommen dessen ob die dargestellten Tätigkeiten den persönlichen Vorstellungen der Ausschussmitglieder entsprechen. Routinemäßige Prüfschritte und Vollständigkeitskontrolle:

- Liegen alle Zusammenstellungen, der Detailnachweis, alle Beilagen gem. der auch in diesem Buch zusammengestellten Listen vor?
- Liegen Wirtschaftspläne, Bilanzen oder Haushaltszusammenstellungen der Beteiligungen vor gem. den jeweiligen Bestimmungen des Bundeslandes?
- Sind alle Unterlagen tatsächlich fertig oder ist damit zu rechnen, dass dem Gemeinderat nach der Prüfung noch veränderte Zahlen vorgelegt werden?
- Stimmen die Checks zur Plausibilität? Eine Anleitung dazu findet sich auf der Homepage gemäß nebenstehendem QR-Code.

3.3.4 Beschlussfassung und Veröffentlichung

Die Beschlussfassung über einen Voranschlag sowie die Genehmigung des Rechnungsabschlusses erfolgt immer im Gemeinderat. In jedem Fall sind Voranschläge (und damit auch Nachtragsvoranschläge), sowie Rechnungsabschlüsse jeweils ohne Angabe schützenswerter personenbezogener Informationen im Internet zur Verfügung zu stellen.[104] In der Praxis führt dies zu hoher Unübersichtlichkeit, da jede Gemeinde dies anders handhabt und auch keine rechtliche Sanktion möglich ist, wenn diese Bestimmung einfach gar nicht eingehalten wird.

Standardisierte Information zu Haushaltszahlen der Gemeinden liefert die Homepage http://offenerhaushalt.at. Diese Datenbank ist ein privatrechtliches Projekt des KDZ - Zentrum für Verwaltungsforschung. Es sind darin Haushaltsdaten zurück bis ins Jahr 2001 abrufbar, vor 2020 natürlich nur auf Basis der alten VRV. Es besteht die Möglichkeit eines Datendownloads, wobei Kumulierungen (Summenbildungen über mehrere Gemeinden oder Regionen) nur stark eingeschränkt möglich sind. Größter Nachteil ist die Freiwilligkeit der Teilnahme an diesem Projekt. Es sind - Stand Juli 2022 - nur knapp 1.400 Gemeinden überhaupt abrufbar, weil deren Zustimmung zur Veröffentlichung auf diesem Wege erforderlich ist. Mehr als ein Drittel der österreichischen Gemeinden nimmt daran nicht teil.

Die nach VRV vorgeschriebene Veröffentlichung auf der Homepage der Gemeinde kann jedenfalls nicht durch eine Präsenz auf dieser Internetplattform ersetzt werden. Das ist nicht deren Aufgabe, und entspricht auch nicht dem Gesetz.

[104] (VRV 2015, 2021), geregelt im §6(9) für den Voranschlag, im §15(5) für den Rechnungsabschluss.

4 Das Finanzmanagement

4.1 Was ist Management?

4.1.1 Geschichte

Das englische Zeitwort „to manage“ steht in etwa für handhaben, etwas bewältigen, bewirtschaften oder beaufsichtigen. Noch weiter zurück geblickt bedeutet „manus“ auf lateinisch Hand, und die Wortfolge „mansionem agere” - „das Haus bestellen” - lässt eine mögliche Wurzel für das heutige Wort Management erahnen, wenngleich dies sprachwissenschaftlich nicht gesichert ist.

Wie der Begriff „Nachhaltigkeit“ ist auch „Management“ einer inflationären Verwendung und damit der Gefahr der Beliebigkeit ausgesetzt. Vielleicht bewirkt die Sehnsucht unserer Zeit, in einer komplexen Welt das Gefühl konkreter Gestaltungsmöglichkeit nicht zu verlieren, dass früher absolut ehrenhafte Berufsbezeichnungen wie Hausmeister heute Facility-Management heißen müssen. Abseits aller nicht immer sachgerechten Ironie lässt „mansionem agere“ allerdings tatsächlich darauf schließen, dass ein selbstständiges Handeln, jenes nicht bloß sture Ausführen von Befehlen, seit jeher Teil der daraus entstandenen Begriffe ist.

Management soll daher für uns als das handwerkliche, praxisbezogene, nichtsdestotrotz aber führende und gestaltende stehen. Deswegen auch die Verwendung von „Finanzmanagement“ im Titel des Buches, um klarzustellen, dass GemeinderatInnnen nicht nur Vertreter einer Haltung oder Ideologie sind („PolitikerIn“), sondern mit Annahme eines Gemeinderatsmandates auch Organwalter einer Körperschaft öffentlichen Rechts geworden sind („ManagerIn“). Diese beiden Rollen sind sorgfältig zu trennen, wenn sachgerecht gehandelt werden soll.

4.1.2 Wer ist das Management und was braucht es?

Gemeinderat, Gemeindevorstand und BürgermeisterIn sind die obersten Organe der Gemeinde, in ihrer hierarchischen Bedeutung direkt vergleichbar mit der Generalversammlung, dem Aufsichtsrat und dem Vorstand einer Aktiengesellschaft oder GmbH. Sie sind das Management. Soll das Management Entscheidungen treffen, die die Nachhaltigkeit der gesamten Organisation wahren, muss es über entsprechende Entscheidungsgrundlagen verfügen. Dies sind:

Listen, Aufstellungen, Informationen jedweder Art in schriftlicher Form, kurz und bündig immer „Berichte“ genannt. Die Qualität eines Berichtes hängt somit nicht nur von der Wahrheit des Inhaltes ab, sondern ganz besonders auch davon, ob dieser den zur Entscheidung passenden Detailierungsgrad hat.

Budgets und Rechnungsabschlüsse der Gemeinden entsprechen hinsichtlich Detailtiefe in etwa den Saldenlisten von Unternehmen. Diese werden Wirtschafts- und Finanzprüfern als Basis ihrer Arbeit vorgelegt. Keinesfalls jedoch wird sich ein Vorstand oder Aufsichtsrat in derartigen Details verlieren. Er wird zusammengefasste Geschäftsberichte und Bilanzen mit Kennzahlen verlangen und nach den darin enthaltenen Informationen entscheiden. Ein Gemeinderat oder Gemeindevorstand hat derartiges in aller Regel nicht - da es gesetzlich nicht oder ungenügend vorgeschrieben ist. Geht es rein nach Gesetz, ertrinken Gemeinderat und Vorstand in hunderten Seiten Details und leiden dennoch an erheblichen Informationsmängeln bezüglich der Gesamtsituation.

4.1.2.1 Managementkreislauf

So bald mehr als eine Person in ein Vorhaben involviert ist, stellt sich das Problem der Arbeitsteilung und der Nachvollziehbarkeit der Ergebnisse.

Vor allem in großen Organisationen muss jede Tätigkeit einer zeitlichen Strecke, dem sogenannten Managementkreislauf folgen. Gemeinden sind in diesem Zusammenhang immer als „große“ Organisationen anzusehen. Selbst wenn das Gemeindeamt nur aus BGM und GemeindesekretärIn besteht, gibt es immer auch noch einen Gemeinderat von mindestens neun, und ein Wahlvolk von um die einhundert Menschen, die rechtlich genauso Teil der Organisation sind, wie beispielsweise Teilhaber einer GmbH. Selbst die kleinste Gemeinde in Österreich darf nicht eigenmächtig, wie ein Einzeleigentümer sein Unternehmen, gemanagt werden.

Der Kreislauf besteht darin, dass Anfang und Ende jedes Vorhabens in derselben Hand liegen. Dazwischen mag es an viele untergeordnete Stellen delegiert werden - wesentlich ist, dass ein Befehl am Anfang und eine Wirksamkeitskontrolle am Ende stattfindet. Und zwar von genau jener Stelle, die in hauptverantwortlicher Rolle den Befehl auch tatsächlich zu leisten hat.

Zu jedem dieser Schritte muss es nachvollziehbare Dokumente geben. Dazu gehört ein Blick in Verträge, Leistungsbeschreibungen, Ausschreibungen, Angebotsprüfungen, interne Kalkulationen, Kostenschätzungen, Lasten- und Pflichtenhefte und vieles mehr.

4.1.2.2 Das Kommunikationsdilemma: Was ist die Frage?

Überall wo Menschen kommunizieren, sind Missverständnisse nicht weit. Eine wesentliche Form des Missverständnisses ist: eine bestimmte Aussage soll die Antwort auf eine Frage geben, dabei beschreibt die Antwort etwas ganz anderes. Oder pointierter formuliert: „wir haben eine Antwort, weiß jemand die Frage dazu?“

Obwohl es durchaus lohnen würde, ginge es jetzt zu weit, in die Theorie der Kommunikationswissenschaften einzutauchen. Die häufigsten Beispiele aus der Praxis, wo es aufgrund unterschiedlicher Begriffsinterpretation regelmäßig zu einem Kommunikationsdilemma kommt, sind am Ende des Buches im Kapitel „Zum guten Schluss“, Seite 229, angeführt. Diskussionen bleiben in solchen Situationen meist nicht wegen unterschiedlicher Standpunkte, sondern wegen fehlendem korrektem Begriffsverständnis unergiebig oder scheitern gänzlich.

4.1.3 Kosten- und Erlöswahrheit, Kosteneffizienz

Kosten fallen überall an. Die einen wissen durch exakte Dokumentation im Vorhinein sehr genau, wann wie viel an Kosten und Erlösen anfällt. Andere wissen derartiges nicht und werden von Entwicklungen oft unangenehm getroffen. Genau das ist der Unterschied zwischen Kosten steuern, oder dieses zu unterlassen.

Auch wenn es in der Tat erstaunliche Einzelfälle geben mag, wo besonders begnadete Personen hochkomplexe Organisationseinheiten ohne erkennbare Steuerungsinstrumente rein intuitiv erfolgreich durch alle Wind- und Wetterlagen führen. Das Problem für den Rest der Welt: für das Vorhandensein solcher Finanzgenies gibt es keine Garantie. Und schon gar nicht jeder, der sich als solches darstellt, hat tatsächlich ein gutes G'spür - viele dagegen nur eine allzu leichte Hand beim Geldausgeben. Oder das genauso schädliche Gegenteil: Zauderhaftigkeit und Unentschlossenheit im Namen des Sparens. Einmal mehr verlässt sich das professionelle Finanzmanagement auch bei Begriffen wie Kostenwahrheit, Effizienz oder Umwegrentabilität lieber auf messbare Werte und klare Niederschriften in Protokollen und Berichten.

4.1.3.1 Was ist steuerbar?

Zu wenig Aufwände oder zu viele Erträge hat niemand. Jede Organisationseinheit muss Maßnahmen gegen drohende Verluste treffen. Die Gemeinde kann dies generell mit denselben Methoden machen wie alle anderen auch:

1. eine Aufgabe effizienter, punktgenauer oder erlösträchtiger erledigen,
2. die Aufgabe ganz streichen, weil dauerhafte Verluste weder vermeidbar noch leistbar sind.

Mehrerträge oder Minderausgaben (Reduktion von Aufwänden) ergeben für eine Aufgabe in der Wirkung dasselbe: der Kostendeckungsgrad steigt. Nicht überall hat die Gemeinde dabei vollständig freie Hand.

Kostentyp	**Beispiel**	**Kosten optimieren**	**Leistung einstellen**
Nicht steuerbare Kosten & Erträge	Ertragsanteile, Bedarfszuweisungen, Umlagen z.B. Spital	Nicht möglich	Nicht möglich
Bedingt steuerbare Kosten & Erträge	Pflichtaufgaben wie Behördentätigkeit, Feuerwehr, Straßenerhalt	möglich	Nicht möglich
steuerbare Kosten & Erträge	Ermessensaufgaben wie Sportanlagen usw.	möglich	möglich

Je ein Beispiel: Umlagen werden von der Landesregierung vorgeschrieben. Die Gemeinde hat keine Einspruchsmöglichkeit. Sie kann nicht mal in Widerstand gehen (z.B. Zahlung verweigern), weil die Umlagen schon vor der Auszahlung der Ertragsanteile abgezogen werden. Derartigen Ausgaben sind nicht steuerbar.

Straßenerhalt ist eine Pflichtaufgabe der Gemeinde. Sie muss es tun, darf also aus wirtschaftlichen Überlegungen diese Aufwände nicht einstellen.[105] Sehr wohl liegt es im Ermessen der Gemeinde, diese Aufgabe straff und günstig zu erledigen, die Kosten also – bei grundsätzlich gleichem Ergebnis - gering zu halten. Diese Kosten sind bedingt steuerbar.

Freizeitanlagen sind eine Ermessensaufgabe der Gemeinde. Die Gemeinde muss sie nicht erledigen, sie kann eine derartige Einrichtung gänzlich schließen oder verkaufen. Die Kosten einer derartigen Aufgabe sind voll steuerbar.

4.1.3.2 Kostendeckung oder Umwegrentabilität rechnen

Um zu erfahren, ob ein geplantes Vorhaben kostendeckend und somit in der Zukunft leistbar ist, müssen sämtliche Zu- und Abflüsse, gemeinhin auch Folgekosten genannt, erfasst werden. Dies ist insbesondere bei Investitionen noch vor allen anderen Planungen unumgänglich: denn den Erstankauf zu finanzieren ist meist nicht das Problem. Das gekaufte Gut zuzüglich zu den laufenden Kosten dauerhaft zu erhalten dagegen schon viel eher. Planungsdiskussionen, die ausschließlich die momentane Leistbarkeit einer Investition beinhalten greifen viel zu kurz, weil sie nur die Gegenwart, nicht aber die Zukunft berücksichtigen.

Wie in der allgemeinen Haushaltslogik bereits erkennbar war, ist der künftige Wertverzehr des Anlagevermögens ein nicht zu unterschätzender künftiger Aufwand. Operative Folgekosten plus Abschreibungen („Wertverzehr der Betriebsmittel“) ergeben somit die Folgekosten eines Vorhabens. Es ist nicht schwer zu erkennen, dass der Begriff der Kostendeckung und somit der Kostenwahrheit eng mit der allgemeinen Logik des Ergebnishaushaltes verbunden ist.[106] Die gute Nachricht: Ist ein derart gerechnetes

---

[105] Eine Rückwidmung von öffentlichem Gut und somit eine Auflösung einer Straße ist grundsätzlich möglich, und kommt in der Praxis in seltenen Fällen auch vor (Aufgabe von Wohngebieten und Renaturierungen). Die in der Realität vorliegende Anschlusspflicht von bewohnten Grundstücken bedeutet in der Praxis jedoch ausnahmslos, dass Straßenerhalt zu den Pflichtaufgabe einer Gemeinde gehört.

[106] (Eichhorn, Mehr Management im öffentlichen Dienst, 2016), Seit 157: „Das Ziel der Kostendeckung ist erreicht, wenn sich eine Organisationseinheit oder eine Aufgabe oder ein Projekt auf Dauer aus eigener

Vorhaben in der Zukunft leistbar, ist die Finanzierung der Ersterrichtung einer Investition (Eigenmittel oder Fremdmittel) eigentlich unerheblich. Investitionskosten sind immer gegenwartsbezogen und können auch problemlos fremdfinanziert werden, während Kostenwahrheit gemäß dieser Definition zukunftsbezogen ist und niemals fremdfinanziert werden darf.

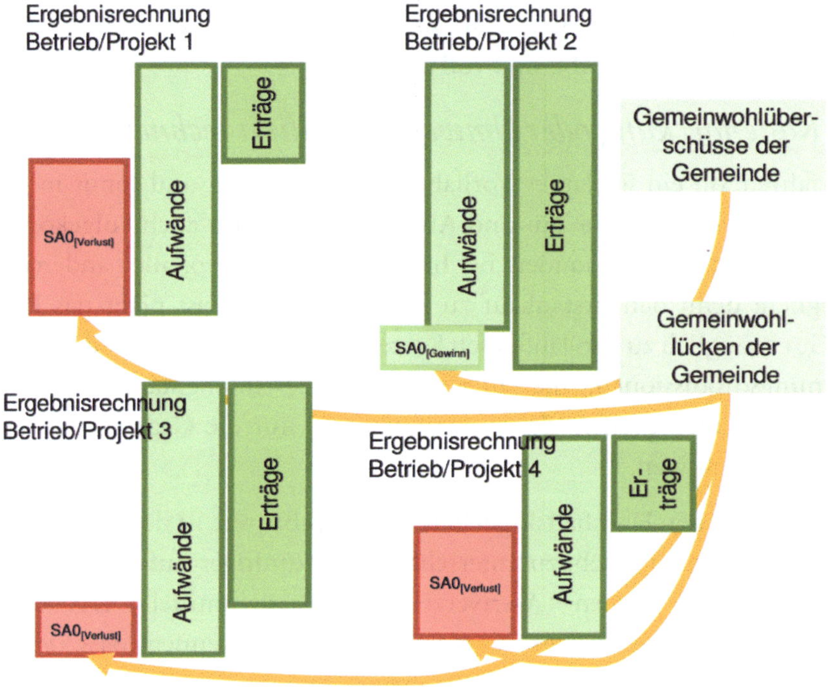

Abbildung 30: Detailhaushalte und deren Gemeinwohllücken oder -überschüsse

Eine Kostenrechnung für die Zukunft als Prognose zu erstellen, wird Kalkulation genannt. Genau wie beim Prinzip der Erfolgsrechnung bestehen die Aufwände der Kalkulation aus den Kosten des laufenden Betriebes und den anteiligen Anlagenabschreibungen.

Kostenwahrheit wird also derart gerechnet, dass für jedes neue Vorhaben ein „Projekt-

---

Kraft gerade zu finanzieren vermag. Kostendeckung darf nicht mit Aufwand- oder Ausgabendeckung gleichgesetzt werden. Abschreibungen sind Kosten, aber keine Ausgaben und Tilgungen sind Ausgaben, aber keine Kosten."

Ergebnishaushalt" gebildet wird. Selbstverständlich beinhaltet diese Kostenrechnung auch Erträge, vorausgesetzt es gibt solche. Sollen Umwegrentabilitäten mitgerechnet werden, also Erträge, die das betrachtete Vorhaben nicht direkt, sondern indirekt mit auslöst, dürften diese ebenso berücksichtigt werden. Hierbei gilt sehr streng: dieser Zusammenhang muss objektiv tatsächlich bestehen. Eine Umwegrentabilität zu behaupten auf Basis ideologischer Allgemeinplätze wie „etwas in die grüne Wiese bauen kurbelt die Wirtschaft an", entspricht nicht der Realität und hat daher in einer Kalkulation nichts verloren. Das kaufmännische Sorgfalts- und Vorsichtsprinzip schließt die zahlenmäßige Kalkulation einer Umwegrentabilität daher in aller Regel aus.

Wie schon an anderer Stelle erörtert, gilt auch hier: Investitionen sind keine Aufwände, sie sind im investiven Haushalt des Finanzierungshaushaltes enthalten, nicht jedoch im Ergebnishaushalt. Logischerweise sind daher zweckgebundene Investitionszuschüsse keine Erträge und haben in einer Projektkalkulation ebenso nichts verloren. Ein Beispiel für projektbezogene Erträge sind Eintrittsgelder bei der Errichtung einer Freizeitanlage. Ein Umwegertrag könnte durch höhere Kommunalsteuererträge des benachbarten Wirtshauses gegeben sein, wenn die Anlage tatsächlich groß genug für so einen Effekt ist. Ist das Ergebnis dieses Projekthaushaltes $EHH_{Projekt}$[SA0] kleiner Null (Zuschussprojekt), muss dieser Betrag durch ein positives Gesamtergebnis EHH[SA0] des Gemeindehaushaltes abgedeckt werden. Andernfalls ist auch das Vorhaben insgesamt nicht leistbar. Ist der $EHH_{Projekt}$[SA0] dauerhaft größer Null, ist das Projekt auf jeden Fall zu begrüßen. Ein derartiges Vorhaben ist ein Ertragsprojekt und liefert einen unmittelbaren, direkten Beitrag zur Verbesserung des Gesamthaushaltes und der Gesamtsubstanz.

Auf diese Art und Weise lässt sich die Kostenwahrheit für sämtliche, auch schon bestehenden Tätigkeiten der Gemeinde rechnen. Für jede Gemeindetätigkeit lässt sich ein Globalhaushalt oder ein Detailhaushalt[107] und damit ein Ergebnis $EHH_{Projekt}$[SA0] bilden - denn auch der gesamte EHH[SA0] ist ja nichts anderes als die Summe der Einzelbeträge

---

[107] Dies war auch die ursprüngliche Intention der VRV mit Einführung der Begriffe Globalhaushalt und Detailhaushalt. Die praktische Umsetzungsmöglichkeit im Rahmen des offiziellen Haushaltswerkes wurde allerdings mit der formalistischen Definition der Bereichshaushalte in der VRV zerstört. Global- und Detailhaushalte wie hier vorgeschlagen müssten parallel zum offiziellen Haushalt erstellt werden. Siehe Kapitel „Zusammenstellungen Ergebnis- und Finanzierungshaushalt", Seite 132.

aus den Tätigkeiten der Gemeinde.

Nicht jede Gemeindetätigkeit (Global- oder Detailhaushalt) muss per se einen positiven $EHH_{Projekt}$[SA0] aufweisen. Gemeinden sind ideelle Zweckgemeinschaften, es ist in Folge durchaus zulässig, dass die Summe der negativen Gemeinwohllücken größer ist als die Summe der Gemeinwohlüberschüsse. Denn es gibt eine ausgleichende Größe: die Steuereinnahmen. Sie sind der gesetzliche Rahmen zur Abdeckung von Gemeinwohllücken. Aus diesem Grund sind diese nicht zweckgebunden, die Gemeinde bekommt sie qua Gesetz, und nicht, weil sie etwas „bestimmtes tut". Steuern sind erst recht keine „Leistungshonorare", die Gemeinde darf über sie im Rahmen ihres Wirkungskreises frei verfügen. Der EHH[SA0] der Steuereinnahmen bildet sich aus dem SA0 des Detailnachweis - Ansätze 92, 93, 94. Der Einfachheit halber kann auch der EHH[SA0] des „Bereichshaushaltes 1. Und 2. Ebene Finanzwirtschaft Gruppe 9" herangezogen werden. Eine Gemeinde ist dann wirtschaftlich gesund, wenn die Summe aller $EHH_{Projekt}$[SA0] nicht negativer ist als die Summer der Steuereinnahmen. Die Gemeinwohllücken (Summe aller Zuschussprojekte) dürfen nicht größer sein als der Gemeinwohlrahmen (Steuerüberschuss plus Summe aller Ertragsprojekte).

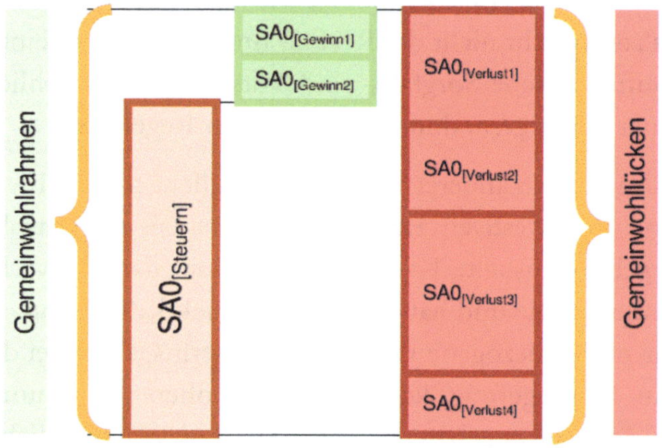

Abbildung 31: Gemeinwohllücken oder -überschüsse zu Steuereinnahmen

Die gelebte Praxis in den österreichischen Gemeinden ist bis heute leider eine andere. Kostenrechnung wird nach wie vor überwiegend auf Finanzierungsbasis und ausschließlich in Bezug auf die Bezahlung einer Erstinvestition betrieben und nicht auf Erfolgsbasis unter Einbeziehung künftiger Folgekosten wie hier beschrieben. Ein wenig müssen die Gemeinden an dieser Stelle allerdings in Schutz genommen werden: sämtliche Verordnungen und von den Landesregierungen vorgeschriebene zusätzliche Beilagen (Investitionsnachweise o.ä.) verlangen derart zahlungsstromorientiertes kalkulieren. Auch die Länder betrachten ausschließlich die gegenwärtige Finanzierung einer Anschaffung und nicht deren zukünftige Leistbarkeit. Verständlich, dass dies nicht gerade Motivation ist für Gemeinden, mit einer weiteren Methode parallel zu kalkulieren.

Bloß an der Mathematik ändert das nichts. Nachhaltigkeit rechnet sich ausschließlich mit dem dritten finanzmathematischen Hauptsatz (siehe Kapitel „Eigenkapitalveränderung ist Nettoergebnis", Seite 45), und aus diesem ergibt sich korrekte Kostenrechnung ausschließlich nach dem hier geschilderten Prinzip. Oder einfacher gesagt: Nachhaltigkeit kann nur der Blick in die Zukunft sein, nicht der in die Gegenwart oder Vergangenheit.

4.1.3.3 Die hohe Kunst des Schätzens

Es gehört zum Alltag des Finanzmanagements, Zahlen für nachgerechnete und damit erst fundierte Aussagen zu verwenden. Aber woher nehmen, wenn gar nichts vorhanden ist? Tatsächlich bleibt in so einer Lage nur die Untersuchung oder Erhebung in Form von Expertisen und Studien. Dazu ist meist die Arbeit externer Personen erforderlich, bestimmte Fragestellungen auszuarbeiten und in Gutachten in Zahlen zu fassen. Diese Vorgangsweise ist mit Sicherheit die genaueste, vorausgesetzt, dass nur seriöse ExpertInnen eingesetzt werden. Aus Kosten- und Zeitgründen wird diese Vorgangsweise daher oft nicht anwendbar sein. Manchmal ist es unumgänglich Sachverhalte abzuschätzen, ohne auf fundierte Grundlagen aufzubauen.

Genau dieses Problem hatte auch Enrico Fermi, ein Kernphysiker und Nobelpreisträger in den Dreißigerjahren des 20. Jahrhunderts. Er musste für die sichere Dimensionierung seiner Versuchsaufbauten ständig Ergebnisse voraussagen, die dem Stand der Wissenschaft weit voraus waren. Fermi löste dies mit einer Technik des systemischen Schätzens. Bald war er nicht nur für seine wissenschaftlichen Erkenntnisse berühmt, sondern vor allem dafür, dass er Ergebnisse wissenschaftlicher Praxisversuche mit erstaunlicher Genauigkeit voraussagen konnte, ohne irgendwelche Basiszahlen dafür zu besitzen.

Auch der Finanzmanager steht regelmäßig vor einem solchen „Fermi-Problem". Das Gute daran: man muss für systemisches Schätzen nicht Nobelpreisträger sein. Es genügt Allgemeinwissen und gesunder Hausverstand. Da sich dieses Allgemeinwissen aber nicht unmittelbar für die Lösung nutzen lässt, besteht das „Fermi-Prinzip" darin, es zu quantifizieren und in Teile zu zerlegen. Die einzelnen Teile beruhen auf Annahmen, die jede für sich leicht begründbar ist. Aus mehreren solchen Teilabschätzungen lässt sich das Gesamtergebnis in mehreren Stufen ermitteln.

Man zerlegt das unlösbare Gesamtproblem in viele kleine, jeweils recht genau abschätzbare Teilprobleme, und addiert diese. Da man die Teilprobleme gut kennt (bzw. diese noch weiter zerlegen könnte), sind deren Schätzwerte deutlich treffsicherer. Zudem ist es höchst wahrscheinlich, dass sich die Abschätzungsfehler gegenseitig aufheben. Einmal wird zu groß geschätzt, das andere Mal zu klein. Die Summe aller Fehler ergibt im Großen ein oft erstaunlich genaues Ergebnis, jedenfalls eines in der richtigen Größenordnung.

Mit dem „Fermi-Prinzip" ist es einer einzigen Person in wenigen Minuten möglich, ein Ergebnis gedanklich und wenn nötig sogar ohne Taschenrechner zu ermitteln. Die Abweichung beträgt kaum mehr als 20% - 30% von einem genauen, tatsächlichen Ergebnis, welches nur mit langen Vorlaufzeiten und hohen Kosten zu bekommen gewesen wäre.

Wichtig ist natürlich, den Einsatz von „Fermi-Fragen" immer kontextbezogen durchzuführen. Soll heißen: in der realen Buchhaltungspraxis haben derartige Schätzungen nichts verloren. Für Reform- und Strategiediskussionen aber bieten sie eine rasch erlernbare Gedankenstütze, die in jeder Position (Wissenschaft, Verwaltung, Privatwirtschaft, Gemeinde) einsetzbar ist.

4.1.3.4 Vermögensaufstellung mit der „11 zu 3 Regel"

Mit dieser Formel[108] lösten wir früher das Problem, in den meisten Gemeinden keinerlei Vermögenszahlen zur Verfügung zu haben. Ausgehend von jenen Gemeinden, die entsprechende Aufzeichnungen gewissenhaft führten, lässt sich heute noch im Durchschnitt annehmen:

- das Pro-Kopf Vermögen der Gemeinde beträgt 11.000€ („11"),
- die Pro-Kopf Afa beträgt davon 3% des Pro-Kopf Vermögens („3"), oder 330€.

Eine Gemeinde mit beispielsweise 3.562 Einwohner besitzt derart systemisch geschätzt ein

---

108 In den Auflagen 1 und 2 dieses Buches hieß die entsprechende Formel 9 : 4 – Regel. Das Prinzip war das gleiche, für die nunmehrige Auflage dieses Buches wurden lediglich die Werte dieser Formel an neueste Entwicklungen angepasst.

Anlagenvermögen von 3.562 * 11.000 = 39,18 M€ (Millionen), welches einer jährlichen AfA von 3562 * 330€ = 1,175 M€ unterliegt.

Da alle Gemeinden in Österreich mehr oder weniger ähnliche Strukturen aufweisen, ist dieser Wert auch in der Praxis auf plus/minus 20% bis 30% genau. Das ist zwar grundsätzlich nicht sehr genau, reicht aber völlig, wenn man wissen will, in welcher Gegend man sich bewegt. Ergibt die Schätzung für die Afa wie im angeführten Beispiel 1,175 M€ und der Überschuss der laufenden Gebarung beträgt beispielsweise 150.000€, ist es egal ob der Fehler 10% oder sogar 50%, plus oder minus, beträgt: die Subtraktion laufende Gebarung minus Afa wird selbst im für die Gemeinde günstigsten Fall dieser Bandbreite negativ sein und die Aussage, dass dieser Haushalt nicht nachhaltig ist, kann zuverlässig gegeben werden.

Größere Städte weisen zwar oft niedrigere pro-Kopf Werte auf, haben dafür aber meist eine Menge Vermögen in Gesellschaften ausgelagert. Rechnet man finanztechnisch richtig dieses Vermögen hinzu, stimmt auch dort der Wert wieder bezogen auf die angegebene Genauigkeit. Der systemisch Schätzfehler hebt sich dem Grunde nach auf.

Heute benötigen wir Gott sei Dank keine Fermi-Schätzungen mehr: es gibt den Vermögenshaushalt in jeder Gemeinde. Als Benchmark lässt sich diese Regel aber nach wie vor gut gebrauchen. Liegen die vorliegenden Zahlen im Vermögenshaushalt der Gemeinde mehr als 30% über oder unter dem Wert dieser Formel, dann sind ein paar Prüfungsnachfragen hinsichtlich Vollständigkeit und Bewertungsgenauigkeit der Eröffnungsbilanz der Gemeinde schon angebracht.

4.1.4 Reorganisation und Ausgliederung

4.1.4.1 Arten der Reorganisation und Ausgliederung

Jede Art der organisatorischen Veränderung wird Reorganisation genannt. Die dafür bestehenden Möglichkeiten in der Gemeinde sind vielfältig und lassen sich wie in der Abbildung dargestellt, zusammenfassen. Jede Form der Reorganisation hat für sich gesehen Vorteile und Nachteile. Reorganisation heißt zunächst nichts anderes, als bestimmte Tätigkeiten künftig bewusst in anderer Form zu erledigen als bisher. In jedem Fall verändert dies die Aussage der Finanzkennzahlen.

Beim Ausgliedern wird eine bestimmte Tätigkeit aus der unmittelbaren Hierarchie der Organisation (z.B. der Gemeinde) herausgenommen und einer anderen Organisationseinheit übertragen. Mit interner Reorganisation und den Betrieben mit marktbestimmter Tätigkeit stehen im öffentlichen Sektor zwei sehr naheliegende und einfach umsetzbare Reorganisationsformen zur Verfügung, die beide noch keine Ausgliederungen sind.

Schließen sich mehrere Gemeinden zu einem Gemeindeverband zusammen, wandert die

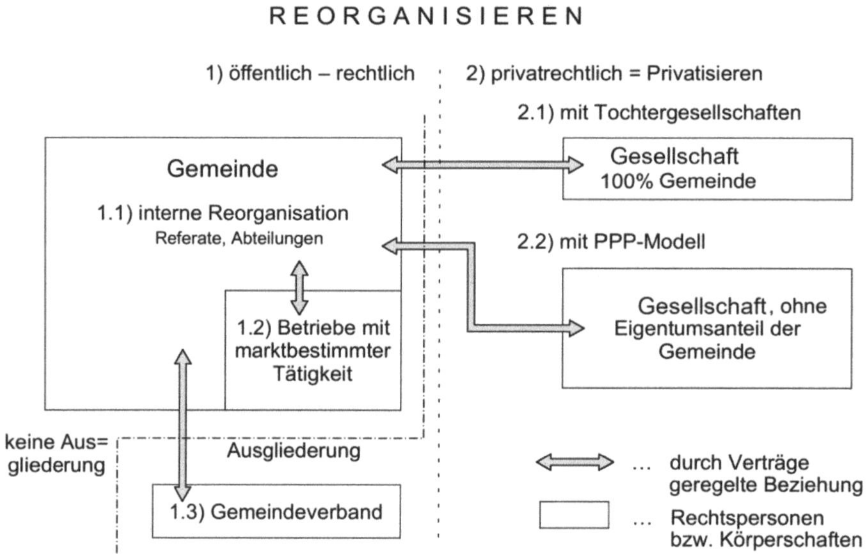

Abbildung 32: Rechtsformen der Reorganisation

Aufgabe in eine unabhängige, von der Gemeinde entkoppelte Rechtsperson. Dies ist bereits eine Form der Ausgliederung, aber noch keine Privatisierung, da auch Gemeindeverbände öffentlich - rechtliche Körperschaften sind.

Die übrigen Varianten der Ausgliederung sind Formen der Privatisierung. Hierfür bedient man sich entweder eigener Körperschaften privaten Rechts, oder sogenannter PPP-Modelle (public private partnership). Letztere sind ein Konstrukt aus mehreren Verträgen, mit denen die Zusammenarbeit mit Körperschaften privaten Rechts nach einem bestimmten Muster geregelt wird.

Zusammengefasst ergeben sich folgende Zusammenhänge:

- Ausgliedern ist eine Form der Reorganisation,
- Privatisieren ist eine Form der Ausgliederung,
- PPP (Public Private Partnership) oder Tochtergesellschaften sind die Formen der Privatisierung,
- Ein Betrieb mit marktbestimmter Tätigkeit ist eine Form der internen Reorganisation, aber keine Ausgliederung,
- Gemeindeverbände sind Ausgliederungen, aber keine Privatisierung.

Verfügt die Gemeinde über ein unabhängig erstelltes Zielprofil, kann unter allen Möglichkeiten der Reorganisation die Beste gewählt werden.

4.1.4.2 Mythen

Auch wenn die Hochzeit des Ausgliederns und Privatisierens der 1990er- und anfänglichen 2000er-Jahre vorbei scheint, verblieben doch noch Mythen der damaligen Zeit in der Welt. Und zumindest mit den Folgen der Ausgliederungswelle müssen die Gemeinden noch Jahrzehnte leben, denn auch Rückabwicklungen sind nicht gerade kostengünstig. Ausgliederungen haben weit über den im Rahmen dieses Buches darstellbare Rechtsfolgen. Für eine sinnvolle und tatsächlich zum Vorteil der Gemeinde reichende Ausgliederung müssen sehr spezielle Bedingungen vorliegen, was in den seltensten Fällen in der Vergangenheit der Fall war, und kaum wo umfassend analysiert wurde. Stattdessen wurden vor allem der Privatisierung im Wesentlichen drei Mythen der schnellen Problemlösung angedichtet:

- Privatisierungen verringern den Schuldenstand,
- Privatisierungen steigern die Effizienz,
- Privatisierungen sind nötig zur Hebung von Steuervorteilen.

Dass Schulden nicht wirklich verschwinden können, bedarf wohl keiner näheren Erklärung. Tatsächlich verschwinden Schulden am Papier aus dem öffentlichen Haushalt durch den Wechsel der Rechtsperson „Gemeinde“ zu „GmbH“ oder ähnlich, um sich nur noch in deren Bilanz wieder zu finden. Damit einher geht sehr oft ein echtes Verschwinden aus der Wahrnehmbarkeit durch Gemeindeführung, Öffentlichkeit, Medien oder politischer Opposition. Natürlich haftet die Gemeinde weiterhin in voller, ungeteilter Höhe. Niemand übernimmt das, kein Investor, niemand.

Die Frage der Effizienz ist niemals eine Frage der Rechtsform der Organisation, sondern immer eine Frage der Motivation und Kompetenz des Gesamtteams. Grundsätzlich unterliegt die öffentliche Hand gewissen Formalbestimmungen. Der Mythos besteht in dem kräftig geschürten Glauben, dass dies in Privatunternehmungen anders ist. Das mag vielleicht noch für kleine Familienunternehmen gelten, in der Realität leisten sich dagegen große und renommierte Konzerne nicht selten einen Verwaltungs- und Entscheidungsapparat, welcher jenem der öffentlichen Hand an Trägheit und Bürokratie weit überflügelt. Denn auch dort wollen viele Interessensgruppen mitreden und verlangen Information und Transparenz.

Steuerschlupflöcher sind hochkomplex und gehören zu den Dingen mit der geringsten Rechtssicherheit. Auch wenn sich ein tatsächliches Schlupfloch auftut: es gibt keine Garantie, dass dies nächstes Jahr noch hält. Die Finanzämter spielen regelrecht Katz und Maus mit den Gemeinden. Der Gesetzgeber schließt Steuerschlupflöcher in immer kürzer werdenden Intervallen, je mehr der Staat selbst nach neuen Erträgen sucht. Dafür eine Gesellschaft zu gründen ist Bauen auf Sand. Es ist den Kontroll- und Transparenzverlust praktisch niemals wert und durch die hohen Anlaufkosten einer Privatisierung oft sogar ein tatsächliches Verlustgeschäft.

4.2 Finanzstrategie

4.2.1 Nachhaltigkeitsbedingungen

„Der Saldo des Ergebnishaushalts zeigt damit automatisch in welcher Periode das Reinvermögen [*Nettovermögen, Anm.*] erhöht oder geschmälert wird. Ist der Saldo über einen längeren Zeitraum hinweg negativ, ist das Prinzip der Nachhaltigkeit bzw. die intergenerativen Gerechtigkeit nicht eingehalten. Damit spielt der Ergebnishaushalt eine Schlüsselrolle bei der Beantwortung der Frage der Nachhaltigkeit.“[109]

Da genau die in diesem Zitat formulierten Zusammenhänge in der Praxis immer noch gerne angezweifelt werden, sei erwähnt, dass sie aus der „Schriftenreihe Recht und Finanzen“ des österreichischen Gemeindebundes stammen. Es handelt sich um offiziell

[109] (Meszarits, 01/2017), Seite 17

anerkanntes und empfohlenes Fachwissen. Daraus lassen sich für einen Haushalt allgemein drei Nachhaltigkeitsbedingungen formulieren:

1) die Potentialbedingung, welche beschreibt, ob der Haushalt grundsätzlich die Möglichkeit besitzt, nachhaltig zu sein,
2) der Erfüllungsgrad, welcher zeigt, ob mit dem Nachhaltigkeitspotential in Bezug auf den Substanzerhalt (Instandsetzungen) tatsächlich das Erforderliche gemacht wird,
3) die Fremdbestimmungsgrenze, welche darüber informiert, ob sich das Verhältnis von Nettovermögen und Verbindlichkeiten in einem gesunden und stabilen Rahmen befindet.

Ein Haushalt ist nachhaltig, wenn er alle drei Bedingungen erfüllt. Die wichtigste Bedingung ist allerdings die erste, sie ist der Hebel für die beiden anderen. Die Potentialbedingung ist rein rechnerisch mit dem Ergebnis des Ergebnishaushaltes EHH[SA0] identisch. Der an dieser Stelle zusätzlich eingeführte Name soll lediglich die Bedeutung für die Nachhaltigkeit nochmal unterstreichen. Ist die Potentialbedingung eins erfüllt, zwei und drei dagegen nicht, ist es mit vergleichsweise undramatischen Maßnahmen möglich, dies zurecht zu rücken. Es ist Potential vorhanden. In anderen Varianten ist dies nicht so. Sobald die Potentialbedingung nicht erfüllt ist, können auch erfüllte Bedingungen zwei und drei nicht zur Verbesserung der Gesamtsituation führen. Eine negative Potentialbedingung „zieht" auch die beiden anderen Bedingungen unweigerlich nach unten, zeitverzögert innerhalb naheliegender Zeiträume.

Die Formeln für die Nachhaltigkeitsbedingungen sind im Kapitel „Kennzahlen des Ergebnishaushaltes", Seite 200 ausgeführt.

4.2.2 Mittelfristiger Haushaltsplan (MHP)

Der MHP ist eine über das aktuelle Jahr hinausgehende, mehrere nachfolgende Jahre mit betrachtende Voranschlagsverlängerung. Er ist nicht in der VRV vorgeschrieben, sondern in jedem Bundesland durch unterschiedliche Verordnungen. Da der MHP in der Regel der VRV-Logik folgt, besteht er wiederrum aus Ergebnis- und Finanzierungshaushalt, womit die alte Bezeichnung „mittelfristiger Finanzplan - MFP" logisch in „mittelfristiger Haushaltsplan - MHP" zu ändern ist. Neun autonome Landesgesetzte bewirken, dass nicht nur inhaltlich, sondern bereits in der Namensgebung Unterschiede einstehen. „Mittelfristiger Haushaltsplan MHP“ oder „mittelfristiger Ergebnis- und Finanzierungsplan MEFP“ sind in Verwendung, manche Bundesländer bleiben einfach bei der alten Bezeichnung MFP, obwohl diese rein sachlich zumindest nicht mehr vollständig ist. Nicht zu vergessen jene Bundesländer, in denen gar keine spezifischen Regeln zur Erstellung eines MHP bestehen.[110]

Unbenommen der gesetzlichen Vorschriften zu Erstellung eines MHP’s sind diese in der Praxis in allen Bundesländern Stiefkinder. Sie leiden unter erheblichen Aufmerksamkeitsdefiziten, dementsprechend ungenau oder oft sogar mit erkennbaren Sorgfaltsmängeln sind sie hergestellt.

Dabei ist ein guter und konsequent geplanter MHP die wichtigste Unterlage des Haushaltes. Nur in diesem sind längerfristige Konsequenzen aus aktuellen Beschlüssen erkennbar. Ein MHP ist der Businessplan der öffentlichen Hand. Er gibt die Erfolgsstrategie der Gemeinde in Zahlen wieder bzw. stellt deren Übereinstimmung mit rhetorischem Ankündigen objektiv fest. Er ist das professionelle Planungswerkzeug, um die als Text formulierte politische Strategie in Rahmenzahlen zu gießen.

Nicht selten wird die Sinnhaftigkeit dieser Pläne damit in Frage gestellt, nicht wissen zu können was in 2, 3 oder 5 Jahren passiert. Natürlich kennt die Zukunft niemand. Es geht vielmehr darum, nach bestem Wissen und Gewissen alles darzustellen, was absehbar ist. Die Vollständigkeit und Genauigkeit eines Planes ist durchaus direkte Konsequenz heutigen Tuns und damit vorhersehbar.

Eine Gemeinde, die meint, keinen vollständigen MHP erstellen zu können, gibt im Umkehrschluss zu, keinen Plan für die Zukunft zu haben. Zur Lösung essenzieller Probleme reicht niemals ein einzelnes Haushaltsjahr. Fehlt die Kraft zum mehrjährigen Vorausblick, ist es logisch unmöglich, Lösungen für die Zukunft zu finden.

Der MHP drückt die Möglichkeit oder Unmöglichkeit der vorgesehenen Finanzstrategie in Zahlen aus. Jeder gute Strategieplanungsprozess schließt mit einem derartigen Plan ab, jeder Plan wird auf Basis eines derartigen Prozesses erstellt. Wenn so wie in den meisten

---

[110] Siehe „Vorschriften zur mittelfristigen Planung“, Seite 237

Gemeinden keine schriftlich kommunizierte Finanzstrategie vorliegt, dann ist der MHP die Finanzstrategie. Ist auch dieser nicht vorhanden oder unvollständig, darf mit Fug und Recht behauptet werden, dass die Gemeinde keinen finanziellen Zukunftsplan hat.

4.2.2.1 Bilanz im Voranschlag und MHP

Um den Gemeinden die Verwaltung zu erleichtern, wurden zahlreiche Haushaltselemente nur für den Rechnungsabschluss, nicht aber für den Voranschlag vorgeschrieben. Das wichtigste Element, die Vermögensrechnung, gehört leider dazu. Man kann ohne weiteres sagen: hier wurde am falschen Platz gespart. Oder salopp gesagt: man hätte den Gemeinden die Hälfte der Beilagen ersparen, dafür aber den Vermögenshaushalt auch für den Voranschlag und den MHP vorschreiben müssen.

Mit den verbleibenden Haushaltselementen Ergebnis- und Finanzierungsrechnung sind, inklusive dem MHP, in den kommenden Voranschlagsjahren wieder nur die Veränderungen, nicht aber die Bestandsgrößen ablesbar. Es sind weder mit dem Voranschlag noch mit dem MHP die Auswirkungen der Finanzpolitik in Zahlen ablesbar. Diesen Nachteil muss jeder rechnerisch selbst kompensieren. Ein Tool dafür findet sich auf der Homepage gemäß nebenstehendem QR-Code.

4.2.2.2 Konkurs der Gemeinde

Das Gegenteil von Nachhaltigkeit ist das jähe Ende. Auch wenn hartnäckig seit Jahrzehnten vielerorts das Gegenteil erzählt wird, gilt: „Die Insolvenzfähigkeit von Gemeinden ergibt sich ebenso wie die Parteifähigkeit zwingend aus der Privatrechtsfähigkeit. Die grundsätzliche Zulässigkeit der Eröffnung eines Insolvenzverfahrens über das Vermögen von Gemeinden wurde daher auch nie in Zweifel gezogen."[111] Gemeinden können in Konkurs gehen, wenngleich ein realer, formell

---

[111] (Kodek, 02/2020), Seite 12 und äußert sich im Folgenden zur Behauptung, der gemäß Gemeinden immer eine sogenannte Fortbestandsprognose besitzen, folglich eine der von Gesetzes wegen zwingend vorgesehenen Bedingungen wegfiele und nie Konkurs eintreten könne. Er hält dem klar dagegen: „Dem ist mE nicht zu folgen. Die politische oder allenfalls sogar rechtliche Bestandsgarantie einer

ablaufender Konkurs das letzte Mal im Jahr 1934 stattfand. Ein paar Unterschiede zu einem privatrechtlichen Konkurs gibt es demnach:

- Die Eröffnung des Insolvenzverfahrens führt nicht zur Auflösung der Gemeinde,
- Es fehlen konkrete Ausführungsbestimmungen.

In so eine Lage zu geraten ist also möglich, aber niemandem zu empfehlen. Es besteht praktische Übereinstimmung unter Rechtsexperten, dass es den Gemeindekonkurs gibt, aber niemand weiß, wie er zu machen wäre. Fest steht, dass ein paar Gemeinwohlaufgaben aus einem allfälligen Konkursverfahren ausgenommen sind. So regelt der §15 der Exekutionsordnung (EO), dass Gemeinden nur mit jenem Vermögen gepfändet werden können, welches „nicht das öffentliche Interesse beeinträchtigt". Worin dieses genau besteht und welches Vermögen konkret dazugehört, wäre wohl Bestandteil komplizierter Gerichtsverfahren. Fest steht allerdings auch: Jenseits des öffentlichen Interesses kann alles gepfändet und verwertet werden, wie dies in einem insolventen Unternehmen auch möglich ist. Alles zum Bereich der Ermessensaufgaben Gehörende mit realem Marktwert, wie Gemeindewohnungen oder Grundstücksreserven würde als Konkursmasse verwertet werden.

4.2.3 Finanzstrategisches Optionsfeld

Was Strategie ist, kann auf vielerlei Art beschrieben werden. Für die Aufgaben im Rahmen dieses Buches ist die nebenstehend formulierte Definition sicherlich die zielführendste.

> Strategie ist:
>
> - alle möglichen Optionen zu kennen,
> - unter diesen die gewünschte Wahl zu treffen,
> - sie einer konsequenten Umsetzung zuzuführen.

Daraus ergeben sich ein Rückschlüsse, die zwar einmal mehr nach „no-na" klingen, in der

---

Gebietskörperschaft kann nicht mit einer wirtschaftlichen Fortbestandsprognose gleichgesetzt werden." Dies bestätigt auch die VRV mit §13(8): „Solange nicht tatsächliche oder rechtliche Gründe entgegenstehen, ist die Fortführung der Tätigkeiten der Gebietskörperschaft anzunehmen."

Praxis aber dennoch nicht als selbstverständlich angenommen werden dürfen:

- Eine Option, die nicht existiert, kann nicht Teil einer Strategie sein,
- Eine Strategie, die nicht laufend in der Umsetzung vom obersten Strategieorgan getrieben wird, findet nicht statt,
- Eine Strategie, die nicht evaluiert wird, führt auch bei konsequenter Umsetzung nicht zum gewünschten Ziel.

Tatsächlich scheitern viele Strategien schon am ersten Punkt. Frägt man in der Gemeinde nach, werden als Strategie Worte wie „Nachhaltigkeit, Innovationen, Investitionen, Schuldenreduktion und Bewältigung der Herausforderungen der Zukunft“ genannt. Rein inhaltlich ist an so einer eierlegenden Wollmilchsau-Strategie nichts auszusetzen: wer will das alles nicht? Natürlich, jeder will das. Es reicht nur nicht, dies politisch zu wollen. Die Realität kümmert sich herzlich wenig um politische Ansagen. In der Realität gibt es nur existierende Optionen, und solche die nicht existieren. Erstere können Realität werden, zweitere können dies nicht, egal was man tut. Eine wirksame und gute Strategie bewegt sich ausschließlich innerhalb des tatsächlich existierenden finanzstrategischen Umfeldes, und lässt nicht existente Optionen außen vor, so hübsch sie auch klingen mögen.

Eine realistische Finanzstrategie muss korrekt aus einem der folgenden vier Optionsfelder entwickelt werden. Leider besteht dabei keine Wahlfreiheit. In welchem Optionsfeld sich eine Gemeinde aktuell befindet, bestimmt ausschließlich das Ergebnis des Ergebnishaushaltes EHH[SA0], in Grenzfällen der Durchschnitt der letzten fünf Abschlüsse[112]. Die gute Nachricht: Gemeinden können wie in einer Sportliga in ein besseres Optionsfeld aufsteigen, natürlich durch entsprechendes Fehlverhalten aber auch wieder absteigen. Entscheidend dabei ist, dass die Regeln des jeweiligen Optionsfeldes nicht überschritten werden können. Wer in der dritten Liga spielt, kann sich nicht wie in der ersten Liga verhalten. Eine Verbesserung ist nur möglich, wenn man die nach unten hin weniger und unangenehmer werdenden Optionen so lange einhält, bis mit Erreichen eines höheren Optionsfeldes auch wieder mehr Freiheit zur Verfügung steht. Wer im schlechtesten Optionsfeld mit den Optionen des besten Feldes handelt, handelt mit

---

[112] Siehe Kennzahl „Nettovermögensveränderungsrate“, ab Seite 205

Optionen, die nicht existieren und beschleunigt unweigerlich den Untergang.

4.2.3.1 „Champions-League": Das finanzmathematische Paradies

Die eierlegende Wollmilchsau ist denkmöglich, in der Praxis aber schon deswegen nicht existent, weil Ressourcen generell begrenzt sind. Rein finanzmathematisch können allerdings jene Bedingungen definiert werden, die vorherrschen müssen, um alle bekannten wichtigen Ziele in gewünscht dosierten Schritten gleichzeitig anzustreben:

- Substanzwerterhalt,
- Schuldentilgung,
- Spielraum für neues oder allgemeine Reserven.

Um alle diese Ziele gleichzeitig anzustreben, muss folgendes vorliegen: Das Ergebnis der operativen Gebarung, auch Ertragskraft genannt, muss einen Überschuss größer oder gleich der Summe folgender Beträge aufweisen:

- Der zeitliche Substanzwertverbrauch (die Abschreibungen),
- Die gewünschte Schuldenreduktion (Schuldenhöhe dividiert durch den angepeilten Zeitraum bis zur Schuldenfreiheit in Jahren),
- Den gewünschten Spielraum für neue Projekte (nicht gleichbedeutend mit Investitionen, wie im Kapitel „Kosten- und Erlöswahrheit, Kosteneffizienz", Seite 175) berechnet.

Da operative Gebarung plus zeitlicher Substanzwertverbrauch gleich dem Ergebnis des Ergebnishaushaltes ist, lässt sich erneut messerscharf erkennen, dass Option eins - der Erhalt der bestehenden Substanz - zumindest einen ausgeglichenen EHH[SA0] benötigt. Die weiteren Optionen, die über „Substanzwerte erhalten" hinausgehen, sind nur dann möglich, wenn der Ergebnishaushalt stark positiv ist. Mit anderen Worten: um alle wichtigen Ziele gleichzeitig erreichen zu können, muss der Haushalt ordentlich Gewinn machen. Etwas anderes ist finanzmathematisch nicht möglich. Dies ist sehr wichtig, weil auch der Begriff „Gewinn machen" einer weit verbreiteten, zusätzlichen politischen Deutung unterliegt: „Gemeinden müssen keinen Gewinn machen, oder dürfen dies gar nicht". Diese Deutung ist in diesem Zusammenhang falsch. Denn selbstverständlich dürfen und müssen Gemeinden Gewinn machen, nämlich eben genau dann, wenn sie alle diese drei Ziele erreichen wollen. Mathematisch gesehen ist der Gewinn weder gut noch schlecht, sondern die einzige exakte Definition für den erforderlichen Spielraum zur gleichzeitigen Umsetzung genau dieser drei Ziele.

Die rechtlich korrekte Interpretation von „Gewinn machen dürfen“ geht vom sogenannten „Erwerbszweck“ aus. Dieser beschreibt die primäre Absicht, wofür allfällige Gewinne verwendet werden sollen. Unser Rechtssystem unterscheidet dabei in:

- den materiellen Zweck,
- den ideellen Zweck.

Ein materieller Zweck beschreibt die primäre Absicht, eine monetäre Gewinnabschöpfung zu ermöglichen. Wie dies erreicht wird - mit welcher Tätigkeit oder welchem Produkt - ist streng genommen nicht relevant, jedenfalls aber sekundär. Beim ideellen Zweck ist es genau umgekehrt: primäre Absicht ist die Verfügbarkeit einer bestimmten Leistung, eines Angebotes oder Produktes, während eine monetäre Gewinnabschöpfung tatsächlich verboten ist. Die Wahl der Rechtsform einer Körperschaft ist somit zweckabhängig. Wer an einem materiellen Zweck in Form von Gewinnabschöpfungen interessiert ist, muss eine auf Gewinnausschüttung orientierte Körperschaft gründen oder sich an einer solchen beteiligen. KG, GmbH oder AG stehen hier zur Verfügung. Es ist aber gesetzlich verboten, einen Verein für derartige Zwecke zu gründen.

Gemeinden sind ebenfalls ideelle Zweckgemeinschaften: die Leistungen des Gemeinwohls (der Wirkungskreis) sind das Ziel. Gewinnabschöpfungen sind verboten, dies ist aber keineswegs gleichbedeutend mit Gewinn machen. Dies dürfen auch ideelle Zweckgemeinschaften selbstverständlich. Und wie sich gerade gezeigt hat, müssen sie dies auch, um anerkannte finanzpolitische Ziele zu erreichen. Gewinne solcher Organisationen müssen nur in der Körperschaft verbleiben und dort ausschließlich den zu erfüllenden ideellen Zwecken zugutekommen. Gewinnausschüttungen an Mitglieder oder das Management sind verboten. Genau das ist der Unterschied, mehr aber schon nicht.

Reicht der Haushaltsgewinn, dargestellt durch den EHH[SA0] aus, um Schuldentilgungen und neue Projekte, kostenwahr gerechnet, zu finanzieren, befindet sich die Gemeinde in diesem hier geschilderten Optionsfeld der maximal freien Gestaltung.

Nicht möglich dagegen ist eine präzise allgemeine Formel, wie viel Gewinn dafür tatsächlich erforderlich ist. Sowohl Schuldenhöhe, gewünschte Tilgungsdauer (sinnvollerweise an die betriebsgewöhnliche Nutzungsdauer des finanzierten Anlagewertes gebunden) und Umfang neuer Projekte sind individuell in jeder Gemeinde unterschiedlich. In der Praxis wird aber eine Nettoergebnisquote[113] von >10% erforderlich sein, um tatsächlich den entsprechenden Spielraum bereit zu halten.

4.2.3.2 „Oberliga": Die pendelnde Substanzwertebene

Ist der Gewinn, also die Kennzahl EHH[SA0] sehr klein bzw. positiv gegen Null gehend, und somit nicht mehr groß genug, um im Optionsfeld des finanzmathematischen Paradieses daheim zu sein, befinden wir uns im Optionsfeld der pendelnden Substanzwertebene. Dieses Gedankenspielzeug stellt unmissverständlich dar, dass nicht mehr alle drei strategischen Ziele des vorherigen Optionsfeldes gleichzeitig möglich sind. Es entstehen je nach finanzstrategischer Handlungsweise Wechselwirkungen, in dem die Realisierung des einen Ziels die Realisierung des anderen verunmöglicht. Die genaue Wirkungsweise lässt sich gemäß Abbildung als ein Dreieck vorstellen, welches in seinem Schwerpunkt auf einer punktförmigen Halterung aufliegt. Jede der drei Ecken dieser Fläche steht einmal für das Anlagevermögen, die Schulden und die Nettovermögensveränderung EHH[SA0]. Ein wenig ist dies wie eine Kinderschaukel,

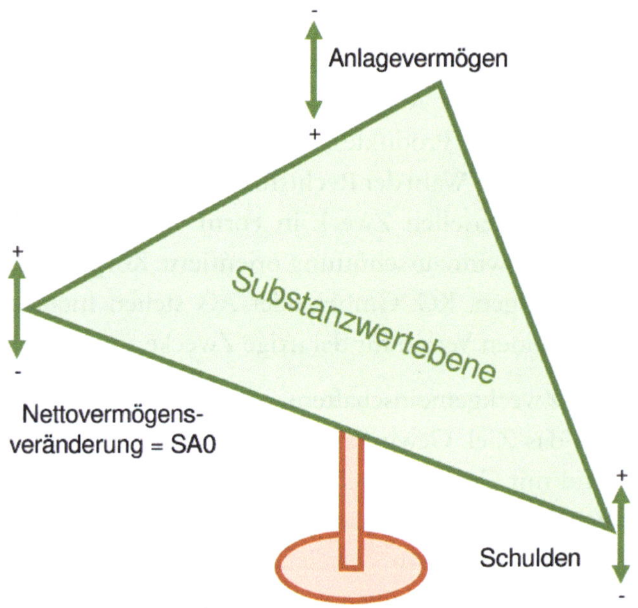

Abbildung 33: Die pendelnde Substanzwertebene

[113] Siehe „Potentialbedingung: Ertragskraft und Nettoergebnis", Seite 200

nur mit drei Sitzen an Stelle der üblichen zwei.

Um die Optionen, die in diesem Strategiefeld möglich sind, zu erkennen, muss zunächst eine Ecke stabilisiert werden. Eine Ecke muss gedanklich fixiert, festgehalten oder in der aktuellen Lage „angeschraubt" werden. Dieser Ecke, gleich welche, gestattet man keine Bewegung in der künftigen Finanzstrategie, sie soll die nächsten Jahre gleichbleiben.

Damit verbleiben zwei Ecken, die bewegt werden können, aber nicht beliebig. Bewegt man bewusst die eine freie Ecke aktiv noch oben, bewegt sich die andere freie Ecke automatisch passiv in gleichem Ausmaß nach unten.

Im strategischen Feld der pendelnden Substanzwertebene sind die existierenden Optionen also eingeengt. Es ist nicht mehr alles möglich, das eine hat Auswirkungen auf das andere:

- Soll die Nettovermögensveränderung – also im Wesentlichen der operative Haushalt unverändert bleiben (diese Ecke wird fixiert) und die Strategie geändert werden in Form von Schuldenreduktion (diese Ecke wird aktiv nach unten bewegt), entsteht automatisch eine Reduktion des Anlagevermögens. Es ist nicht möglich, mit dieser Strategie einen Investitionsstau bis hin zu einem Verfall der Betriebsmittelsubstanz zu verhindern;
- Soll das Anlagevermögen in seinem Wert erhalten bleiben (die fixierte Ecke) und die Schulden von selbst nach unten gehen (die passiv nach unten bewegte Ecke), muss der Gewinn im Ergebnishaushalt vergrößert werden (die aktiv nach oben bewegte Ecke). Zu beachten ist generell, dass es in der Praxis nicht möglich ist, die Ecke der Nettovermögensveränderung passiv zu bewegen. Der EHH[SA0] kann in diesem Gedankenspiel nur fixiert oder aktiv bewegt werden;
- Auch der Sonderfall der absoluten Statik ist in diesem Optionsfeld möglich: es können zwei Ecken fixiert werden, damit bleibt die dritte Ecke ebenfalls unverändert.

Dieses gedankliche Spielzeug funktioniert innerhalb dieses Optionsfeldes in allen Variationen. Die Dreiecksebene zu verbiegen, um einer unerwünschten Zielverfehlung zu entgehen ist allerdings nicht möglich.

4.2.3.3 „Mittelliga“: Kompromiss- oder Konsolidierungsgemeinde

Ist der Gewinn, also die Kennzahl EHH[SA0] schwach negativ, treten wir in das dritte Optionsfeld ein. Ab hier gelten wieder andere Regeln als in den beiden Feldern zu vor. Wenig überraschend wird die Luft dünner, die Zahl der Optionen wird geringer. Die Dreiecksschaukel des vorangegangenen Optionsfeldes funktioniert hier nicht, denn sie beginnt sich tatsächlich von selbst zu verbiegen, was bedeutet, dass ab hier die Grenze der Nachhaltigkeit überschritten wurde – der Haushalt ist latent toxisch. Die drei Ecken bewegen sich hier nicht mehr in direkt proportionaler Wechselwirkung wie zuvor, sondern eine der beiden Ecken Anlagevermögen oder Schulden wandert unaufhaltbar schneller nach oben (höhere Schulden und/oder Verlust von Sachanlagenwert) als die anderen bewegt werden. Selbst wenn zwei Ecken fixiert werden (eine davon muss der EHH[SA0] sein, da diese nie passiv bewegt werden darf), bleibt die dritte Ecke nicht mehr statisch, sondern zieht nach oben.

Haushalte, die in diesem Optionsfeld daheim sind, können nicht mehr nachhaltig sein, dies zeigt die bildlich sich verbiegende Substanzwertebene an. Sie machen unweigerlich neue Schulden – entweder bei der Bank oder zuvor noch bei der eigenen Substanz im Umwege der Unterlassung notwendiger Instandsetzungen.

Die einzige langfristig nachhaltige Option, die hier noch bleibt, ist den EHH[SA0] so zu verbessern, bis dieser größer/gleich Null ist. Damit steigt die Gemeinde in eine der beiden höheren Optionsfelder auf und die Substanzwertebene wird wieder starr, der Haushalt nachhaltig. Das ist in dieser Situation nur noch über die Erhöhung der Ertragskraft des operativen Haushaltes oder den Verkauf von Anlagevermögen[114] möglich, also jenen Vorgang den man gemeinhin als Haushaltskonsolidierung bezeichnet. Der Begriff Kompromissgemeinde soll dabei zum Ausdruck bringen, dass in diesem Optionsfeld eine Konsolidierung unumgänglich und ohne Alternative ist. Aufgrund der Strapazierfähigkeit der eigenen Substanz, insbesondere von Gebäuden, ist in aller Regel noch zeitlicher Spielraum in Form Aufschubes von Investitionen oder vorsichtigen Schuldenmachens

[114] Gemeint ist Anlagevermögen, welches einem zeitlichen Substanzverzehr unterliegt – denn es geht darum, genau diesen einzusparen. Der Verkauf von Grundstücken bringt dagegen keine verbessernde Wirkung

gegeben. Auch andere Effekte, wie inflationäre Bereinigungen oder stille Reserven können den hier aufgezeigten Verfallstrend weiter zu Gunsten der Gemeinde bremsen. Klar muss dennoch sein, dass Aufschub nicht Entfall bedeutet. Eine aufgeschobene Sanierung der Substanz ist immer ein Kredit zu Lasten der Zukunft. Mit einem schwach negativen Ergebnishaushalt zu leben ist ein pragmatischer Kompromiss, um die notwendige Zeit für die Konsolidierung zu gewinnen. Die Gemeinde hat aber in aller Regel noch ausreichend Zeit, durch Sanierung des Ergebnishaushaltes wieder in das nächsthöhere, finanzpolitisch gesunde und Handlungsspielraum gebende Optionsfeld aufzusteigen.

Auf sehr lange Sicht betrachtet, fährt eine Gemeinde, die sich in diesem Optionsfeld befindet und es nicht nach oben hin verlässt, in den Konkurs. Dieses Szenario ist an dieser Stelle noch recht hypothetisch und möglicherweise Jahrzehnte weit entfernt. Dennoch sollte allein die Tatsache, dass die Konkursnähe[115] ab hier einen mathematisch endlichen Wert annimmt (im Gegensatz zu den beiden vorherigen Optionsfeldern, wo die Konkursnähe unendlich ist), bedenklich stimmen und das finanzstrategische Handeln zumindest maßgeblich beeinflussen.

4.2.3.4 „Abstiegsliga": Die Krisengemeinde

Im vierten und letzten Optionsfeld wird es langsam wirklich eng. Dieses Feld der Krisengemeinde betritt eine Organisation, in der bereits der operative Haushalt ohne nicht finanzierungswirksame Aufwände (laufender Haushalt) negativ ist. Im Vergleich zum vorangegangenen, ohnehin schon gestaltungsarmen Feld entfällt hier auch noch die Option „Zeit durch Kompromiss". Da bereits die operativen oder laufenden Aufwände nicht mehr durch die Einnahmen gedeckt sind und somit kreditfinanziert werden müssen, entfällt die Möglichkeit des Zeitgewinns auf Kosten der Substanz. Selbst die Unterlassung sämtlicher Instandsetzungen reicht nicht mehr aus, um den Haushalt ohne neue Schulden stabil zu halten. Denn weitere „interne Kreditgeber" gibt es nicht mehr: es wird kaum das Personal mit seinen Gehältern oder der Energielieferant über Monate oder Jahre auf Geld warten auf das bloße Versprechen hin, dass bessere Zeiten kommen werden.

---

[115] Nettovermögen dividiert durch Absolutbetrag des negativen EHH[SA0] ergibt Konkursnähe in Jahren, siehe Kapitel Kennzahlen, Seite 209

Trotz der umfangreichen Formvorschriften findet sich im Gemeindehaushalt die nettovermögensorientierte Ertragskraft, also der reine operative Haushalt, an keiner Stelle. Er muss händisch gerechnet werden, gemäß Kapitel „Potentialbedingung: Ertragskraft und Nettoergebnis“, Seite 200.

Mit dem Wegfall der letzten Option „Zeitgewinn“ ist eigentlich alles gesagt. Eine Gemeinde, die in so einer Situation noch „alles in Ordnung“ oder gar „nachhaltig“ kommuniziert und unbeirrt danach handelt, hat nur mehr wenige Jahre bis hin zu ernsten Zahlungsschwierigkeiten, Ausfällen oder Insolvenz. So nebenbei ist ein derartiger Haushalt illegal, da er laufenden Betrieb mit Krediten finanziert. Was aber noch lange nicht bedeutet, dass die Landesregierung deshalb schon einschreitet. In der Praxis dürfen auch solche Gemeinden weiter gewähren, solange es noch genug Vermögenssubstanz gibt, von der gezehrt (= welche verkauft) werden kann um die rein finanzstromorientierte „Ausgeglichenheit des Haushaltes“ herzustellen.

Die einzige, finanzmathematisch sinnvoll verbleibende Option in dieser Situation ist unverzügliches und konsequentes Sparen im Ergebnishaushalt, um rasch wieder zumindest das Feld der Kompromiss- oder Konsolidierungsgemeinde mit seinen höheren Gestaltungsoptionen zu erreichen.

4.2.3.5 Positionierung

Rund 90% der österreichischen Gemeinden befinden sich in den beiden mittleren Optionsfeldern, bildlich gesprochen in der Oberliga oder zumindest der Mittelliga. Wirkliche Krisengemeinden sind die Ausnahme, im finanzmathematischen Paradies sind aber auch nicht mehr viele.

Auch wenn die überwiegende Zahl der Gemeinden mit Ruhe und Besonnenheit an ihre Aufgaben herangehen kann und kein Grund zur Panik besteht, darf nicht übersehen werden, dass die Grenze der Nachhaltigkeit mitten durch die beiden mittleren Optionsfelder hindurch geht und die österreichischen Gemeinden in zwei annähernd gleich große Hälften teilt. Eine Hälfte ist nicht nachhaltig, sondern auf einem Substanzwert verzehrenden Kurs, welcher in jedem Fall, auch wenn es noch Jahrzehnte dauern könnte, in Zahlungsschwierigkeiten und Überschuldung enden wird, wenn es zu keinem Aufstieg in die zumindest zweite Optionsgruppe kommt.

4.3 Kennzahlen

4.3.1 Richtiges Arbeiten mit Kennzahlen

Kennzahlen geben Antworten. Dies setzt voraus, dass die Frage klar ist, der zum gegebenen Zeitpunkt nachgegangen werden soll. In der praktischen Arbeit mit Kennzahlen werden wir mit dem vorhin schon beschriebenem Kommunikationsdilemma konfrontiert. Es existieren viele Antworten, aber die Frage ist entweder unklar oder von vornherein nicht zur vorliegenden Antwort passend.

Kennzahlen müssen darüber hinaus ein zweites Kriterium erfüllen: welche Konsequenzen ziehen wir daraus? Kennzahlen geben Antworten, und diese Antworten sollen unser Handeln führen. Kennzahlen sind ein Handlungsmaßstab. Als Selbstzweck nur für sich sind sie wertloses Papier.

Kennzahlen sind objektive Messung. Nichts soll ohne zweifelsfreie Messergebnisse als objektiv richtig behauptet werden. Das gilt auch für „weiche" Begriffe wie nachhaltig, sozial oder gerecht, auch wenn dort die Messung schwieriger wird als beim Ablesen von Bankkontoständen. „Die Wahl der Kennzahlen hängt immer stark damit zusammen, welche Daten überhaupt verfügbar sind. Es wird daher zumeist das gemessen, was gemessen werden kann. Im Umkehrschluss wird somit nicht immer das gemessen, was die jeweils gestellte Fragestellung optimal beantworten würde, weil die Datengrundlagen fehlen."[116]

Wie immer gilt auch für Kennzahlen, dass sie entweder eine Momentaufnahme oder den Trend über einen eher kurzen Zeitraum (ein Haushaltsjahr) wiedergeben. Für nachhaltige Trendprognosen sind daher immer Mittelwerte über mehrere Jahre heranzuziehen.

Rein mathematisch sind Kennzahlen entweder Absolutbeträge (ein Betrag in Euro), oder Relativbeträge (ein Wert in Prozent, bezogen auf eine bestimmte Basis). Relativbeträge werden auch „Verhältniszahl" oder „Quote" genannt.

Quoten sind für das „benchmarken" sehr hilfreich: den direkten Vergleich mit Anderen.

---

[116] (Meszarits, 01/2017), Seite 18

Da die einzelnen Gemeinden unterschiedliche Größen oder Einwohnerzahlen haben, ist in den meisten Fällen der Vergleich von Absolutbeträgen wenig zielführend. Quoten dagegen berücksichtigen diese Unterschiede durch Bezug auf eine äquivalente Basis. Um mit Quoten zu arbeiten, ist es unabdingbar, die Vergleichswerte aus anderen Gemeinden auch zu kennen.

Damit Vergleiche seriös bleiben, müssen alle Kennzahlen nach den gleichen Standards berechnet werden. Gleiche Namen bei Kennzahlen gewährleisten in der Praxis keineswegs gleiche Berechnungsformeln, da die Standards in den meisten Fällen nicht durch gesetzliche Regelungen verbindlich gemacht sind, sondern von unterschiedlichen Institutionen definiert werden.

4.3.2 Kennzahlen des Ergebnishaushaltes

Das Finanzmanagement der Gemeinde ist gesetzlich der Nachhaltigkeit verpflichtet. Die Kennzahlen des Ergebnishaushaltes messen diese in Form der drei Nachhaltigkeitsbedingungen: Die Potentialbedingung, der Erfüllungsgrad und die Fremdbestimmungsgrenze. Eine Gemeinde, welche diese drei Nachhaltigkeitsbedingungen erfüllt, hat einen nachhaltig gesunden Haushalt. Egal was andere Kennzahlen noch aussagen mögen.

4.3.2.1 Potentialbedingung: Ertragskraft und Nettoergebnis

Ertragskraft $_{\text{in €}}$
=
Laufender Haushalt
=
EHH[SA0] + EHH[2226]

Mit der Ertragskraft (laufender Haushalt) eines Gemeindehaushaltes wird zunächst der Überschuss der finanzierungswirksamen, operativen Gebarung auf Basis des Substanzwertzuwachses (Ergebnishaushalt) zum Ausdruck gebracht. Die Ertragskraft gibt jenes Potential an, welches zur Verfügung steht, um nicht finanzierungwirksame Substanzverluste (Abschreibungen, Wareneinsätze), gänzlich neue Vorhaben und Tilgung langfristiger Verbindlichkeiten tragen zu können. Da finanzierungswirksame und nicht finanzierungswirksame Aufwände in den Zusammenstellungen der MVAG-Ebene 1 nicht unterschieden werden, muss die Ertragskraft rückgerechnet werden. Vom SA0 werden die nicht finanzierungswirksamen Sachaufwände wieder herausgerechnet.

Dies geschieht mit der Formel EHH[SA0] + EHH[2226]. Liegt kein Gesamt-EHH auf

Ebene 2 vor und will man sich das mühsame addieren der EHH[2226] aus zehn Bereichshaushalten sparen, kann näherungsweise auch die Finanzkraft, dargestellt als FHH[SA1] herangezogen werden. Dies setzt aber voraus, dass keine wesentlichen Forderungen oder Verbindlichkeiten in dem betreffenden Haushaltsjahr aufgelaufen sind.

Nettoergebnis in €
=
EHH[SA0]

Das Nettoergebnis (allg. Betriebsergebnis) wird, wie nun schon mehrmals dargestellt, mit dem EHH[SA0] zum Ausdruck gebracht. Diese Kennzahl ist die wichtigste, und wird durch den unmissverständlichen Zusammenhang mit Nachhaltigkeit auch als Potentialbedingung bezeichnet. Ist der EHH[SA0] größer/gleich Null, hat der Haushalt das Potential nachhaltig zu sein. Ist diese Zahl kleiner Null, ist der Haushalt nicht nachhaltig. Vollkommen egal welche sonst noch, wie immer gestaltete Kennzahl, gute oder schlechte Werte liefert.

Als Quote zum Vergleich mit anderen Gemeinden lässt sich das Nettoergebnis oder die Potentialbedingung in Relation zu den Aufwendungen ausdrücken. Durchaus nicht falsch ist es, die Quote noch strenger anzusetzen und jene Anteile am Erfolg, die die Gemeinde gar nicht selbst leistet (Bedarfszuweisungen) herauszurechnen.[117] Positive Werte zeigen eine erfüllte Potentialbedingung an, negative Werte eine nicht erfüllte.

Variante „Quote“:
Nettoergebnisquote in %
=
Nettoergebnis EHH[SA0] /
Summe der Aufwendungen
EHH[22] * 100.

Idealergebnis Kennzahl: SA0 >= 0,

Idealergebnis Quote: >= 0%.

Eine veraltete Ersatzgröße für das früher nicht errechenbare Nettoergebnis ist die freie Finanzspitze.

---

[117] KDZ-Quicktest: Nettoergebnisquote = EHH[SA0] - Bedarfszuweisungen EHH[2121 nur Konto 871] / EHH[22] * 100

4.3.2.2 Erfüllungsgrad (Investitionsstau und Schuldendruck)

Mit dem Erfüllungsgrad wird überprüft, ob aus einem gegebenem Nachhaltigkeitspotential auch ausreichend Instandsetzungsmaßnahmen gesetzt werden. Hierfür wird zunächst ermittelt, in welchem Ausmaß die tatsächlichen Instandsetzungsmaßnahmen den erforderlichen entsprechen. Das Ergebnis liefert bei positivem Vorzeichen den Investitionsüberschuss, bei negativem den Investitionsstau.

Zur korrekten Berechnung der folgenden Kennzahlen muss an dieser Stelle noch eine allgemein übliche Ungenauigkeit ausgeräumt werden: Investitionen und Instandsetzungen sind nicht dasselbe. Investitionen sind Auszahlungen des investiven Haushaltes FHH[341] und beinhalten sämtliche Wertsteigerungen des Sachvermögens. Diese Zahl unterscheidet nicht, ob die getätigte Investition eine Neuanschaffung oder eine Instandsetzung eines schon bestehenden Gegenstandes darstellt. Für die Ermittlung des Erfüllungsgrades, welcher sich ausschließlich mit dem Erhalt der bestehenden Substanz beschäftigt, müssen diese beiden Begriffe auseinandergehalten werden. Auch in der öffentlichen Wahrnehmung müsste eigentlich von einem „Instandsetzungsstau“ gesprochen werden, weil genau dies praktisch immer damit gemeint ist.

Mit einfachen Mitteln ist dies über einen Haushalt nach VRV nicht möglich. Im Detailnachweis jede einzelne Haushaltsstelle heranzuziehen und korrekte Teilsummen zu bilden übersteigt jeden angemessenen Aufwand.

> Investitionsüberschuss/Investitionsstau in €
> =
> [Abschreibungen]
> (minus)
> Teilbetrag Instandsetzung des FHH[341]

In der derzeitigen Gesamtsituation der Gemeinden werden die Auszahlungen aus der Investitionstätigkeit FHH[341] tatsächlich eine gute Annäherung liefern, und um die sprachliche Verwirrung nicht noch zu erhöhen, bleiben wir auch im Rahmen dieses Buches bei dem nicht ganz korrekten Begriff „Investitionsstau“, auch wenn im engeren Sinn der „Instandsetzungsstau“ gemeint ist.

Sind in der Gemeinde größere Neuanschaffungen bekannt, müssen diese aber schon aus dem FHH[341] herausgerechnet werden. Neues Anlagevermögen zu schaffen, trägt zum Erhalt des Bestehenden nichts bei. Es muss bei dieser Kennzahl hinreichend genau zum

Ausdruck kommen, dass es nicht genügt, hohe Investitionen alleine zu tätigen. Investitionen größer den Abschreibungen können trotzdem zu einem Investitionsstau führen, wenn diese überwiegend in neue Projekte fließen, während die bestehende Substanz vernachlässigt wird. Dieser Zusammenhang muss berücksichtigt werden, um die Aussage dieser Kennzahl nicht zu verfälschen.

Der Schuldendruck bringt zum Ausdruck, ob künftige Instandsetzungen mit Eigenmitteln getätigt werden können und dies im Haushalt in Form von Zahlungsmittelreserven berücksichtigt ist. Dazu muss die tatsächliche Instandsetzungstätigkeit zuzüglich instandsetzungsgebundener Zahlungsmittelreserven (keine Rücklagen!) minus der Abschreibungen größer/gleich 0 sein. Der Schuldendruck ist eine Fortsetzung der Kennzahl Investitionsüberschuss/Investitionsstau, kann also auch als Formel

> Schuldendruck SD $_{\text{in €}}$
> =
> Abschreibungen
> (minus)
> Teilbetrag Instandsetzung des FHH[341]
> (minus)
> instandsetzungsgebundene ZMR VHH[B.III.2]

Schuldendruck $_{\text{in €}}$ = Investitionsüberschuss/Investitionsstau (minus) instandsetzungsgebundene ZMR gerechnet werden.

Ist der Schuldendruck größer Null, ist verbindlich festgelegt, dass für künftige Instandsetzungen keine Fremdmittel erforderlich sind. Damit ist die 2. Nachhaltigkeitsbedingung erfüllt.

Ist der Schuldendruck kleiner Null, bedeutet dies nicht automatisch, dass künftige Instandsetzungen neue Schulden benötigen (dies ist nur bei einem negativen EHH[SA0] eindeutig gegeben). Es zeigt aber an, dass es keine verbindlichen Festlegungen dafür gibt, dass dies nicht trotzdem passieren wird. Ohne angelegte instandsetzungsgebundene ZMR muss bei jeder einzelnen neuen Investition geprüft werden, ob deren Finanzierung nicht zu Lasten künftiger Instandsetzung geht.

Es wäre genauso möglich und ist in der Praxis nicht unüblich, das gegebene Nachhaltigkeitspotential mit neuen, in Summe nicht mehr leistbaren Zuschussprojekten zu verbrauchen und damit zu verspielen. Eine Sicherheit über die künftige Wahrung der

Nachhaltigkeit trotz vorhandenem Potential ist mit einem SD < 0 nicht mehr gegeben.

Eine „positive" Variante des Schuldendruckes im Sinne „Sicht auf dasselbe nur von der anderen Seite" ist die Substanzerhaltungsquote. Sie verwendet die gleichen Parameter der Formel für den Schuldendruck, setzt allerdings „Anforderung" und „tatsächliche Leistung" in Relation zueinander. Im Ergebnis entsteht die Aussage: wieviel Prozent des erforderlichen Substanzwerterhaltes tatsächlich geleistet wurde.

> Variante „Quote":
>
> Substanzerhaltungsquote SQ in %
>
> =
>
> (Teilbetrag Instandsetzung des FHH[341] + instandsetzungsgebundene ZMR VHH[B.III.2])
>
> /
>
> Abschreibungen * 100

Um einen genauen Wert für die Abschreibungen zu erhalten, muss man auf die Kontenebene zurückgehen: Abschreibungen Konto[680] + [Konto681] + Verluste aus dem Abgang von Sachanlagen Konto [683]. Gesamtzahlen zu einzelnen Konten wirft weder der VA noch der RA aus. Diese Zahlen muss das Gemeindeamt extra liefern. Erhält man diese nicht, lässt sich aber weiterhin näherungsweise EHH[2226] heranziehen.

> Investitionsgebundene ZMR in €
>
> =
>
> VHH[B.III.2]
>
> (minus)
>
> Allgemeine Zahlungsmittelreserven
>
> (minus)
>
> Deckungslücke

ZMR finden sich in Position VHH[B.III.2], im Nachweis der liquiden Mittel und aufgrund gängiger Buchungspraxis im Rücklagennachweis, wodurch sie immerhin auch im Voranschlag an einer Stelle erkennbar werden. Im ersten Schritt erfolgt eine Kontrolle, ob sie in der Summe gleich hoch sind.

Ob ZMR instandsetzungsgebunden sind, lässt sich nur durch Analyse der einzelnen Positionen ermitteln. Allgemeine Zahlungsmittelreserven, die keine bestimmte Verwendung gewähren oder im Rücklagennachweis an eine allgemeine

Haushaltsrücklage gekoppelt sind, werden an dieser Stelle jedenfalls nicht berücksichtigt. Es fehlt ihnen die Zweckbindung, sie sind, wie der Name „allgemeiner Haushalt" schon sagt, nicht instandsetzungsgebunden. Sie könnten auch für eine vollkommen neue Investition oder eine Anschubfinanzierung oder Verlustabdeckung eines Einzelvorhabens im operativen Haushalt herangezogen werden. Nur wenn die Bezeichnung der ZMR auf Instandsetzung eines bestehenden Vermögenwertes abzielt, wird sie für diese Berechnung zugelassen.

Schließlich werden noch allfällige Deckungslücken („innere Anleihen") der ZMR in Abzug gebracht. Anderwärtig dann doch wieder ausgegebene liquide Mittel sind nun mal nicht mehr existent, auch wenn sie als ZMR ausgewiesen sind. Sie sind in diesem Ausmaß bloß Papier, welches bekanntlich geduldig ist. Gemäß dem kaufmännischen Vorsichtsprinzip wird nur mit bedeckten ZMR gerechnet. Die Deckungslücke ist relativ einfach erkennbar: in den Zusammenstellungen, Finanzierungshaushalt Gesamt 1. Ebene, am Ende hinter dem SA7 folgen Angaben zu den liquiden Mitteln. Hier ist „Endstand liquide Mittel" minus „davon Zahlungsmittelreserven" zu rechnen. Ist das Ergebnis negativ, ist die Deckungslücke in entsprechender Höhe offengelegt und wird dieser Betrag von den instandsetzungsgebunden ZMR abgezogen. Ist das Ergebnis positiv, ist die Deckungslücke = 0 und es erfolgt kein Abzug.

Idealergebnis Kennzahl: SD <= 0,

Idealergebnis Quote: SQ > 100%.

4.3.2.3 Fremdbestimmungsgrenze (Nettovermögensquote)

Die Erfüllung der dritten Nachhaltigkeitsbedingung wird durch die Fremdbestimmungsgrenze ausgedrückt. Diese besteht aus zwei Kriterien, die gegeben sein müssen:

- Verbindlichkeiten in gesunder Höhe,
- Verbindlichkeiten verhalten sich statisch.

Als Verbindlichkeiten wird alles herangezogen, was nicht Nettovermögen ist. Nicht nur Schulden des Schuldennachweises (langfristige Schulden), sondern auch Finanzierungsrahmen, Lieferantenverbindlichkeiten, alles was an offeneren Forderungen anderer gegenüber der Gemeinde besteht. Dem Nettovermögen wird nicht nur das als solches im

Vermögenshaushalt bezeichnete Nettovermögen zugerechnet, sondern auch die Sonderposten.

Als Kennzahlen lassen sich wahlweise die Nettovermögensquote oder die Fremdkapitalquote berechnen.

Nettovermögensquote in %
=
(Nettovermögen VHH[C+D]
/
Summe VHH[Passiva]) * 100

Während erstere das Verhältnis des Nettovermögens zum Gesamtvermögen beschreibt, gibt die zweite Quote das Verhältnis aller Verbindlichkeiten (Schulden) zum Gesamtvermögen an.

Mathematisch gesehen ist egal, ob für die gesunde Höhe der Verbindlichkeiten die Nettovermögens- oder die Fremdkapitalquote herangezogen wird. Beide zusammen bilden die gesamte Passivseite der Bilanz ab, es gilt daher zu jeder Zeit, dass beide Quoten zusammengerechnet gleich Eins oder 100% ergeben. Ist die Nettovermögensquote gesund hoch, ist die Fremdkapitalquote gleichzeitig gesund niedrig. Oder umgekehrt.

Mit der Nettovermögensquote haben wir die einzige tatsächliche Kennzahl, die Aussage darüber trifft, wo sich die Gemeinde befindet. Wie viel „Wasser unter dem Kiel des Bootes“ ist. Umgekehrt ist die Fremdkapitalquote die einzige Kennzahl, die anzeigt ob die Schulden die Tätigkeit der Organisation stimulieren oder gefährden.

Fremdkapitalquote in %
=
(Verbindlichkeiten VHH[E+F]
/
Summe VHH[Passiva]) * 100

Die zweite Bedingung „Statisch“ kann nur erfüllt sein, wenn die Potentialbedingung mittelfristig erfüllt bleibt. Es ist „für Aussagen zur Nachhaltigkeit wichtig, ob das Reinvermögen der Gemeinde aufrechterhalten werden kann. Es genügt für eine nachhaltige Aussage nicht, nur ein Jahr zu betrachten, es soll eine längerfristige Tendenz ausgedrückt werden. Dies zeigt die Nettovermögensveränderungsrate.“[118]

---

[118] (Meszarits, 01/2017), Seite 41

Gerechnet wird diese Kennzahl wie folgt: Im Zähler der zur Quote führenden Division steht das Nettovermögen des Jahres, für welches die Quote errechnet werden soll. Das Nettovermögen findet sich im Vermögenshaushalt („VHH[C] jetzt").

$$\text{Nettovermögensveränderungsrate}_{\text{in }\%} = \text{Nettovermögen} \,/\, (\Sigma\ \text{Nettovermögen } t\text{-}5 \ldots t\text{-}1 \,/\, t=5) * 100$$

Des Weiteren wird nun genau dieser Wert - der VHH[C] - aus den Vermögenshaushalten der vorangegangenen Jahre ermittelt, in der Abbildung als „VHH[C] Jahr-5" bis „VHH[C] Jahr-1" bezeichnet. Diese 5 Werte werden addiert und durch die Anzahl der Jahre dividiert, somit der Durchschnittswert gebildet. Dieser Durchschnittswert steht im Nenner der Quote. Genauso so gut möglich ist es, den Durchschnitt aus nur 3 Jahren, oder aus mehr als 5 Jahren zu bilden.

Dies verkürzt oder verlängert nur den Betrachtungsraum, die Kennzahl als solches bleibt erhalten. Weniger als 3 vorangegangene Jahre zu nehmen ist allerdings nicht mehr sinnvoll.

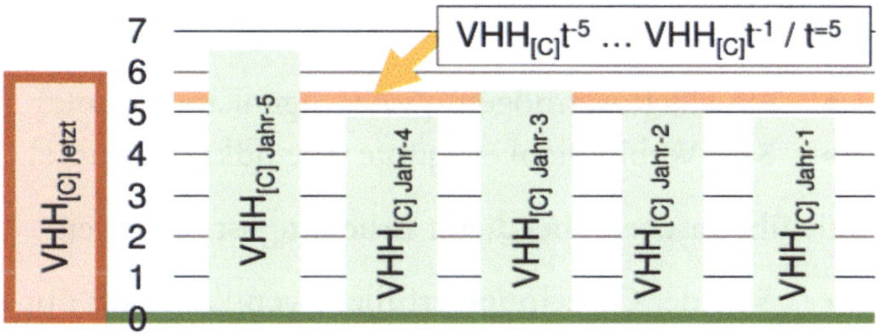

Abbildung 34: Darstellung der Nettovermögensveränderungsrate

Liegt die Nettovermögensveränderungsrate unter 100%, hat das Nettovermögen eine fallende Tendenz gegenüber dem mehrjährigen Durchschnitt. Die Quote ist beweglich, und zwar in eine grundsätzlich ungesunde Richtung: nach unten. Der Fremdbestimmungsgrad ist nicht statisch. Ist die Quote gleich 100% oder größer, ist das Nettovermögen gegenüber dem Durchschnitt gleichbleibend oder sogar wachsend und darf in diesem Sinne als statisch und diese Forderung als erfüllt angesehen werden.

Da es erst mit dem RA2024 (also ab März 2025) fünf Nettovermögenswerte gibt, können die für die Vorjahre fehlenden Werte mit der Zahl Qsch[Saldo1] + Afa systemisch rückgeschätzt werden, die Afa ausgehend vom ersten RA des Jahres 2020 gleich belassend.

Noch besser wäre natürlich, die Nettovermögensveränderungsrate mit den VHH[C] künftiger Jahre zu rechnen – wobei die Quote dann natürlich umgekehrt zu interpretieren wäre (Werte kleiner 100% zeigen eine steigende Tendenz an). Die Sache hat nur einen klitzekleinen Haken: für den Voranschlag und die MHP ist ein Vermögenshaushalt nicht vorgeschrieben, die entsprechenden Werte liegen nicht vor. Eine Hochrechnung wäre mit Ergebnis- und Finanzierungshaushalt zwar möglich, liefert jedoch aufgrund der in der Praxis meist sehr nachlässigen Ausgestaltung der MHP in aller Regel keine validen Zahlen.

Die „gesunde Maximalhöhe“ - also die Grenze zwischen Gut und Böse ist die am schwierigsten zu rechnende Kenngröße. An dieser Stelle sind tatsächlich die Unterschiede zwischen ideellen und materiellen Zweckgemeinschaften rechnerisch nicht so leicht zu überbrücken. Als qualifizierten Ansatz für diesem Bereich soll daher ein Benchmark dienen:

Der Durchschnitt der österreichischen Gemeinden für den Rechnungsabschluss 2020[119] lag bei:

- 69% Nettovermögensquote (Eigenkapitalquote)
- 31% Verbindlichkeitsquote (Fremdkapitalquote)

Positiv überraschend bei dieser Erhebung ist zweierlei:

- 51% der Gemeinden erfüllen, wenn auch oft nur knapp, die Potentialbedingung,
- Die Verschuldung (Fremdkapitalquote) ist deutlich niedriger als bei durchwegs florierenden Kapitalgesellschaften.

Eine Gemeinde mit einer Nettovermögensquote von 50% oder höher, darf vergleichsweise davon ausgehen, sich im gesunden Bereich zu befinden. Bei leichten Unterschreitungen wird es umso bedeutungsvoller, zumindest eine erfüllte Potentialbedingung oder eine Nettovermögensveränderungsrate größer 100% zu haben. Unterste Grenze ist in jedem Fall: das Nettovermögen VHH[C] muss größer als die Sachanlagen VHH[A.II] sein.

Die Fremdbestimmungsgrenze ist bei ihrer Teilkomponente Nettovermögensquote erkennbar einer gewissen subjektiven Bandbreite unterworfen, welche nur durch sehr

---

[119] Stichprobe von 40 Gemeinden österreichweit, ohne Landeshauptstädte, basierend auf Zahlen von http://offenerhaushalt.at

detaillierte Nutzenanalyse des mit Schulden finanzierten Anlagevermögens aufhebbar wäre. Im Rahmen des allgemeinen Finanzmanagements bleibt es in diesem Fall beim Benchmark und in Folge bei der mathematischen Definition für „Nachhaltigkeitsbedingung 3 ist erfüllt", wenn folgende Gleichungen für den Gemeindehaushalt gültig sind:

- Nettovermögensquote > (größer) 50% („gesund"), Nettovermögen > Sachanlagen,
- Nettovermögensveränderungsrate >= (größer oder gleich) 100% („statisch").

4.3.2.4 Konkursnähe

Mit dieser Kennzahl wird ein Maß für die Dringlichkeit der Konsolidierung wiedergegeben. Sie drückt aus, wie viele Jahre es mit der aktuellen Substanzminderung bis zum vollständigen Verbrauch des Nettovermögens benötigt. Diese Interpretation ist an sich großzügig, in der Praxis ist davon auszugehen, dass schon weit vor dem Verbrauch des gesamten Nettovermögens substanzielle Schwierigkeiten auftreten werden. Die Substanzminderung drückt sich durch den Absolutbetrag eines negativen EHH[SA0] aus. Ist der EHH[SA0] größer oder gleich Null, ist die Substanzminderung gleich Null zu setzen, die Konkursnähe somit unendlich.

> Konkursnähe in Jahren
> =
> Nettovermögen / Substanzminderung
> (=Absolutbetrag des negativen EHH[SA0])

Nur bei einem negativen EHH[SA0] erhält die Substanzminderung einen Absolutbetrag des EHH[SA0] größer null und die Konkursnähe in Jahren nimmt einen endlichen Wert an. Liegt dieser Wert im Bereich mehrerer Jahrzehnte, ist mit Sicherheit ausreichend Zeit für eine Konsolidierung gegeben. Liegt der Wert unter 10 Jahren, ist Dringlichkeit in der Haushaltskonsolidierung schwer zu leugnen.

Idealergebnis dieser Kennzahl: unendlich (=Nachhaltigkeitspotential gegeben).

4.3.3 Kennzahlen des Finanzhaushaltes

Kennzahlen des Finanzhaushaltes sind reine Cashflow-Kennzahlen. Als solche sind sie wichtig für die Prüfung und die Planung der tagaktuellen Liquidität. Weiters plausibilisieren sie die Aussage von Managementkennzahlen, sie liefern also Gegenproben dafür, ob die Managementkennzahlen Sinn ergeben oder werthaltig sind. Außerdem werden sie an öffentlich-rechtlichen Schnittstellen der Gemeinde benötigt, beispielsweise für Förderanträge, aufgrund gesetzlicher Vorschrift in Form des ÖSTP o.ä.

4.3.3.1 Finanzkraft

Die Finanzkraft gibt die Höhe der Zahlungsmittel an, die für investive Gebarung und Finanzierungstätigkeit zur Verfügung stehen. Von der Finanzkraft hängt die Höhe möglicher Eigenmittel für Investitionen ab, oder im Folgenden auch für Schuldentilgungen. Einmal mehr muss aber darauf hingewiesen werden, dass die tatsächliche Leistbarkeit von Investitionen wenig von den Eigenmitteln der Ersterrichtung abhängt, als vielmehr mittelfristig ausschließlich von der künftigen Leistbarkeit auf Basis einer Gesamtkostenrechnung (Betriebskosten minus Abschreibungen).

> Finanzkraft $_{\text{in €}}$
> =
> FHH[SA1]

Als Quote kann die Finanzkraft auf zweierlei Art ermittelt werden: Der Betrag der Finanzkraft FHH[SA1] wird in Relation gesetzt entweder zu den Auszahlungen (Auszahlungsdeckungsgrad ADG), oder zu den Einzahlungen (Vermögensfinanzierungsgrad VFG).

Der ADG ist aus der Sicht eines Gewinnbetriebes interessant, gibt er schließlich so etwas wie die Mitteleinsatz-Rendite wieder. Damit entsteht ein prozentuelles Verhältnis von Auszahlungen („Aufwand") zum Ergebnis („Gewinn"). Je weniger „Aufwand" getätigt werden muss, um den gleichen „Gewinn" zu erzielen, desto besser ist der ADG. Und zwar exponentiell: gehen die Auszahlungen gegen Null, steigt der ADG auf unendlich. Egal wie hoch die Einzahlungen sind, was insofern logisch ist, als mit dem ADG der Gewinn-"Hebel" ausgedrückt werden soll, und nicht ein Überschussbetrag als Prozentwert. Eine aus der alten VRV stammende, veraltete Bezeichnung für den ADG ist die Quote öffentlichen Sparen, ÖSQ. In der Fachliteratur ist diese Form der Berechnung der Finanzkraftquote die überwiegende.

> Variante „Quote":
> Auszahlungsdeckungsgrad ADG $_{\text{in €}}$
> =
> FHH[SA1] / FHH[32] * 100

Aus Sicht einer Gemeinde ist aber eher von Interesse, welcher Anteil der Einzahlungen der operativen Gebarung für Investitionen, Schuldentilgung und/oder ZMR-Bildung, also für die Vermögensgebarung übrigbleibt.

In der Praxis wird dies überall, wo mit Finanzkraftquoten gearbeitet wird, genau so interpretiert und verstanden. Kaum jemand in einer Gemeinde ist an einer Gewinnhebel-Kennzahl interessiert, zu Recht, da Gewinnausschüttung nicht dem Existenzzweck einer Gemeinde entspricht und außerdem verboten ist. Die Finanzkraftquote wäre aus praktischen Verständnisgründen besser als das Verhältnis des operativen Überschusses zu den Einnahmen zu rechnen. Damit erhält man den Vermögensfinanzierungsgrad VFG, welcher neben der sachlich konkreteren Information auch niemals unsinnig verzerrte, gegen unendlich gehende %-Werte liefert.

> Variante „Quote":
>
> Vermögensfinanzierungsgrad VFG $_{\text{in €}}$
>
> =
>
> FHH[SA1] / FHH[31] * 100

Mathematisch folgt aus diesen beiden Berechnungsmethoden: bei völlig gleichen, schlechte Haushaltszahlen (negative Quoten) wird die Kurve des ADG gegenüber dem VFG abgeflacht, während gute Haushaltszahlen (positive Quoten) den ADG rasch überhöhen. Der ADG „schönt" sich quasi von selbst, wenn er in seiner inhaltlichen Aussage als VFG verstanden oder interpretiert wird.

Immerhin, ADG und VFG weichen im engen Realbereich der meisten Gemeinden nicht allzu weit ab. Liegen ADG und VFG in einer konkreten Gemeinde unter 10% (egal ob plus oder minus und egal auf welche Weise gerechnet), wird es nicht entscheidend sein, welche Form der Berechnung gewählt wird und ob Berechnung und Deutung zusammenpassen.

Eine für alle gültige Idealhöhe, egal auf welche der beiden Arten diese Kennzahl berechnet wird, kann nicht sinnvoll festgelegt werden. Diese hängt stark von der Vermögensstruktur der Gemeinde ab. Sehr wohl aber lässt sich ein absolutes Mindestergebnis aufstellen. Ist dieses nicht erfüllt, steht die Gemeinde vor großen substanziellen Schwierigkeiten:

Mindestergebnis dieser Kennzahl: SA1>= 0,

Mindestergebnis Quote ADG oder VFG: > 0%

Die Finanzkraft ist eine reine Liquiditätskennzahl. Sie hat keinerlei Aussagekraft über die mittelfristige Nachhaltigkeit. Ein FHH[SA1] in Höhe von +1 Mio € und ein daraus entstehender Quotenwert VFG/ADG von +25% wäre nichts wert, wenn die Afa 2 Mio € beträgt. Zeigte dies doch an, dass notwendige Instandsetzungen in naher Zukunft nicht aus eigener Kraft mehr geleistet werden können.

4.3.3.2 Eigenfinanzierung

Eigenfinanzierung FHH[SA3] in €
=
FHH[SA1] + FHH[SA2]

Die Eigenfinanzierung addiert das Ergebnis des operativen Haushaltes mit jenem des investiven Haushaltes und gibt die Höhe der Zahlungsmittel aus, die für die Finanzierungstätigkeit zur Verfügung stehen. In der Eigenfinanzierung sind somit die tatsächlichen Investitionen enthalten.

Wohlgemerkt: die tatsächlich getätigten, nicht die notwendigen Investitionen! Die Eigenfinanzierung stellt damit nur vordergründig die Tragfähigkeit des Gesamthaushaltes aus eigenen Geldmitteln dar. Sie sagt nichts darüber aus, ob die Substanz (das Anlagevermögen) tatsächlich hinreichend gepflegt und erhalten wird, und damit auch nichts über die tatsächliche Nachhaltigkeit. So bald in einem Haushalt die Investitionen gekürzt werden, verbessert sich die Eigenfinanzierung, während sich die reale Situation durch Aufbau eines Investitionsstaus in der Zukunft automatisch verschlechtert.

Variante „Quote“:

Eigenfinanzierungsquote in % =

(FHH[31] – FHH[33]) / (FHH[32] – FHH[34]) * 100

Ist die Eigenfinanzierung positiv, bedeutet dies, dass die Gemeinde ohne Fremdmittel investiert und Geld für die Pflege des Finanzvermögens (Kredittilgungen, Zahlungsmittelreserven) bereitsteht. Ist diese Zahl negativ, müssen Teile der getätigten Investitionen mit Kreditaufnahmen oder Auflösung anderer Zahlungsmittelreserven finanziert werden.

Idealergebnis Kennzahl: FHH[SA3] >= 0,

Idealergebnis Quote: > 100%.

4.3.3.3 Dynamischer Verschuldungsgrad

Der dynamische Verschuldungsgrad (DVG), früher auch die fiktive Verschuldungsdauer genannt, deutet die Schuldentilgungsfähigkeit einer Gemeinde an. Es wird die theoretische Dauer der Rückzahlung aller Schulden in Jahren angenommen, unter der Voraussetzung einer unveränderlich positiven Finanzkraft aus der operativen Gebarung, und dass dieser Überschuss vollständig zur Schuldentilgung verwendet wird.

$$\text{Dynamischer Verschuldungsgrad}_{\text{in Jahre}} = (\text{VHH[E]} + \text{VHH[F]}) / \text{FHH[SA1]}_{\text{in €}}$$

Diese Zahl ist rein fiktiv, setzt sie doch voraus, dass in dem berechneten Zeitraum keinerlei Investitionen (Instandsetzungen) getätigt werden. Die gesamte Finanzkraft wird für die Schuldentilgung verwendet. Würde eine Gemeinde eine derartige Strategie in die Tat umsetzen, wäre die Freude über die Schuldenfreiheit nur von kurzer Dauer.

Es müsste, falls das Ziel überhaupt jemals erreicht wird, der im Gegenzug entstandene massive Investitionsstau mit wahrscheinlich noch höherer Verschuldung als je zuvor wieder abgearbeitet werden. Eine Strategieorientierung darf diese Kennzahl unter keinen Umständen sein.

Eine Momentaufnahme bezüglich eines gesunden Verhältnisses von Schuldenhöhe zu Finanzkraft ist mit dieser Zahl grundsätzlich gegeben. Diese Kennzahl versuchte in Zeiten fehlender Vermögenshaushalte so etwas wie die Abschreibung zu simulieren. Liegt der DVG in etwa bei der durchschnittlichen betriebsgewöhnlichen Nutzungsdauer, also irgendwo zwischen 20 und 30 Jahren, kann man fiktiv annehmen, am Ende dieses Zeitraumes das (gänzlich unbekannte) Eigenkapital nicht verschlechtert zu haben. Wie bei der freien Finanzspitze sind für eine valide Aussage auch hier weitere, unbekannte Informationen notwendig, um erhebliche Verzerrungen zu vermeiden. Ein Nachhaltigkeitsindikator ist der dynamische Verschuldungsgrad mit Sicherheit nicht.

4.3.4 Kennzahlen für Qualität und Effizienz

„Im Allgemein erfordert die Messung der Qualität [und eingeschränkt der Effizienz] von Infrastruktur und Dienstleistungen mehr Informationen als rein jene, die aus einem Rechenwerk laut VRV herauslesbar sind."[120] Mit anderen Worten: Budgets und Rechnungsabschlüsse liefern zwar umfangreiche Zahlen an sich, aber praktisch keine Information zur Wirkung dessen, was mit den eingesetzten Mitteln tatsächlich zu Stande gebracht wurde. Es ist nicht zu ermitteln, ob die erbrachten Leistungen der Gemeinde kostengünstig oder überteuert zu Stande kommen und ob die vorgegebenen Zielsetzungen damit erreicht wurden.

Auch wenn es Vorschläge gibt, allgemeine Effizienz- und Qualitätskennzahlen einzuführen,[121] so sind diese doch nur rein als Quoten definiert. Sie erhalten, wenn überhaupt, erst eine nachvollziehbare Aussage im Vergleich mit anderen Gemeinden und können daher im Einzelfall auch zu falschen Aussagen führen.

Zu validen Aussagen kommt man in diesem Bereich nur mit Leistungskennzahlen (Key Performance Indicators, KPI). Diese gelten jedenfalls nur für einen einzelnen Teilbereich der Gemeinde (eine bestimmte Leistung), und lassen sich aufgrund ihrer schieren Gestaltungsvielfalt kaum für alle Gemeinde vereinheitlichen. Um Qualität und Effizienz belastbar zu messen, muss die Gemeinde selbst ihre KPI sinnvoll definieren.

4.3.5 sonstige Kennzahlen

4.3.5.1 Maastricht-Kennzahl

Die Maastricht-Kennzahl ist die gemäß ESVG zu bildende Vergleichszahl für Gemeinden. Ihr formal korrekter Name ist Finanzierungssaldo, sie ist auch ein solcher, nämlich eine spezielle Form der Eigenfinanzierung: die Eigenfinanzierung ausschließlich des

---

[120] (Meszarits, 01/2017), Seite 32

[121] Im sogenannten „NKF-Set", herausgegeben vom Innenministerium des deutschen Bundeslandes Nordrhein-Westphalen finden sich „Kennzahlen zur Ertragslage", wie beispielsweise die Personalintensität, die Sachaufwands- und Dienstleistungsintensität. Diese Kennzahlen empfiehlt (Meszarits, 01/2017) unter Einschränkungen als Qualitäts- und Effizienzkennzahlen in österreichischen Gemeinden zu verwenden.

öffentlichen Sektors (Spalte „Summe ohne A 85 – 89“). Die Berechnung erfolgt gemäß Querschnitt VRV 5b. In der Konsequenz bedeutet dies: Schuldaufnahmen sind im öffentlichen Sektor keine Einnahmen mehr, nur im privaten Sektor (Spalte „A85 – 89“).

Die einzelnen Positionen des Querschnittes sind einmal Finanzströme, ein andermal Substanzströme (siehe die gewählten Bezeichnungen: mal „Einzahlung“, dann wieder „Ertrag“). Der Querschnitt ist also teilweise Ergebnis-, teilweise Finanzierungshaushalt. Deren Inhalte vermischen sich, womit diese Kennzahl für das Management wenig interessant ist.

Erkennbar veränderte sich der Querschnitt im Vergleich zur alten VRV im dritten Teil „Finanzierungstätigkeit“: die Angabe von Zahlen erfolgt nur noch in der Spalte des privaten Sektors (Spalte „A 85 – 89“), die beiden übrigen Spalten für den Gesamthaushalt („Summe Haushalt“) und der zweiten Teilsumme für den öffentlichen Sektor bleiben dagegen leer. Das ist korrekt gemäß Anlage 5b der VRV und einmal mehr entsteht der Eindruck, dass am falschen Platz gespart wurde. Auf die paar Zahlen wäre es jetzt auch nicht mehr angekommen, in der alten VRV wurden sie ja auch angegeben. Die Gegenprobe in der o.a. Formel, also die zweite Gleichung zur Berechnung des Finanzierungssaldos kann daher nicht mehr ausgeführt werden, weil keine „Summe Haushalt Saldo 4 QSch[94]“ verfügbar ist. Die Formel stimmt dennoch und wird daher weiterhin zitiert.

Maastricht-Ergebnis
=
Finanzierungssaldo QSch[95] in €
=
(öffentlicher Sektor Saldo 1 QSch[91]) +
(öffentlicher Sektor Saldo 2 QSch[92]) +
(privater Sektor Saldo 4 QSch[94])
=
(Summe Haushalt Saldo 4 QSch[94]) –
(öffentlicher Sektor Saldo 3 QSch[93])

Sollte den Gemeinden aus dem ÖSTP einmal eine Verbindlichkeit (und ggf. Sanktionierung bei Nichteinhaltung) erwachsen, wird die Bedeutung der Maastricht-Kennzahl wieder steigen. Derzeit spielt sie in der Praxis wenig Rolle.

Idealergebnis Kennzahl: Maastricht-Ergebnis >= 0

4.3.5.2 Freie Finanzspitze

Die freie Finanzspitze (FF) gibt die Höhe der Zahlungsmittel aus, die nach operativer Gebarung und Rückzahlung von Schulden für den investiven Haushalt und sonstiger Finanzierungstätigkeit zur Verfügung stehen. Diese Kennzahl gehörte lange zu den Bekanntesten und Beliebtesten, aus gutem Grund. Schon vor der VRV 2015 war das Bedürfnis in den Gemeinden groß, eine Kenngröße für den Handlungsspielraum zu errechnen, eine Kennzahl für „was ich mir sonst noch leisten kann". Da die alten, reinen Finanzierungshaushalte keinerlei Substanzwertbetrachtungen und somit auch kein Nettoergebnis inkludierten, musste eine Ersatzberechnung mit den offiziell vorhandenen Zahlen gefunden werden.

Dies gelang über den Rechnungsquerschnitt, den es immerhin seit dem Jahr 1995, in ganz einfacher Form sogar schon seit 1974 gibt. Dort findet sich der wichtige Saldo für den „operativen Haushalt", welcher im Querschnitt „laufender Haushalt" genannt wird. Für die Abschreibungen gab es allerdings keinerlei offizielle Zahl, weshalb ersatzweise die Schuldentilgung herangezogen wurde. Unter der Voraussetzung, dass Investitionen tatsächlich zu 100% mit Ratenkrediten finanziert sind, und diese Kredite auch genau so lange wie die betriebsgewöhnliche Nutzungsdauer laufen, wäre die Schuldentilgung tatsächlich gleich hoch wie die Abschreibung und somit die freie Finanzspitze praktisch gleich hoch wie der Saldo des Ergebnishaushaltes SA0. In der Praxis wird das in vielen Fällen sogar eine taugliche Annäherung darstellen, jedenfalls war es Jahrzehnte lang das Beste, was ohne Schätzung rechenbar war.

FF in €
=
FHH[SA1] - FHH[361]
= sinngemäß =
QSchn[91] - QSchn[64] - QSchn[65]

Leider schützt die FF aber nicht vor erheblichen Fehlschlüssen. Vor allem Gemeinden mit niedrigem Schuldenstand bekommen eine viel zu gute Zahl geliefert und werden möglicherweise dazu verleitet, neue Dinge anzuschaffen, an Stelle mit Zahlungsmittelreserven für Instandsetzungen vorzusorgen. Die Afa und der damit angezeigte Substanzwertverfall schreiten trotzdem fort, auch wenn es keine Kreditraten gibt, die dies ersatzweise anzeigen.

Heute sind wir in der glücklichen Lage, mit dem Nettoergebnis (dem Saldo des Ergebnishaushaltes) die „wahre freie Finanzspitze“ zu erhalten. Eine Zahl, die nicht nur zahlungsstromorientiert, sondern substanzwertorientiert und damit ohne Verzerrung angibt, welche Gestaltungsspielräume es (noch) gibt und die sich auch nicht durch Aufbau von Investitionsstaus oder Streckung der Schuldenlaufzeiten ins Positive manipulieren lässt. Die freie Finanzspitze kann daher in den wohlverdienten Ruhestand gehen.

Die Quote der freien Finanzspitze misst, welcher Anteil der Einzahlungen der operativen Gebarung nach Abzug der Schuldentilgungen für Investitionen (oder ZMR-Bildung) übrigbleibt.

> Variante „Quote“ der FF:
> Auszahlungsdeckungsgrad nach Schuldentilgung in %
>
> =
>
> FHH[SA1] - FHH[361] / Einzahlungen operative Gebarung - FHH[31] * 100

Natürlich wird uns die FF noch einige Zeit erhalten bleiben. Die Umstellung „in den Köpfen“ ist noch lange nicht abgeschlossen, und unter Berücksichtigung der realen Einschränkungen und möglichen Fehlschlüsse kann man diese Zahl auch weiterhin verwenden.

Idealergebnis Kennzahl: FF >= 0,

Idealergebnis Quote: > 0%.

4.3.5.3 Pro-Kopf-Verschuldung

Die Berechnung einer Pro-Kopf-Verschuldung war früher vor allem im Umgang mit Medien erfolgversprechend. Zu verlockend und einfach ist die Betroffenheit des „so viel muss ich persönlich aus meiner Tasche auf den Tisch legen damit die Gemeinde schuldenfrei wird“. Im Lichte der historischen reinen Finanzierungsrechnung kann man die Schuldenhöhe (und damit die proportionale Herunterrechnung auf den einzelnen Gemeindebürger) noch als Ersatzgröße für das „Nicht-Eigenkapital“ interpretieren, sinngemäß: je höher die Pro-Kopf-Verschuldung, desto niedriger wird wohl das Eigenkapital sein. Eine dem

> PKV in €/EW
>
> =
>
> PASSIVA[KZ141] / [Einwohnerzahl]

Grunde nach und in der Tendenz nicht falsche Annahme, aber derart ungenau, dass sie seriös nicht verwendbar ist. Vor allem als absolute Zahl darf sie niemals zu Vergleichen herangezogen werden.

Wenn überhaupt, kann die Pro-Kopf-Verschuldung nur einen Sinn ergeben, wenn ihr auch das Pro-Kopf-Vermögen gegenübergestellt wird. Eine Gemeinde, die viel Vermögen besitzt (und sich dieses auch leisten kann, wie dies ein positives Nettoergebnis anzeigt), darf auch mehr Schulden machen als eine Gemeinde mit weniger Vermögen. Mit dieser Gegenüberstellung lässt sich in Folge mathematisch korrekt die Bevölkerungszahl herauskürzen und wir sind bei der Nettovermögensquote, einer tatsächlich sehr wichtigen Kennzahl, die vorhin schon beschrieben wurde.

Die Pro-Kopf-Verschuldung kann für das Finanzmanagement restlos entfallen, sie hat keinerlei sachliche Aussagekraft.

4.4 Haftung aus der Tätigkeit in der Gemeinde

Finanzmanagement in Gemeinden ist eine spannende, interessante und persönlich äußerst lehrreiche Erfahrung. Für die meist ehrenamtlich tätigen GemeinderätInnen stellt sich allerdings auch die bange Frage: bin ich persönlich haftbar für Entscheidungen, die ich treffe oder mittrage? Kann es mich treffen, selbst wenn ich nach bestem Wissen und Gewissen gehandelt habe?

4.4.1 Mögliche Tatbestände

Um persönlich haftbar zu werden, muss ein rechtswidriger Tatbestand vorliegen. Bloße Fehler sind bei pflichtgemäßem Arbeiten nicht strafbar. Ein strafrechtlicher Tatbestand (Delikt) liegt vor, wenn ein grundsätzlich gemäß Gesetz nicht zulässiges Verhalten gesetzt wird. Hiebei gilt allerdings der Grundsatz „Unwissenheit schützt vor Strafe nicht". Es ist sehr wohl möglich, über ein Delikt nicht Bescheid zu wissen und es dennoch zu begehen.

In aller Regel reicht in der Position des Gemeinderates der „gesunde Hausverstand". Mit steigender Verantwortung steigt aber auch die „Kompetenzerwartung".

Im Bereich der Gemeinde gibt es zwei Tatbestandsgebiete: die Privatwirtschaftsverwaltung und die Hoheitliche Verwaltung.[122]

4.4.1.1 Privatrechtliche Verwaltung

Delikte im Bereich der privatrechtlichen Verwaltung:

- Betrug ist, wo ein Dritter über Tatsachen getäuscht wird, und dieser in Folge eine Vermögensdisposition setzt, die ihn selbst unmittelbar am Vermögen schädigt;
- Untreue beschreibt das Verhalten von Personen, denen Vermögen zur Verwaltung anvertraut wurde, und dieses entgegengebrachte Vertrauen zu Lasten des Vertrauensgebers missbraucht wird;
- Veruntreuung wird mit Vorsatz die Bereicherung (subjektive Tatseite) durch Zueignung eines anvertrauten Gutes begangen. Der/die TäterIn will also den Wert des anvertrauten Gutes in sein eigenes Vermögen überführen.

In diesem Bereich sind auch finanzstrafrechtliche Vergehen möglich: Steuerhinterziehung, Steuerverkürzung usw. Für eine Verantwortung kommen: „als Täter - sei es nun als unmittelbarer Täter oder Beitragstäter - miteinbezogen:

- BürgermeisterIn,
- GemeindekassierIn,
- AmtsleiterIn,
- BuchhalterIn,

und alle sonstigen Personen und Gemeindebediensteten in Betracht, welche steuerliche Aufgaben für die Gemeinde wahrnehmen. [...] Zu bedenken ist insb, dass die Strafen iSd FinStrG höchstpersönliche sind."[123]

Bei Delikten haften Gemeinde und die verantwortliche(n) Privatperson(en) den Geschädigten gegenüber solidarisch für den Gesamtschaden. Also beide Seiten in voller, ungeteilter Höhe.

Haftungen können weiters durch vertragliche Rechtswidrigkeiten entstehen: ein bestehender Vertrag wird schuldhaft gebrochen. Die so entstehende Vertragshaftung

---

[122] (Held, 01/2009), Seite 39 ff

[123] (Löwenstein, 01/2020), Seite 8 ff

durch die Verletzung einer Vertragspflicht gegenüber dem Geschädigten trägt ausschließlich die Gemeinde.

4.4.1.2 Hoheitliche Verwaltung

Zu den Delikten im Bereich der Hoheitsverwaltung gehören:

- Amtsmissbrauch beschreibt dasselbe Verhalten wie Untreue, nur bezogen auf den hoheitlichen Bereich. Hier ist direkte, persönliche Verantwortung und Haftung gegeben, genau wie bei Überschreitung der Zuständigkeit, also dem vorgeblichen Amtshandeln, obwohl keine gesetzliche Befugnis dazu besteht;
- Amtshaftung trifft die Gemeinde für den Ersatz jenes Schadens, den ein Organwalter einem Dritten in Vollziehung der Gesetze, durch rechtswidriges Verhalten, zugefügt hat. Nicht das Organ oder Einzelperson, welches in Vollziehung der Gesetze tätig wird, haftet in diesem Fall dem Geschädigten, sondern der Rechtsträger (z.B. die Gemeinde), für den das Organ tätig ist.

Entscheidend für das Verständnis des Amtsmissbrauches ist es, dass es für dieses Delikt nicht relevant ist, ob ein persönlicher Vorteil daraus gezogen wurde. So kommt es beispielsweise vor, dass Amtsträger vor Gericht stehen, weil Verkehrsschilder aufgestellt wurden, denen die dafür erforderliche Verordnung fehlte bzw. diese evtl. noch nicht rechtskräftig war.

Auch am Rande der Aufhebung der Bundespräsidentenwahl durch den VfGH im Jahr 2016 kam dieses Delikt wieder ins Gespräch, weil ehrenamtliche Mitglieder von Wahlbehörden gutgläubig Protokolle von in dieser Form nicht stattgefundenen Sitzungen unterschrieben – unter Berufung auf eine seit Jahrzehnten so übliche Praxis. Tatsächlich ist eine derart abgegebene Unterschrift die Beurkundung (Beglaubigung) einer Fälschung. Als Mitglied einer Behörde daher niemals etwas unterschreiben, was man nicht gelesen hat oder wo Dinge festgehalten sind, die so nicht stattfanden! Nirgendwo ist man persönlich schneller im Strafrecht als hier.

4.4.1.3 Haftung gegenüber der Gemeinde (Regressanspruch)

Unabhängig davon, ob Gemeinde und / oder Privatperson nach außen (gegenüber Dritten) haftbar sind, kann unter bestimmten Voraussetzungen auch die Gemeinde selbst Haftungsansprüche gegenüber ihren „Organwaltern“ (vom BGM abwärts bis zu den leitenden Beamten) geltend machen, sogenannte Regressansprüche.

Eine derartige persönliche Haftung entsteht gegenüber der Gemeinde, wenn die Rechtsverletzung vorsätzlich oder grobfahrlässig verübt oder verursacht wird, auch wenn die eigentliche Rechtswidrigkeit gegenüber der geschädigten Person zunächst von der Gemeinde zu übernehmen ist.

4.4.2 Weitere Bedingungen für eine Strafverfolgung

Für eine Verfolgung beziehungsweise rechtskräftige Verurteilung sind neben dem rechtswidrigen Tatbestand weitere Bedingungen erforderlich. Dazu gehört, dass jeder Mensch nur für sein eigenes Verhalten verantwortlich ist. Niemand muss für fremdes Fehlverhalten einstehen. Dafür steht das Prinzip der „Kausalität“. Das rechtswidrige Verhalten muss sich auf ein persönliches Fehlverhalten direkt und unmittelbar zurückführen lassen. Aber auch dafür gibt es Einschränkungen und Ausnahmen.

Zunächst existieren Formen der Mitverantwortung. Personen, die in leitender Funktion tätig sind, trifft eine bestimmte Sorgfaltspflicht. Personen, die auf Weisung Dinge tun, werden Erfüllungs- und Besorgungsgehilfen genannt. Fügen diese Gehilfen anderen Personen Schaden zu, haften diese zunächst persönlich, die anweisende Person aber ebenso, wenn sie ihre Sorgfaltspflicht nicht erfüllt hat. Dies liegt beispielsweise vor, wenn Weisungen an untüchtige oder wissentlich gefährliche Person gegeben werden, begleitende oder flankierende persönliche Verantwortungen nicht wahrgenommen werden (Arbeitnehmerschutz) und selbstverständlich auch dann, wenn die Weisung selbst rechtswidrigen Inhaltes ist.

Besonders spannend sind Haftungsfragen dort, wo viele Personen in Gremien mittels Abstimmungen schädigende Entscheidungen herbeiführen. Hier spricht man von sogenannter Organhaftung. Grundsätzlich gilt: Wird ein Dritter durch eine von einem Kollegialorgan (Gemeinderat, Gemeindevorstand bzw. Stadtsenat, Stadtrat) beschlossene Entscheidung und Verfügung geschädigt und die Haftung ist nicht auf die Gemeinde als Rechtsperson beschränkt, dann besteht eine Regresshaftung nur für jene Personen, die für die beschlossene Entscheidung oder Verfügung gestimmt haben. Wer gegen den schädigenden Beschluss stimmt oder sich der Stimme enthält, ist grundsätzlich von der Organhaftung befreit.

Vorausgesetzt, die Person ist im Vorfeld nicht der Unterlassung schuldig geworden. Eine Kausalität kann nämlich auch entstehen, wenn bestimmte Dinge am Rande einer rechtswidrigen Tat nicht getan werden. Derartige Unterlassung besteht z.B. darin, einen schädigenden Organbeschluss nicht zu verhindern, wenn es an anderer Stelle möglich gewesen wäre. Oder jene, die dafür stimmen wollen, nicht auf die schädigende Wirkung aufmerksam gemacht zu haben. In der Gemeinde gilt auch das Nichtinformieren der Aufsichtsbehörde im Falle von Rechtsfolgen als Unterlassung.

Unterlassung kann auch im Rahmen der Weisungsgebundenheit entstehen. Eine als rechtswidrig erkannte Anweisung auszuführen, führt grundsätzlich zu persönlicher Mithaftung, auch wenn man der anweisenden Person direkt unterstellt ist. Man muss in diesem Fall schon eine Gefährdung oder Bedrohung von sich oder Dritten als Folge der Weisungsverweigerung nachweisen können (Nötigung), um haftungsfrei zu bleiben.

4.4.3 Erwartungshaltung des Rechtssystems

Die „Erwartung" im juristischen Sinn bezieht sich auf die persönliche Verantwortung des/der Einzelnen, bestimmte Dinge nur zu tun, wenn man dazu in der Lage ist oder die notwendigen Kompetenzen besitzt. Ein simples Beispiel: es ist nicht verboten, Alkohol zu trinken, sehr wohl aber besteht immer die Pflicht, nur fahrtüchtig das Auto in Betrieb zu nehmen. Der Gesetzgeber erwartet von jeder Einzelperson mit Führerschein, dies unabhängig davon, ob das gesetzliche Promillelimit erreicht ist, richtig einzuschätzen und gegebenenfalls auch vor Erreichen der gesetzlichen Promillegrenze das Fahren zu unterlassen.

4.4.3.1 Gemeindefunktion (öffentlich-rechtlich)

In den vom Volk gewählten Funktionen überwiegt das freie Mandat. Das heißt, dass es keine Einschränkungen für den Zugang geben darf, außer den allgemeinen und freien Wahlen. Daraus erfolgt keine bestimmte Pflicht zur Kompetenz. Es ist, salopp gesagt, verfassungsmäßiges Recht von PolitikerInnen, unfähig zu sein.

Natürlich ist deswegen das Gegenteil nicht verboten, diese platte Formulierung soll nur Verunsicherungen ausräumen. Persönliche Haftung und insbesondere eine unerfüllbare Erwartungshaltung eines Gerichtes wird niemanden treffen, der

- sorgfältig und gewissenhaft seine Arbeit macht,
- von allen Dingen, die nach Straftatbestand riechen, nachweislich die Finger lässt,
- die Informationspflicht bei schlimmen Verdachtsmomenten nicht vergisst, selbst wenn es sich unangenehmerweise um Angehörige der eigenen Partei handelt.

Mangelnde Spezialkenntnisse können dann von Gerichten nicht mehr als haftungsrelevant geltend gemacht werden. Eine wichtige Empfehlung ist, immer wenn es heikel wird, seine Bedenken schriftlich festzuhalten oder zumindest vor Zeugen. Denn im Fall des Falles zählt, wie in jedem Rechtsstaat nur das, was tatsächlich beweisbar ist.

Sich als kassenverantwortliche Person aktiv zu bewerben, vom BGM ernennen und von der Gemeinde bezahlen zu lassen, erhöht die gesetzliche Erwartung, für diese Funktion fachlich geeignet zu sein. Für Personen, die dies nicht sind, steigt das persönliche Haftungsrisiko.

4.4.3.2 Aufsichtsrat (privat rechtlich)

Im Aufsichtsrat einer privatrechtlichen Körperschaft ist die Sache wesentlich anders. Körperschaften privatrechtlicher Natur sind nicht geschaffen worden für die Verwaltung öffentlicher Aufgaben. Sie sind nicht demokratisch, folglich gibt es dort kein freies Mandat (Eigentümervertreter in der 100%-Tochterfirma = BGM, dieser ernennt Aufsichtsräte nach Belieben), dafür aber deutlich höhere Kompetenzerwartungen. In den Aufsichtsrat einer Gemeinde-GmbH zu gehen ist juristisch nicht mit dem Gemeinderatsmandat vergleichbar.

Die gesetzliche Erwartung hat der oberste Gerichtshof in einem Urteil[124] im Jahr 1997 präzisiert. Aufsichtsräte müssen demnach ihr Amt „Selbständig, unabhängig, unter persönlichem Einsatz, mit größter Sorgfalt, entsprechender Moral und frei von sachwidrigen Beschränkungen oder Interessenkollisionen ausüben." Die einzige Instanz, welcher der Aufsichtsrat firmenintern weisungsgebunden untersteht, ist der Eigentümer. Erteilt der Eigentümer dem Aufsichtsrat eine schädigende Weisung, ist der Aufsichtsrat nicht mehr haftbar. Allerdings gilt auch hier zur vollständigen Haftungsbefreiung, dass

---

[124] OGH 25.9.1997, 6 Ob 174/97z

zusätzlich keine Kausalität (=direktes Mitverschulden) durch Unterlassung vorliegt.

Aus den „International Standards on Auditing“ abgeleitet, gilt für die Aufsichtsratsfunktion der „professional skepticism“, also eine kritische Grundhaltung bei der Verarbeitung aller erhaltenen Eindrücke und Information. Der Aufsichtsrat darf sich zwar grundsätzlich auf alles verlassen, was Geschäftsführung und Wirtschaftsprüfer in ihren Berichten schreiben, hat aber eine Redepflicht bei fragwürdigen Sachverhalten, die er angemessen wahrnehmen muss. Dafür muss er über ein gewisses Mindestwissen verfügen wie beispielsweise lesen und verstehen einer Bilanz oder einer G&V-Rechnung.

Dafür stehen ihm gesetzliche Minderheitenrechte zu, die im Gemeinderat nicht existieren: Beispielsweise das Recht auf abweichende Stellungnahme, die im Protokoll vermerkt werden muss und das Recht jedes einzelnen Aufsichtsrates, Punkte auf die Tagesordnung zu bringen. Im Gegenzug ist Aktionismus nicht nur unüblich, sondern mangels Öffentlichkeit in Kapitalgesellschaften auch kontraproduktiv.

„Professional skepticism“ schließt gerade in Gemeinde-GmbHs unbedingt mit ein, sich nicht auf den Verlustausgleich der Gemeinde zu verlassen. Das kann schnell kippen, wenn die Gemeindeführung wechselt und die Finanzen marode sind. Besonders wichtig zur Vermeidung der Entstehung einer Haftung ist auch hier die Schriftlichkeit aller gemachten Hinweise.

4.4.3.3 Veränderung der Rechtswahrnehmung beobachten

In den letzten 20 Jahren hat sich in einigen Bereichen die Rechtswahrnehmung stark verändert. Damit ist gemeint, dass gesetzliche Bestimmungen an sich unverändert bleiben, deren Auslegung und Anwendung in Gerichtsprozessen in Kombination mit anderen Gesetzen aber stark verändert. Es lohnt immer, das allgemeine gesellschaftliche Umfeld langfristig zu beobachten und sich nicht blind auf gelebtes Brauchtum der eigenen Umgebung zu verlassen. Vorgänge, die vor 30 Jahren noch legal, zumindest geduldet waren oder gar zum guten Ton gehörten, könnten mittlerweile strafrechtlich verfolgt werden.

Konkret stark davon betroffen und auch am gefährlichsten für einfache AmtsträgerInnen ist der Straftatbestand der Untreue. Die meisten unterscheiden zunächst gar nicht zwischen Veruntreuung und Untreue. Die vorhin getroffene Definition ist etwas rechtswissenschaftlich, deswegen hier der Versuch einer alltagstauglichen Erläuterung:

Veruntreuung ist leicht vorstellbar: man eignet sich persönlich einen Vorteil aus anvertrautem Vermögen an, der einem nicht zusteht. Der Unterschied zum Diebstahl ist im Wesentlichen nur jener, dass man vom Eigentümer die Verfügungsgewalt über das betroffene Vermögen bekommen hat um damit vereinbarungsgemäß zu handeln. Nimmt ein Fremder Geld aus der Amtskassa, ist es Diebstahl. Greift die kassenführende Person in dieselbe Kassa, ist es Veruntreuung. Um diesen Tatbestand zu vermeiden, reicht Ehrlichkeit und der gesunde Hausverstand. Es ist kaum möglich Diebstahl oder Veruntreuung versehentlich zu begehen. Wenngleich schon zu beachten ist, dass Veruntreuung sich nicht rein auf Geld bezieht, sondern auf jeglichen Nutzwert des fremden Eigentums. Da kann man durchaus fließende Grenzen übersehen.

Die Nutzung von Gemeindefahrzeugen für Privatfahrten ist beispielsweise eindeutig Veruntreuung, und das beginnt streng genommen schon beim kurzen Umweg in den Baumarkt während der Dienstzeit für private Zwecke. In manchen Fällen ist aber ein anderslautender Vereinbarungsrahmen möglich. Werden Privatfahrten mit Dienstfahrzeugen als Einkommensbestandteil vertraglich vereinbart, sind sie außerhalb der Dienstzeit wieder korrekt. Es müssen für derartige Sachbezüge natürlich auch Steuern und Abgaben bezahlt werden.

Untreue im strafrechtlichen Sinn ist schwieriger zu verstehen. Bei Untreue gibt es keinerlei persönlichen Vorteil. Hier reicht der „gesunde Hausverstand“ oft nicht, der einem sagt: „ich habe ja persönlich nichts davon, deswegen kann es nicht strafbar sein“. Untreue bedeutet, dass man als Vertreter, Vertrauter, Beauftragter des Eigentümers wissentlich nicht so handelt wie dieser selbst handeln würde oder müsste oder wie dessen Auftrag lautete - und damit sein Vermögen schädigt. Auch hier gilt: Vermögen ist nicht allein Geld, sondern alles was wir bei der Bilanz als Substanz bezeichnet haben. Mit einer so stattfindenden Vermögensminderung wird man dem erteilten Auftrag der Vermögenswahrung und Vermögensmehrung „untreu“. Betrachten wir ein paar praktische Rechtsfälle. Fälle in denen unstrittig ist, dass die Betroffenen keinen persönlichen Vorteil aus der Sache zogen, und die sich dennoch mit diesem Argument erfolglos verteidigten:

Spektakulär war im Jahr 2006 der „schwarze Kassenskandal“ der deutschen Siemens AG. Gegenstand dieser Geschichte waren im höchsten Management bereitgestellte Gelder von mutmaßlich 1,3 Milliarden Euro zur Abwicklung von Korruptionszahlungen, mit dem

Ziel, Großaufträge im Ausland zu ergattern. Es stand im gesamten Fall außer Streit, dass keiner der betroffenen Manager einen persönlichen Vorteil hatte. Wohingegen die Siemens AG und selbst der deutsche Staat nur Vorteile zogen, weil sie dadurch an Aufträge in Regionen der Welt kam, wo derartiges Handeln geradezu erforderlich und möglicherweise sogar tatsächlich legal ist. Jahrzehnte lang passierte vermutlich wenig, da die Rechtsnormen und Rechtswahrnehmungen in so einem Fall den Auftrag des Managements „das Vermögen des Unternehmens zu mehren" oder auch „Arbeitsplätze für den Staat zu sichern" höher gewichteten. Die formalisierte Rechtslage war lange so, dass Korruption, solange sie nicht am Gerichtsstandort selbst stattfindet (also in diesem Fall Deutschland), außerhalb der Zuständigkeit der Behörden lag. Dies reichte nun nicht mehr. Auch Auslandskorruption steht mittlerweile in Europa weitestgehend unter Strafe und es ist als Organwalter verboten, der Organisation einen derartigen Vorteil zu verschaffen. Dies gilt sogar für den Fall, dass die Eigentümer selbst dies verlangen oder der Staat davon profitiert, in dem sich der Firmensitz befindet.

Ein ebenfalls interessanter, wenngleich wesentlich unbedeutenderer Fall ist der eines ehemaligen Wiener Gemeinderates. Auch dieser befindet sich seit einigen Jahren (Stand Juni 2022) unter Untreueverdacht, wobei es in diesem Fall um die strafrechtlich viel härter geahndete Form der Untreue als Amtsperson geht: den Amtsmissbrauch. Unbestritten ist auch hier, dass keine persönlichen Vorteile im Spiel sind. Ein Bauwerber hatte eine Spende für einen karitativen Zweck an eine Organisation, welcher der Gemeinderat nahesteht, geleistet. Ohne Zweifel für einen gemeinnützigen, guten Zweck. Das reicht aber nicht. Der Untreue- bzw. Amtsmissbrauchsverdacht besteht in dem unbeugsamen Gebot, als Amtsperson unbeeinflusst zu handeln. Ein Verfahren ein wenig schneller oder nur einen Hauch wohlwollender zu behandeln, wenn dafür, selbst einem noch so guten Zweck, eine Zuwendung zu Teil wird, ist schlicht illegal und genauso strafbar, als ob man das Geld selbst genommen hätte. Auch ein Deal mit der Gemeinde, also ein direkter Rückfluss des Vorteils an das Gemeinwesen selbst, ist illegal. Die Frage der nicht Beeinflussung richtet sich nicht nach dem Ziel des Empfängers, sondern nach dem Handlungszusammenhang.

Untreue ist für den Laien deswegen verwirrend, weil in manchen Fällen die Abgrenzung zum „unwissentlich Fehler machen" unklar ist. Selbstverständlich darf ein Organwalter Fehler machen, die auch zum Nachteil der Organisation sind, ohne privat dafür zu haften. Es ist vollkommen unmöglich, fehlerfrei zu sein, und das ist im Gesetz berücksichtigt.

So bald jedoch der Organisation ein Vermögensnachteil oder ein illegitimer Vorteil entsteht, den man bezogen auf die Gewichtigkeit seiner Position hätte wissen müssen - und es reicht hier die Pflicht etwas zu wissen egal ob es tatsächlich so ist („Unwissenheit schützt vor Strafe nicht") - sind wir in der Untreue. Ein letzter Fall, der dies anschaulich beschreibt: erneut, der Salzburger Finanzskandal im Jahr 2012. Der damalige Bürgermeister der Stadt Salzburg wurde Jahre später rechtskräftig verurteilt. Nicht wegen der Spekulationsverluste die er zu verantworten hatte. Die waren legal. Er erhielt eine unbedingte Haftstrafe wegen Beihilfe zur Untreue. Was war geschehen?

Nicht nur das Land Salzburg hatte hochspekulative Finanzpapiere, auch die Stadt Salzburg. In erheblich kleinerem Umfang, dennoch: Verlustzahlungen drohten die Stadt empfindlich zu treffen. Die Lösung: die Papiere, und somit die drohenden Verluste, wurden dem Land Salzburg geschenkt. Es war zum Zeitpunkt dieser kostenfreien Übertragung beiden Seiten klar, dass Verluste kaum noch zu vermeiden sind. Die Gerichte sahen es in allen Instanzen als erwiesen an, dass der damalige Bürgermeister bei dieser Übertragung aktiv mitgewirkt hat. Die Untreue selbst konnte nur von Organwaltern des Landes begangen worden sein, also jenen Personen, die die faulen Papiere in das Eigentum des Landes übernahmen: was in weiteren Verurteilungen auch seinen Niederschlag fand. Die Gerichte folgten in ihrem Urteilen aber auch der Anklage der Staatsanwaltschaft[125], dass die Organe des Landes das allein so nie getan hätten, und der damalige Salzburger Bürgermeister den Übertragungsvorgang zumindest initiiert haben musste: also Beihilfe bzw. Anstiftung zur Untreue.

Der Betroffene selbst hat bis zum Schluss beteuert, in diesem Sinne nicht schuldig zu sein und die in die Anklage mündenden Rechtsfolgen gar nicht gegeben sein können: es sei bei diesem Deal schließlich kein einziger Euro an Geld geflossen und andere Maßstäbe gälten nicht für Körperschaften öffentlichen Rechts[126]. Da war er wieder: der typische Zahlungsmittel-Tunnelblick, und was für dramatische Folgen er diesmal hatte!

Warum dieser Fall genau hier so interessant ist: die Beteuerungen des ehemaligen

---

[125] Genaue Bezeichnung der hierfür zuständigen Behörde: WKStA - Wirtschafts- und Korruptionsstaatsanwaltschaft

[126] https://www.sn.at/wiki/Chronologie_des_Salzburger_Finanzskandals, abgerufen am 28.12.2021

Bürgermeisters, nichts von der Strafbarkeit seines Handelns gewusst zu haben, wirken nachvollziehbar. Der Städtebund hat in einer Aussendung im Oktober 2019 das Urteil der Gerichte ebenfalls scharf kritisiert und eine Änderung des Strafgesetzbuches gefordert, damit nicht mehr, so wörtlich: „politische Entscheidungen zum Wohl der Allgemeinheit zum Ruin der persönlichen Existenz führen können“[127].

Sämtliche österreichische Rechtsinstanzen befanden aber: er hätte die Illegalität seines Handelns wissen müssen! Im Übrigen bleibt der Städtebund natürlich die Erklärung schuldig, wie genau das Übertragen millionenschwerer Spekulationsverluste von der linken in die rechte Steuerzahlertasche dem Wohl der Allgemeinheit gedient haben soll.

Unbenommen dessen: Die Rechtswahrnehmung in Österreich hat sich in diesen Dingen stark geändert. Gerichte akzeptieren heute streng formalisierte Rechtfertigungen wie jene im geschilderten Fall nicht mehr, wo dies Jahre zuvor vermutlich problemlos genügt hätte. Amtswalter müssen heute über das streng formale Vorschriftenkorsett hinausblicken und auch den „Geist einer Tat“ erkennen, und es gehört zu ihren Pflichten, eigene Wissenslücken durch Fachberatung zu schließen und vor allem: am Ball zu bleiben. Ein reines „was nicht ausdrücklich verboten ist, ist erlaubt“, oder „solang ich nicht selbst in die Kassa greife, kann mir nichts passieren, egal was ich mache“, genügt nicht mehr. Und gegen Ende dieses Buches sei ausnahmsweise eine persönliche Bemerkung erlaubt: und das ist gut so.

Ein Diskurs erscheint allerdings gerechtfertigt: „Missbrauch der Amtsgewalt einerseits und Untreue andererseits *[sind]* im kommunalen Bereich sozusagen ‚Spiegeldelikte‘. Während Amtsmissbrauch Verfehlungen im Hoheitsbereich ahndet, inkriminiert Untreue solche in der Privatwirtschaftsverwaltung.“ Es handelt sich also um ein und dieselbe Tat, die nur aufgrund unterschiedlicher Tatbereiche deutlich unterschiedlich bestraft wird. „Die wenig sachgerechte unterschiedliche Strenge der Straftatbestände Amtsmissbrauch und Untreue sollte harmonisiert werden.“[128]

Genaues Beobachten, Teilnahme an Schulungen, lesen von Fachliteratur und Vernetzung mit KollegInnen ist und bleibt das beste Mittel, um nicht durch Unwissenheit in

[127] https://kommunal.at/kritik-am-urteil-gegen-heinz-schaden, abgerufen am 2.3.2022

[128] (Neger, Amtsmissbrauch, Untreue und Gemeinden, 2017), Seite 87 + 90

unangenehme Haftungssituationen zu geraten. Dies hat jeder selbst in der Hand, und es macht sogar große Freude, Wissen und Erfahrung zu sammeln, welche man in dieser Form so nicht erhalten würde. Genau solches Verhalten beschreibt den erwartbaren Sorgfaltsmaßstab, der auch von jedem Gericht gewürdigt wird und zu keiner persönlichen Verurteilung führen wird, wenn man doch mal etwas übersieht oder unbeabsichtigt schädigende Fehler macht.

4.5 Zum guten Schluss

Geschafft! Wir haben die gesamte Landkarte des Finanzmanagements gemäß der Abbildung 1 durchwandert und an manchen Stellen auch mal etwas detaillierter in die eine oder andere Ecke geleuchtet. Manches mag noch paradox und widersprüchlich im Gedächtnis nachschwingen, manches völlig verwirren. Das ist in Ordnung. Nach jeder anspruchsvollen Wanderung müssen gewonnene Eindrücke sich erstmal setzen.

In den nachfolgenden 6 Absätzen werden die wesentlichen Inhalte dieses Buches zusammengefasst. Alles klar dabei? Perfekt, Sie haben sich eine Pause verdient. Noch nicht so sicher mit all dem? Dann ebenfalls Pause machen und später an den angegebenen Stellen nochmal nachlesen!

Finanzmathematische Hauptsätze 1-3

Tätigkeit benötigt Betriebsmittel (Investitionssatz); Tätigkeit verbraucht Betriebsmittel (Erfolgssatz). Die Erstinvestition kann immer, operative Folgekosten + zeitlicher Substanzverbrauch dürfen nie fremdfinanziert werden (Managementsatz) → Nochmal nachlesen im Kapitel „Eigenkapitalveränderung ist Nettoergebnis“, Seite 45.

Das Ergebnis des Ergebnishaushaltes

ist die Nachhaltigkeitskennzahl schlechthin und die wichtigste Kennzahl zur Haushaltsentwicklung → Nochmal nachlesen im Kapitel „Nachhaltigkeit“, Seite 31.

Das Verhältnis von Nettovermögen zu Gesamtvermögen

ist die wichtigste Kennzahl für die aktuelle Bestandsbewertung und insbesondere für die Frage, ob und wie kritisch der Schuldenstand ist → Nochmal nachlesen im Kapitel

„Substanzwerte und ihre Finanzierung“, Seite 41.

Begriffe Aufwand / Ausgabe / Auszahlung

Investitionen sind Auszahlungen, aber keine Aufwände oder Ausgaben. Abschreibungen für Abnützung sind Aufwände, aber keine Ausgaben oder Auszahlungen → Nochmal nachlesen im Kapitel „Betriebsergebnis (Erfolg)“, Seite 29.

Vorsorge- und Risikomanagement

Rücklagen sind Nettovermögen und haben nichts mit Geld zu tun. Zahlungsmittelreserven sind das, was früher Rücklagen waren (reserviertes Geld). Beides sind Formen der Vorsorge für Vorhergesehenes. ZMR können aber auch kurzfristige Schulden (innere Darlehen) sein.

Die Vorsorge für Unvorhergesehenes heißt Rückstellung → Nochmal nachlesen im Kapitel „Vorsorge- und Risikomanagement“, Seite.103.

Geschichte

Es gibt keinen ordentlichen und außerordentlichen Haushalt (mehr) → siehe Kapitel „Veraltet und nicht mehr existent“, Seite 126.

Aus dem richtigen Verständnis dieser Aussagen lassen sich Antworten auf Fragen jedweder Art ableiten, notwendige Veränderungen initiieren oder zumindest die Erkenntnis gewinnen, in welche Richtung man besser nochmal nachfrägt.

Kommunale Arbeit macht vor allem dann richtig Spaß, wenn man Veränderungen mitgeht und zuversichtlich nach vorne blickt. Es gibt keinen Grund, dies nicht zu tun! Deswegen habe ich dieses Buch geschrieben und haben Sie hoffentlich noch viel Freude und Nutzen daran.

5 Bibliothek

5.1 Landesspezifische Gesetzesgrundlagen

Die folgenden Tabellen finden sich laufend aktualisiert und ergänzt auf der Homepage gemäß nebenstehendem QR-Code.

5.1.1 organisatorische Bestimmungen Gemeinde

Art[129]	**Organe der Gemeinde**	**Oberste kassenverantwortliche Person, möglicher Personenkreis, wird bestellt von**	**Bezeichnung des Kontrollgremiums**
Bgld	GR, Vorstand, BGM, Gemeindekassier	Gemeindekassier, GR oder Verwaltung, vom GR zu wählen	Prüfungsausschuss
Wien	GR, Stadtsenat, Bürgermeister[130]	Amtsführender Stadtrat^{in} für die Finanzverwaltung als Mitglied des Magistrats	Finanzausschuss + Stadt-RH
NÖ	GR, Vorstand, BGM oder BGM^{in}	KassenverwalterIn, GR oder Verwaltung, vom GR zu bestellen	Prüfungsausschuss
OÖ	GR, Vorstand, BGM	Kassenführer, wenn geeigneter Gemeindebediensteter zur Verfügung steht, vom GR zu bestellen	Prüfungsausschuss

[129] Geschlechterneutrale Bezeichnungen werden an dieser Stelle nur in jener Form vorgenommen, wie es das zugrunde liegende Landesgesetz auch vorsieht. Dh. ggf. auch bewusst gar nicht, um dies aufzuzeigen. Die Verwendung der hochgestellten weiblichen Endung zeigt an, dass das Gesetz beide Begriffe wiederholend führt

[130] Weiters noch amtsführende Stadträte, Gemeinderatsausschüsse, Kommissionen des Gemeinderates, die Untersuchungskommission des Gemeinderates, die Bezirksvertretungen, die Bezirksvorsteher, die Ausschüsse der Bezirksvertretungen, der Magistrat

Sbg	GV, Gemeindevorstehung, BGM oder BGM^{in}, Ausschüsse	Führung der Finanzverwaltung, befähigter Gemeindebediensteter, vom BGM zu bestellen[131]	Überprüfungsausschuss
Stmk	GR, Vorstand, BGM, Gemeindekassier[132]	Gemeindekassier ist Vorstandsmitglied, vom GR zu wählen, unter Einhaltung der Vorschlagsrechte nach GemO.	Prüfungsausschuss
Ktn	GR, Vorstand, BGM	Finanzverwalter, geeigneter Bediensteter vom GR zu bestellen	Kontrollausschuss
Tir	GR, Vorstand, Ausschüsse für wirtschaftliche Unternehmen, BGM	Finanzverwalter, jeder bei Einhaltung von Unvereinbarkeiten, vom BGM unter Zustimmung des GR zu bestellen	Überprüfungsausschuss
Vbg	GV, Vorstand, BGM, Ausschüsse denen von der GV Beschlusskompetenz zugewiesen ist	Leitung der Buchhaltungs- und Kassengeschäfte, wenn kein Bediensteter dann von GV zu betrauen	Prüfungsausschuss

[131] An mehreren Stellen ist auch von einem/r Kassenverwalter^{in} die Rede, ohne die genaue Verantwortung näher auszuführen

[132] Weiters noch Gemeindevorstandsmitglieder, Verwaltungsausschüsse, Fachausschüsse und Prüfungsausschuss

5.1.2 Haushaltsrechtliche Regelungen

	VRV	StadtV/ GemO	GHVO	HOVO/ HOG	Speku-lations-verbot	Empfehlungen der Gemeinde-aufsicht
Bgld	x	x	x	x	(x)[133]	Zur Wahrung der Sorgfaltspflichten in leitender Position wichtig. Empfehlungen sind gesetzlich nicht bindend!
Wien	x	x	x		(x)[134]	
NÖ	x	x	x	x		
OÖ	x	x	x	x	x	
Sbg	x	x	x	x		
Stmk	x	x	x	x	GemO[135]	
Ktn	x	x	x[136]			
Tir	x	x	x			
Vbg	x	x		x	x	
	= §15a Vereinb.			+ HOG[137]		

VRV Voranschlags- und Rechnungsabschlussverordnung
StadtV/GemO Wiener Stadtverfassung/Gemeindeordnung/Gemeindegesetz
GHVO Gemeindehaushaltsverordnung
HOVO/HOG Haftungsobergrenzeverordnung, -gesetz

[133] Burgenländische Finanzinstrumentenverordnung

[134] Wiener Gesetz über die risikoaverse Ausrichtung der Finanzgebarung

[135] Verbot derivativer Finanzgeschäfte ohne Grundgeschäft sowie Finanzgeschäfte mit Fremdwährungsrisiko gem. GemO §81a

[136] Kärntner Gemeindehaushaltsgesetz – K-GHG

[137] Rahmen-HOG in Form einer §15a BVG-Vereinbarung

5.1.3 Berichte für VA und RA

Land	Vorberichte im Haushalt
Bgld	Vorbericht im VA, Lagebericht im RA, Pflicht zur „textlichen“ Erläuterung
Wien	Einleitung und Strategiebericht in VA und RA
NÖ	Vorbericht in VA + RA, nur Kennzahlen
OÖ	Vorbericht im VA, Lagebericht im RA, Erläuterungen der „Auswirkung aus Entscheidungen“, für den Zeitraum des MEFP
Sbg	Vorbericht im VA, Lagebericht im RA, Kennzahlen + Erläuterungen (GHV §10)
Stmk	Vorbericht im VA, Lagebericht im RA, Kennzahlen + Erläuterungen
Ktn	Dem VA + RA sind textliche Erläuterungen anzuschließen
Tir	RA mündlicher Bericht im GR durch BGM (GemO §108)
Vbg	Keine Vorschrift hierfür

5.1.4 gesetzliche Definitionen ‚ausgeglichen‘ und ‚nachhaltig‘

Land	Rechtsgrundl.	Inhaltsangabe
Bgld	GHVO §6(3-4)	„Im Ergebnisvoranschlag ist zur Sicherstellung des nachhaltigen Haushaltsgleichgewichts der Ausgleich des Ergebnishaushalts anzustreben ... mittelfristig ist die Erhaltung des Nettovermögens im Vermögenshaushalt sicherzustellen.“
Wien		Keine Formvorschrift in Stadtverfassung und Haushaltsordnung
NÖ	NÖGO §72(4)	„Im Ergebnishaushalt ist hinsichtlich des Voranschlages und des Rechnungsabschlusses die Ausgeglichenheit anzustreben ... Die Summe des Nettovermögens ist positiv

		zu erhalten."
OÖ	GemO §75	„Ein nachhaltiges Haushaltsgleichgewicht soll angestrebt werden. Bei der Veranschlagung des Ergebnishaushalts ist daher insbesondere darauf Bedacht zu nehmen, dass ein positives Nettoergebnis ausgewiesen werden soll."
Sbg	GHVO §3	„Dem Grundsatz der nachhaltigen Ausgeglichenheit der Wirtschaftsführung ist dann entsprochen, wenn der Finanzierungshaushalt ausgeglichen ist, der Ergebnishaushalt mittelfristig ausgeglichen ist und ein positives Nettovermögen erhalten bleibt."
Stmk	GemO §74(4-6)	„Ein Ausgleich des Ergebnishaushaltes ist anzustreben. Er ist ausgeglichen, wenn die Summe der Erträge die Summe der Aufwendungen erreicht ... Die Gemeinde hat ein positives Nettovermögen auszuweisen."
Ktn		Keine nähere Definition[138]
Tir	GemO §90	„Für den Ergebnisvoranschlag ist zwischen der Summe der Erträge und der Summe der Aufwendungen [...] nach äußerster Möglichkeit ein Ausgleich herzustellen ... mittelfristig ist die Erhaltung des Nettovermögens im Vermögenshaushalt sicherzustellen."
Vbg		Keine landesgesetzliche Regelung zu diesen Begriffen
Europäische Union	VRV	Haushaltsaugleich ist Finanzierungssaldo des Querschnitts („Maastricht-Saldo") größer/gleich Null

[138] K-GHG §4: „Ein ausgeglichener Haushalt ist anzustreben." Diese Formulierung ist so allgemein gehalten, dass sie als Definition in dem hier erwähnten Sinn nicht geeignet ist

5.1.5 Sonstige Zusätze für VA und RA

	Im VA	Im RA
Niederösterreich (GHVO §10), Steiermark (GHVO Anlage 9d), Oberösterreich + Burgenland (GHO §47): Kassenabschlussrechnung (Nachweis liquide Mittel)	nein	ja
Burgenland (GHO §46), Niederösterreich (NÖGO §83): Haushaltszusammenstellungen Gesamt auf MVAG-Ebene 2[139]	nein	ja
Burgenland: (GHO §25), Steiermark, Kärnten: (K-GHG §9), OÖ (GemO §75a): Nachweis der Investitionstätigkeit und deren Finanzierung	ja	ja
Wien: (HO §20): Ausweis über die Sachinvestitionen	ja	ja
Niederösterreich: Vorbericht, Haushaltspotential, Investitionsnachweis und -bericht, erweiterte Nutzungsdauern (GHVO §2)	ja	ja
Steiermark: Beteiligungsbericht	nein	ja
Steiermark (GHVO §50), Bgld (GHO §9), Kärnten (K-GHG §55): Gesamtaushalt ohne interne Vergütungen	ja	n.rel., da gem. VRV
Oberösterreich: Nachweis über die laufende Geschäftstätigkeit + über das nachhaltige Haushaltsgleichgewicht	ja	ja
Salzburg: keine weiteren Haushaltsbestandteile		
Tirol: (GO §104): Vorhabensnachweis und kumulierte Abschreibung im Anlagenspiegel	nein	ja
Vorarlberg: keine weiteren Haushaltsbestandteile		

[139] Burgenland GHO §10 normiert auch „in jedem Fall Darstellung Bereichsbudget auf MVAG-Ebene 2".

5.1.6 Vorschriften zur mittelfristigen Planung

Land	Mittelfristiger Haushaltsplan MHP
Bgld	MFP nach GHO §13: EHH + FHH für +4 weitere VA-Jahre, gem. Anl. 1a+1b (= MVAG-Ebene 2)
Wien	Finanzrahmen gem. StadtV für +5 weitere VA-Jahre, Salden der MVAG je Geschäftsgruppe
NÖ	MFP nach GHVO §4: EHH + FHH für +4 weitere VA-Jahre, Gesamthaushalt auf MVAG-Ebene 1
OÖ	MEFP nach GemO §76a für +4 weitere VA-Jahre Gesamt- und Bereichshaushalt auf MVAG-Ebene 2 + Nachweis Investitionstätigkeit, Anpassung auch bei Nachtrags-VA
Sbg	MFP nach GHVO §3: EHH + FHH für +4 weitere VA-Jahre, MVAG-Ebene 1 + 2 Gesamt
Stmk	MHP nach GemO §74a: EHH + FHH für +4 weitere VA-Jahre, MVAG-Ebene 1 Gesamt + Ebene 2 Bereich + Nachweis Investitionstätigkeit
Ktn	MEFP nach K-GHG §21: EHH, FHH und Investitionsplan für +5 weitere VA-Jahre, MVAG-Ebene 1 Gesamt + Ebene 2 Bereich
Tir	MFP nach GemO §88: EHH + FHH für +4 weitere VA-Jahre, gem. Anl. 1a+1b (= MVAG-Ebene 2) + Querschnitt gem. Anl. 5b
Vbg	Grobplanung nach GG, keine nähere Formvorschrift oder Bestimmung eines Zeitraumes

5.1.7 Offenlegung von Zahlen privatrechtlicher Beteiligungen

Land	**Rechtsgrundlage**	**Inhaltsangabe**
Bgld	GemO	Keine gesonderten Offenlegungspflichten, geregelt wird nur das Prüfrecht des Landesrechnungshofes
Wien	—	Stadtrechnungshof prüft unabhängig von Beteiligungsform
NÖ	GemO §68a	Elemente des Lagerberichtes, Lageberichte und geprüfte Jahresabschlüsse sind dem BGM und GR zum nächsten RA vorzulegen. Dh. in der Regel Zahlen 1 Jahr rückversetzt zum RA der Gemeinde.
OÖ	GemO	Keine gesonderten Offenlegungspflichten, geregelt wird nur ein Prüfrecht der Gemeindeaufsicht
Sbg	GemO §61	Prüfbericht (z.b. der Wirtschaftsprüfer) ist dem Überprüfungsausschuss vorzulegen
Stmk	GemO §71b	Beteiligungsbericht im RA „bezogen auf den Stichtag des RA", dh. in der Regel Zahlen 1 Jahr rückversetzt. GHVO §174 regelt Aussehen des Beteiligungsberichtes
Ktn	---	Keine Vorschriften, allerdings uneingeschränktes Prüfungsrecht des Kontrollausschusses
Tir	GemO §76	Berichte müssen von den Unternehmen an den BGM, dieser muss sie zum nächsten RA dem GR vorlegen, dh. in der Regel Zahlen 1 Jahr rückversetzt zum RA der Gemeinde
Vbg	—	Keine Vorschriften, allerdings starkes „Überwachungsrecht" des PA inkl. wirtschaftliche Unternehmungen mit eigener Rechtspersönlichkeit (GG §52)

5.1.8 Begriffsübersetzungen

Viele Begriffe des öffentlich-rechtlichen und des privaten Finanzmanagements sind redundant – sie bedeuten das gleiche, heißen nur anders je nach dem in welcher österreichischen „Rechtshälfte" man sich gerade aufhält. Nachfolgend eine Übersetzungstabelle für unterschiedliche Begriffe mit derselben Bedeutung:

Öffentlich-Rechtlich (VRV)	**Privatrechtlich (UGB, IAS/IFRS o.ä.)**
Vermögenshaushalt	Bilanz
Nettovermögen + Sonderposten	Eigenkapital
Verbindlichkeiten	Fremdkapital
Ergebnishaushalt	Gewinn- & Verlustrechnung
Langfristiges Vermögen	Anlagevermögen
Kurzfristiges Vermögen[140]	Umlaufvermögen
Finanzierungshaushalt	Cashflow- oder Kapitalfluss-rechnung[141]
Nettoergebnis EHH[SA0], Betriebs- + Finanzergebnis werden nicht unterschieden	Gewinn/Verlust, bestehend aus Betriebs- + Finanzergebnis
Nettovermögensveränderungsrechnung	Komponenten des Eigenkapitals
Anlagenspiegel	Anlagenverzeichnis
Detailnachweis	Saldenliste

[140] Forderungen werden nach VRV in langfristig und kurzfristig unterteilt und dem jeweiligen Vermögen zugerechnet. Privatrechtlich sind Forderungen immer Umlaufvermögen.

[141] Die Kapitalflussrechnung ist eine Fortsetzung der G&V, bei der Abschreibungen, Forderungen und Verbindlichkeiten rückgerechnet werden. Der Finanzierungshaushalt stellt dagegen den gesamten operativen Haushalt zahlungsstromorientiert nochmal neu auf. An identem Ergebnis und Gesamtaussage (Investitionshaushalt, Finanzierungsergebnis) ändert das nichts.

Mittelverwendungs- und Aufbringungsgruppen	Kosten- und Erlösarten
Ansätze, bestehend aus Gruppe, Abschnitt, Unterabschnitt	Kosten- und Erlösstellen
Liquide Mittel	Zahlungsmittelbestand (ZMB)
Zahlungsmittelreserve	Gibt es in dieser Form nicht, da die Zahlungsfähigkeit über das Nettovermögen bewertet wird
Prinzip der Jährlichkeit	Wirtschaftsjahr

5.2 Verzeichnisse

5.2.1 Abkürzungsverzeichnis

< kleiner als

> größer als

ABGB Allgemeines bürgerliches Gesetzbuch

AG Aktiengesellschaft

AG Auftraggeber

AN Auftragnehmer

AR Aufsichtsrat

BGBl Bundesgesetzblatt

BGM Bürgermeister / Bürgermeisterin

de facto in der Praxis, in der Realität

de jure im Sinne des Gesetzes

EGT Ergebnis gewöhnlicher Geschäftstätigkeit

EHH Ergebnishaushalt

EK Ertragskraft

EF Eigenfinanzierung

EFQ Eigenfinanzierungsquote

EST Einkommenssteuer

ESTG Einkommenssteuergesetz

ESVG Europäisches System Volkswirtschaftlicher Gesamtrechnungen

FE Finanzierungsergebnis, Cashflow

FF freie Finanzspitze

FHH Finanzierungshaushalt

FK Finanzkraft

G/V Gewinn und Verlust(-rechnung)

GemO Gemeindeordnung / Gemeindegesetz

GF Geschäftsführung

GG Gemeindegesetz

GHVO Gemeindehaushaltsverordnung

GmbH Gesellschaft mit beschränkter Haftung

GR Gemeinderat (Kollegialorgan)

GV Gemeindevertretung

GWG geringwertiges Wirtschaftsgut

HOVO Haftungsobergrenzeverordnung

i.d.F. in der Fassung (Version) von [...]

KEST Kapitalertragssteuer

KG Kommanditgesellschaft

KÖST Körperschaftssteuer

invHH investiver Haushalt

MEFP mittelfristiger Ergebnis- und Finanzierungsplan

MFP Mittelfristiger Finanzplan

MHP Mittelfristiger Haushaltsplan

MWST Mehrwertsteuer

MVAG Mittelverwendungs- und -aufbringungsgruppen

NE Nettoergebnis

opH operativer Haushalt
ÖStP Österreichischer Stabilitätspakt
PA Prüfungsausschuss (Kollegialorgan), ggf. auch Kontrollausschuss
QSch Querschnitt
RA Rechnungsabschluss
RH Rechnungshof
SD Schuldendruck
StadtV Wiener Stadtverfassung
TOP Tagesordnungspunkt
UGB Unternehmensgesetzbuch
UST Umsatzsteuer
VA Voranschlag
VHH Vermögenshaushalt
VRV Voranschlags- und Rechnungsabschlussverordnung
VST Vorsteuer
VZP Vertragszeitpunkt
ZMB Zahlungsmittelbestand
ZMR Zahlungsmittelreserve
€ Euro
k€, M€ Kilo = genormter Einheitenfaktor für 1000, Mega = Faktor 1.000.000; 1 k€ = 1000 €, 1 M€ = 1.000.000 €

5.2.2 Abbildungsverzeichnis

5.2.3 Literaturverzeichnis

Auer/Bogensberger/Holzapfel/Hörmann/Pfau/Pircher/Schleritzko. (2019). Erstmalige Erstellung des Voranschlags nach der VRV 2015. *Schriftenreihe Recht und Finanzen für Gemeinden*.

Baumstark, E. (1835). *Kameralastische Encyclopädie.* München.

Dessulemoustier-Bovekercke, M. (2019). VRV Neu. *public KDZ – Zentrum für Verwaltungsforschung*.

Eichhorn, P. (2016). *Mehr Management im öffentlichen Dienst.* Hamburg: Maximilian Verlag.

Eichhorn, P., & Merk, J. (2016). *Das Prinzip der Wirtschaftlichkeit.* Springer Gabler.

Fallend, F., Mühlböck, A., & Wolfgruber, E. (2001). Die österreichische. In *Forum Politische Bildung (Hg.): Regionalismus, Föderalismus, Supranationalismus.* Wien, Innsbruck.

Frenkel/John. (2003). *Volkswirtschaftliche Gesamtrechnung.* Vahlen.

Gemeindebund, Ö. (2009 - 2020). *Gemeindefinanzbericht Kompakt 2009 - 2020.*

Grünberger, D. (2018). *Buchhaltung und Bilanz.* Wien: Lexis Nexis.

Held, L. (01/2009). Haushaltsführung und Verantwortlichkeit der Gemeindeorgane. *Schriftenreihe Rechts- und Finanzierungspraxis der Gemeinden*.

Hengstschläger, J. (2008). Gebarungskontrolle. In K. (Hg), *Das österreichische Gemeinderecht.* Wien.

Kodek, G. E. (02/2020). Gemeindeinsolvenz – Grundlagen und ausgewählte Einzelfragen. *Schriftenreihe Recht & Finanzen für Gemeinden*.

Löwenstein, M. (01/2020). Die finanzstrafrechtliche Verantwortung der Gemeinde. *Schriftenreihe Recht und Finanzierungspraxis der Gemeinden*.

Meszarits, V. (01/2017). Finanz-Kennzahlen für Gemeindehaushalte nach VRV 2015. *Schriftenreihe Recht und Finanzen für Gemeinden*.

Mitterer, K., Biwald, P., & Seisenbacher, M. (2021). *Österreichische Gemeindefinanzen 2021 - Entwicklungen 2009 bis 2022.* Wien: Österreichischer Städtebund.

Neger, D. (2017). Amtsmissbrauch, Untreue und Gemeinden. *Schriftenreihe Recht und Finanzen für Gemeinden*.

Neger, D., & Heissenberger, M. (2018). Der Prüfungsausschuss der Gemeinde im Lichte des § 302 Abs 1 StGB. *Journal für Strafrecht 5*.

Pfau, D., & Matzinger, M. (04/2018). Kommunale Haushaltsrechtsreform VRV 2015. *Schriftenreihe Recht und Finanzierungspraxis der Gemeinden*.

Pufé, I. (2014). Was ist Nachhaltigkeit? Dimensionen und Chancen. *Politik und Zeitung - Nachhaltigkeit (APuZ). Jahrgang 64*.

Saliterer, I., & Meszarits, V. (2013). *Vorschlag zur Neugestaltung der VRV.* Wien: BM für Finanzen.

VRV 2015. (2021). *Voranschlags- und Rechnungsabschlussverordnung 2015.* https://www.ris.bka.gv.at/ Download vom 17.5.2021: BGBl. II Nr. 313/2015.

5.2.4 Kontakt zum Autor

Seminare, Workshops und individuelle Beratungen, online oder Live in jeder beliebigen Größe.

Haushalts- und Organisationsanalysen rasch und unkompliziert für einzelne Haushalte, oder detailliert für ganze Gemeindeämter.

Entwicklung kommunaler Finanzstrategien.

Aktuelle Kontaktmöglichkeiten für Andreas Parrer auf der Homepage:

https://gemeindefinanzen.net

Aktuelle Kontaktdaten der Homepage